Cine, escuela y discurso pedagógico

María Silvia Serra

Cine, escuela y discurso pedagógico

Articulaciones, inclusiones y objeciones en el siglo XX en Argentina

Serra, María Silvia
 Cine, escuela y discurso pedagógico : articulaciones, inclusiones y objeciones en el siglo XX en Argentina / María Silvia Serra ; con prólogo de Inés Dussel. - 1a ed. - Buenos Aires : Teseo, 2011.
 368 p. ; 20x13 cm.

 ISBN 978-987-1354-85-6

 1. Educación. 2. Pedagogía. I. Dussel, Inés, prolog. II. Título
 CDD 370

© Editorial Teseo, 2011
Buenos Aires, Argentina

ISBN 978-987-1354-85-6
Editorial Teseo

Hecho el depósito que previene la ley 11.723

Para sugerencias o comentarios acerca del contenido de esta obra, escríbanos a: **info@editorialteseo.com**

www.editorialteseo.com

ÍNDICE

Prólogo. *Inés Dussel*..9

Introducción..19

Capítulo I
Cine, escuela y discurso pedagógico.
Abordaje conceptual y articulaciones posibles 37

Capítulo II
La escuela y el cinematógrafo...75

Capítulo III
El cine y la educación de las masas....................................139

Capítulo IV
El cine, un agente educativo más..197

Capítulo V
Usos del cine en el escenario educativo actual.................251

Capítulo VI
Cine, educación y políticas de la memoria 307

Capítulo VII
A modo de conclusiones..319

Bibliografía citada 341

Agradecimientos

Este trabajo se gestó y escribió en un ir y venir sistemático entre dos ciudades, Rosario y Buenos Aires, y, contrariamente a lo que podría suponerse, hizo del recorrer esos kilómetros una y otra vez una experiencia entrañable. Ese andar fue posible por la generosidad de mucha gente. En Buenos Aires: Alejandra Birgin, Javier Trímboli, Silvia Duschatzky, Patricia Redondo, Graciela Frigerio, Gaby Diker, Cristina Lombardi, Pablo Pineau, Silvina Feeney, Silvia Finocchio, Any Diamant y Perla Zelmanovich e Inés Dussel. En Rosario, Natalia Fattore, Paula Marini, Pauli Pierella, Ana Gabrieloni y Guillermo Ríos. Allá y acá, y en el camino, Ana Abramowski, Eva Canciano y Estanislao Antelo. Y más allá de las distancias, Carlitos, Julia y Violeta.

A todos, mil gracias.

Prólogo

Inés Dussel

Las relaciones entre cine y escuela han sido estudiadas desde distintas perspectivas. Contamos con trabajos sobre cómo el cine representó a la escuela y la infancia, sobre cómo introducir el cine como herramienta pedagógica en el aula, y en menor medida sobre la propia pedagogía de masas que el cine practica. Si bien no son muchos los textos, puede decirse que hay una creciente literatura que estudia los usos pedagógicos del cine en la escuela y fuera de la escuela (cf., entre otros, Teixeira, 2003; Bergala, 2007; Pla Valls, 2007; Briand, 2010; y los aportes de Monsiváis, Larrosa, Paladino y la misma Serra en Dussel y Gutiérrez, 2006).

En ese contexto de producciones incipientes, el libro de Silvia Serra propone un abordaje muy original y productivo que, creemos, inaugura un modo de pensar este vínculo que ojalá pronto encuentre seguidores en otras investigaciones. Combinando la historia de la cultura y la pedagogía, los estudios del cine y la sociología de la escuela y el currículum, Serra nos ayuda a reflexionar sobre el campo de problemas que se abre en el encuentro entre dos lenguajes. Y lo hace de un modo que entiende a ese encuentro no como el de la reducción de un lenguaje a otro ni como el de la armonía total y plena en el que esos dos lenguajes se fusionan. Más bien, le interesan los puntos de contacto pero también las fricciones y rupturas, y por eso organiza el texto en torno a las inflexiones históricas de una relación que fue configurándose de distintos modos a lo largo de su convivencia.

Serra señala que no empezó este trabajo con vocación de historiadora, pero que esa perspectiva fue imponiéndosele cuando avanzó en definir los cruces entre cine y educación. Le pareció insuficiente pensar las alternativas actuales sin ponerlas en relación con intentos y conceptualizaciones que vienen de más lejos. Por eso, se propuso leer revistas educativas como *El Monitor de la Educación Común* y *La Obra*, junto con textos especializados de pedagogía y más recientemente programas de acción oficiales, para encontrar en ellos reacciones y propuestas frente a la introducción del cine en las escuelas que permitieran configurar cómo se fueron armando las intersecciones entre esos lenguajes. El estudio de la historia de los vínculos entre cine y escuela la fue llevando a otras lecturas, muchas de las cuales vinieron de los estudios visuales y de las tecnologías. Así, la investigación de Serra se sitúa en el medio de varios cruces: el de dos lenguajes, el de dos historias, y el de varias disciplinas. Y esos cruces hacen que el resultado sea interesante tanto para los educadores, a quienes permite revisar la historia y el presente de la educación, como para los historiadores y estudiosos del cine, porque permite pensarlo desde uno de sus márgenes, el de sus relaciones con otras instituciones y tecnologías de la modernidad.

Ese es uno de los méritos del análisis de Silvia Serra: colocar juntos a la escuela y al cine como parte de los intentos de modernización de la cultura y la sociedad en los comienzos del siglo XX. Porque, aunque la escuela sea más vieja que el cine y hoy cueste verle algún parentesco con él, si se la mira históricamente no hay duda de que hay que ubicarla dentro de la serie de las tecnologías que buscaron producir nuevos sujetos en el cambio de siglo anterior. Una genealogía más precisa de la escuela reconocería que se organizó en su versión moderna a lo largo del siglo XIX y que, para cuando apareció el cine, era todavía una apuesta novedosa para alcanzar la modernización social. Y también habría que reconocer que, aún cuando estaba lejos de ser la institución universal que hoy conocemos, en 1895 ya estaban consolidados planes de estudio, rituales, espacios y tiempos de la forma escolar que hoy conocemos. Por otra parte, estaba en pleno apogeo la legitimidad de la escuela como máxima autoridad cultural del Estado; había una gran confianza en que lo que transmitía la escuela era indispensable para la integración social y que esa cultura letrada era el signo de distinción del sujeto civilizado.

Cuando en 1895 apareció el cine, fue considerado en primer lugar como un salto tecnológico, mezcla de "curiosidad científica", "divertimento popular" y "medio de exploración del mundo" (Aumont, 2007: 12). Por eso, en muchos sentidos fue percibido por los educadores como parte del mismo esfuerzo de renovar el mundo y de educar y ampliar el conocimiento de las masas. Hay que recordar que en sus comienzos el cine fue "muchas cosas para mucha gente, desde científicos y educadores hasta emprendedores" (Curtis, 2009: 87), y que pasó un buen tiempo hasta que se estabilizó su función de atracción de masas como el más reconocido y legítimo. Los debates pedagógicos que recupera Silvia Serra pueden leerse como la otra cara de estos avatares del cine, a caballo entre documento o denuncia del mundo y entretenimiento de masas. Muy poco después del asombro y la celebración iniciales, surgen argumentos sobre sus posibles efectos perjudiciales para la "salud física y moral" de la población, que fueron creciendo a medida que cobró importancia el cine de variedades o de ficción, con su poder "hipnótico" y sus historias llenas de erotismo y de aventuras moralmente ambiguas. Fueron años de oscilaciones entre la censura lisa y llana de títulos aptos para darse en las escuelas defendida por los sectores más conservadores, y la promoción del cine como parte del acercamiento al arte y la cultura contemporánea que postularon los escolanovistas. Pero más allá de estas oscilaciones, hay que ver lo que va configurando a ambas tecnologías. Puede hacerse una analogía con lo que Jacques Rancière propone para pensar el vínculo entre historia y cine: antes que considerarlo como la relación entre dos elementos preexistentes y que pueden pensarse por separado, habría que pensar en la importancia del cine para estructurar una historicidad, una relación con el pasado, y la relevancia de la historia para configurar una idea de narración y de historia cinematográfica (Rancière, 1998). De manera similar, podría decirse que la escuela educa al espectador de cine, y el cine configura un modo de ver la escuela, una narrativa de un destino común y de un imaginario común que ayudaron en su expansión.

Hay otro aspecto que resulta interesante si se vuelve a pensar en la emergencia histórica del cine junto a la consolidación de la forma escolar. Jacques Aumont señala que su elemento más novedoso no es la imagen reproducible mecánicamente (que ya estaba disponible a través de la fotografía), sino la velocidad y el movimiento. "El automóvil acelera los transportes, la electricidad vuelve instantáneas las comunicaciones a distancia, y una técnica que es bautizada con el nombre griego del movimiento [kiné] no puede ignorarlo." (Aumont, 2007: 26)

Esta reflexión ayuda a entender lo que sugiere Silvia Serra sobre cuáles son y fueron los puntos de contacto –así como las zonas de fricción– entre cine y escuela. Si seguimos lo que plantea Aumont sobre la imagen y la velocidad como dos aspectos clave de la novedad del cine, podría señalarse que no es tanto la imagen lo que le trajo problemas a la tecnología escolar y a sus modos de organizar la transmisión de la cultura; al fin y al cabo, la pedagogía moderna, de Comenio en adelante, siempre mostró una fuerte voluntad de usar imágenes para fijar saberes y educar la percepción. La escuela generó su propia iconografía, nutriéndose de imágenes populares, pero también creando las propias, y esa iconografía era ante todo estática y controlada centralizadamente. Sin ir más lejos, en 1907 y 1908, más de una década después de la invención del cine, dos circulares del Consejo Nacional de Educación establecían que las escuelas debían pedir autorización al Consejo para colgar cuadros y retratos en las escuelas, o para celebrar otras fiestas que no fueran las del 25 de mayo y 9 de julio (Digesto Escolar, 1920: 219).

Frente a esta centralización en la autoridad estatal y este carácter estático, la velocidad de las imágenes y el movimiento del cine introdujeron otra lógica distinta, más difícil de gobernar. Primero, como bien lo muestra Silvia Serra, la novedad fue celebrada cuando se trataba de ilustrar fenómenos físicos o sociales que necesitaban ser evocados con más precisión y "realismo" –promesa no menor dentro de una epistemología positivista y cientificista–. Valga una cita para poner en evidencia estos supuestos: "El cinematógrafo dará a nuestras escuelas este carácter de realismo y de verdad que le falta muchas veces porque bajo lo vago de la *palabra*, bajo las tinieblas del concepto y bajo la imprecisión de lo abstracto, pondrá exactitud, la luz y la fuerza de la *cosa,* de la vida y de lo concreto"[1].

Sin embargo, poco tiempo después, la representación cinematográfica comenzó a ser puesta bajo sospecha. Si la palabra le resultaba vaga a Luis Ange, la imagen resultó aún más ambivalente. Frente a la idea de un "ojo escolar sin manchas", el cine de la primera mitad del siglo XX proponía una relación con las imágenes menos previsible y centralizada. Serra analiza las encuestas y estudios que

---

[1] Ange, L.: "Psicología y pedagogía del cinematógrafo instructivo". *El Monitor de la Educación Común,* diciembre de 1932: 35-43.

se encomendaron para investigar los efectos que las películas tenían sobre niños y adolescentes. En esos estudios, aparecen dos elementos del cine que resultaban menos asimilables por la pedagogía escolar: la relación ambigua con la verbalización (no todo lo que transmite el cine, ni lo que produce, pasa por las palabras), y la consolidación de la función de atracción y entretenimiento del cine, por fuera del documentalismo y de la "representación fiel de la realidad". Estos fueron elementos que generaron tensiones fuertes entre el modo de "dar a ver" de la escuela y el del cine.

Serra también muestra que, pasada la mitad del siglo XX, frente al avance irremediable del cine como industria cultural de masas, la aparición de la televisión y la evidencia de que la estrategia de la censura era ineficaz y hasta reprobable, el sistema educativo propuso la educación crítica del espectador como operación privilegiada de encuentro con un lenguaje diferente. De alguna manera, esta nueva posición frente al cine es el modo que la forma escolar encuentra para poder asimilar los aspectos que más fricción causaban con el cine. Podría decirse que la emergencia de la televisión como nueva "forma bárbara" provoca cierta reconciliación de la escuela con el cine, al que pasa a considerar, al menos en algunas de sus vertientes, como forma artística legítima. Y también la posibilidad del acompañamiento y la mediación adulta: al organizar los espacios de encuentro de la escuela con el cine, los educadores confían en que podrán organizar la lectura que se hace de las imágenes.

El despliegue de la génesis de la "pedagogía crítica del cine", que surgió en los años '60 pero cobró más fuerza en la pos-dictadura argentina, es otro de los puntos fuertes y originales del libro. Serra dice que "a la serie de verbos mencionados en el abordaje didáctico, *criticar, desacralizar, demitificar, desidealizar, discernir*, podrían sumársele en la misma línea *denunciar, develar* y *desocultar,* describiendo todavía más las características de un tipo de ejercicio del pensamiento, e incorporándole, especialmente con los dos últimos, una dimensión *visual*". El argumento que presenta Serra permite ver la continuidad de ciertas preocupaciones pedagógicas que ya estaban en los comienzos del siglo XX (por ejemplo, qué hacer desde la escuela con la fascinación hipnótica o con las emociones intensas que genera el cine) y que podemos volver a encontrar en los años '60 articuladas a propuestas como el cine-debate que vienen de la mano de pedagogías que quieren formar un "sujeto crítico" y que se declaran herederas de la crítica frankfurtiana a las industrias culturales. También se encuentran rastros de esos discursos en los programas actuales de educación crítica en medios y en programas que usan el cine de ficción para enseñar contenidos, por ejemplo los que lidian con la transmisión del pasado reciente.

El señalamiento de la continuidad de estas formas de pensar el "dar a ver" del cine y de la escuela no viene a querer decir que "es todo lo mismo" entre los pedagogos conservadores de 1910 y las pedagogías alternativas de los años '70 y '90; pero sí posibilita analizar mejor sus supuestos, separar distintos elementos de los enunciados, y tamizar algunos de sus diagnósticos y propuestas a la luz de estas herencias. Sobre todo, permite interrogar los supuestos de la pedagogía crítica que postula a la verbalización reflexiva y emocionalmente neutra, como el ideal de saber emancipatorio, y que sostiene que la única operación posible frente a las imágenes es la distancia crítica que se enuncia por medio del lenguaje verbal. El trabajo de Bergala, que Silvia Serra recupera y resalta, ayuda a entender que hay una transmisión que también pasa en silencio, que hay un encuentro con el cine que tiene mucho de iniciación artística y que no puede ser programado ni garantizado (Bergala, 2007).

El recorrido que plantea Silvia Serra puede verse también como la historia del cambio de posiciones en la jerarquía de saberes legítimos, historia que hay que poner junto a la historia de los medios y las tecnologías visuales, y a las luchas políticas y pedagógicas de esos períodos. Si al comienzo del análisis la escuela era el espacio más reconocido y valorado por los saberes que transmite, en la segunda mitad del siglo XX el cine afirmó su fuerza ya no en la conformación de una cultura letrada, sino en la configuración de una cultura común signada por referencias culturales que vincularon en sus narrativas, sus imágenes y sus celebridades (nuevas deidades modernas) a poblaciones cada vez más dispersas geográfica y socialmente, suelo sobre el cual se asentó la televisión. En este aspecto, las preguntas que la autora se hace sobre la construcción de la autoridad cultural en la Argentina parecen muy pertinentes, pensando en lo que la escuela construye como cultura común y en lo que provee el cine, como industria y como arte.

Para terminar, hay otro aspecto en el que este libro resulta particularmente interesante y fértil para pensar la educación contemporánea. Muchos de los argumentos que surgieron frente a la emergencia del cine y que Serra recupera en la primera parte del libro, tienen muchas similitudes con otros que hoy se esbozan con las nuevas tecnologías y la multiplicación de las pantallas: la sobreexcitación de los sentidos, la distracción permanente, la alta emocionalidad, la supeditación a las industrias culturales. Nuevamente, son las continuidades, y no sólo las rupturas, las que llaman la atención cuando se analiza históricamente la intersección entre lenguajes y tecnologías. Pero también habría que pensar si estas continuidades no hablan también de la insistencia de algunas preocupaciones de la escuela moderna, como son la formación de una cultura pública común y de un sujeto crítico. Esa cultura común y ese sujeto crítico deberán redefinirse en términos más amplios que los que definieron la filosofía y la política del siglo XIX; pero también habría que decir, parafraseando a Walter Benjamin en su reflexión sobre el peso de la historia, que no son temas "para despachar a la ligera". El libro de Silvia Serra es una contribución a que esas discusiones sobre la introducción de nuevas tecnologías que hoy estamos encarando adquieran más profundidad y más riqueza.

Bibliografía

Aumont, J. (2007). *Moderne? Comment le cinéma est devenu le plus singulier des arts*. Paris, Cahiers du Cinéma.
Bergala, A. (2007). *La hipótesis del cine. Pequeño tratado sobre la transmisión del cine en la escuela y fuera de ella*. Barcelona, Laertes.
Briand, D. (2010). *Enseigner l'histoire avec le cinéma*. Caen, CDRP Basse-Normandie.
Curtis, S. (2009). "Between observation and spectatorship: Medicine, movies and mass culture in imperial Germany". En Kreimeier, K. y Ligensa, A. (comp.). *Film 1900: Technology, Perception, Culture*. Eastleigh and Bloomington, John Libbey/Indiana University Press, 87-98.
Dussel, I. y Gutiérrez, D. (comps.) (2006). *Educar la mirada: Políticas y pedagogías de la imagen*. Buenos Aires, Editorial Manantial.
Pla Valls, E. (2007). "Las relaciones peligrosas: cine y enseñanza, algo más que buenos propósitos". *Con-Ciencia Social*, Nº 11, 35-54.
Rancière, J. (1998)."L'historicité du cinéma". En De Baecque, A. y Delage, Ch. (comps.). *De l'histoire au cinéma*. Paris, Ed. Complexe, 45-60.

Teixeira, I.; De Castro, A. y J. De Sousa Miguel Lopes (comps.) (2003). *A escola vai ao cinema*. Belo Horizonte, Autêntica.

Introducción

Esta tesis fue presentada en julio de 2008 en el Programa de Doctorado de la FLACSO Argentina. Sin embargo, si bien fue allí donde mis reflexiones sobre el vínculo entre educación y cine tuvieron lugar de modo sistemático, dejándose interrogar y perfilando el camino que finalmente tomé, mi inquietud por el tema se remonta a la invitación recibida sobre fines de 2000 por parte de la Escuela de Capacitación CePA, de la Secretaría de Educación de la Ciudad de Buenos Aires, para pensar alrededor del cine y la formación docente. La exploración que constituyó ese trabajo[2], las discusiones con las compañeras del Centro de Estudios en Pedagogía con quienes desarrollamos el proyecto en Rosario por un lado, y con Alejandra Birgin y Javier Trímboli en Buenos Aires por el otro, empezaron a abonar preguntas, lecturas y recorridos formativos.

Fue en esos primeros "peregrinajes" a la Capital donde la posibilidad de participar del programa del Doctorado de la FLACSO empezó a tomar forma y contenido y donde esta tesis asomó como proyecto y se fue configurando poco a poco. Y fue donde las viejas preguntas y certezas empezaron a aflorar, a "molestar" y a convertirse en escritura.

---

[2] El resultado fue el Archivo Fílmico-pedagógico, propuesta de abordaje de algunos problemas de la educación con el cine como herramienta dirigida a docentes de la Ciudad de Buenos Aires desde la Escuela de Capacitación CePA.

¿Cómo enlazar juntos cine y educación? ¿No son prácticas que mantienen, una de otra, circuitos independientes y hasta extraños de reflexión? ¿Desde dónde abordar sus encuentros? ¿Desde lo que el cine posee como dimensión pedagógica? ¿O desde lo que el discurso pedagógico hace con el cine?

El proyecto inicial de esta tesis no tenía previsto un abordaje histórico. Por el contrario, planteaba dar cuenta de los usos del cine en el escenario pedagógico actual. Partía de la constatación de la emergencia de prácticas que incluían ver cine en el territorio educativo que, si bien era posible reconocerlas como un conjunto heterogéneo, compartían una "apertura" de la formas de lo escolar[3]. En esta clave, el proyecto inicial otorgaba una central importancia a los programas que incluían al cine y se llevaban adelante desde el Gobierno de la ciudad de Buenos Aires[4].

Pero las primeras indagaciones sobre la relación entre discurso pedagógico escolar y cine arrojaron resultados que variaban en el tiempo, por lo que podía inferirse que esta relación había tenido diversificaciones y puntos de inflexión históricos. Estas constataciones se vieron acompañadas por un grupo de preguntas que en el inicio del trabajo se hicieron recurrentes: si las actuales relaciones entre cine y educación se presentan como una innovación en el escenario escolar, ¿cuándo emergieron en él y qué las

---

[3] Nos referimos a la utilización de películas de cine por parte de maestros y profesores, con objetivos que van desde abordar un período histórico, o una región geográfica o un género musical, hasta entretener en los días de lluvia, además del uso que se le da en circuitos de formación docente, la aparición de Filmografías y Videografías en los programas de estudio, acompañando la Bibliografía, y los programas o propuestas de formación que incluían al cine como un texto sobre el cual pensar.
[4] Fundamentalmente la propuesta "La escuela al cine", parte del Programa *La escuela y los Medios* de la Dirección de Educación de la Ciudad de Buenos Aires, en ese momento en pleno desarrollo.

hizo posibles? ¿Qué fue lo que llevó a la pedagogía a incluir al cine en su territorio? ¿Qué buscó en el cine? ¿En qué marco de debates pedagógicos se dio y se da esa relación?

Poco a poco, el proyecto se fue ajustando. El nudo central de las modificaciones introducidas tenía implicancias a la vez teóricas y metodológicas. Si el objetivo inicial de la tesis se centraba en la reflexión sobre las relaciones entre cine y escuela, para desde allí indagar en las transformaciones que cada uno de estos términos operaría sobre el otro, los primeros acercamientos plantearon la necesidad de incluir una perspectiva histórica de esta relación. Esta tarea enseguida se visualizó como altamente productiva, dada la importante presencia que el cine tuvo, desde los inicios del siglo XX, en las prescripciones y debates del discurso pedagógico. De este modo, la investigación podría ofrecer los avatares históricos de la construcción de la relación, situados en las coordenadas más amplias donde el discurso escolar se iba asentando: las relaciones con la cultura y con los desarrollos tecnológicos[5].

Los Talleres de Tesis del Doctorado aportaron lo suyo en la búsqueda por la delimitación histórica del problema[6]. Encaré, entonces, como parte de la investigación, un trabajo con fuentes con el objetivo de delimitar modos históricos de la relación entre cine y educación que me permitieran encontrar los puntos de inflexión donde la

---

[5] Ya en este punto quedaron a un lado las articulaciones entre cine y educación desde la perspectiva del cine. Si bien en esta línea existen trabajos interesantes como los de Espelt (2001), Ibarra Ibarra (1998) y Bernal (2003), donde se apunta fundamentalmente a cómo se representa a la educación en un determinado repertorio fílmico, este camino implicaba otro tipo de construcción del problema, más cercano al trabajo semiológico que a la reflexión pedagógica.

[6] La dinámica de someter los proyectos en construcción a la mirada de los compañeros me resultó altamente productiva. Destaco especialmente los aportes que oportunamente me realizara en ese marco Silvia Finocchio, y los del coordinador del Taller, Mariano Palamidessi.

gramática escolar se abre a la consideración del cine. Este trabajo se acompañó con indagaciones sobre la relación entre cine, cultura y sociedad en la Argentina a lo largo del siglo XX, de modo de poder señalar las dificultades y puntos de contacto[7].

El recorrido histórico se ordenó a través de la revisión del siguiente corpus empírico:

- La Revista *El Monitor de la Educación Común*, en los números publicados a lo largo del siglo XX. Las referencias al cine comienzan en 1900 y aparecen desde artículos específicos de neto corte pedagógico hasta notas en las secciones de Información Extranjera, Actualidad, reseñas de revistas o artículos y menciones en la Sección Oficial, donde es posible encontrar reportes y resoluciones de compras de aparatos cinematográficos o de películas.
- Una revisión muestral de la revista *La Obra* que complementó al *El Monitor de la Educación*. En los períodos en que éste no apareció regularmente, *La Obra* constituyó un complemento esencial.
- Publicaciones pedagógicas de menor alcance donde es posible encontrar referencias más instrumentales o de otro corte discursivo. Además de complementar las anteriores, estas publicaciones ponen en juego voces no oficiales, donde es posible vislumbrar qué grado de receptividad y apropiación tienen los discursos oficiales.
- Documentos Ministeriales y prensa escrita referidas a programas o iniciativas para abordar cine y educación, desde organismos oficiales.

---

[7] Cabe aclarar que estas indagaciones no se orientaron a realizar una historia del cine en el discurso pedagógico, sino, fundamentalmente, a relevar los modos en que el discurso pedagógico asimiló al cine.

- Repertorios bibliográficos de época directamente ligados al tema de investigación. Su inclusión ha resultado fundamental tanto para relevar y ordenar el entramado de voces y argumentos que en un determinado momento histórico poseen visibilidad, como para configurar estados de debate en períodos en los cuales las publicaciones periódicas no sostuvieron la continuidad en el tiempo.

Cabe destacar, frente a este recorte, la centralidad de las dos publicaciones elegidas para revisar todo el siglo en el campo de la prensa pedagógica de nuestro país. *El Monitor de la Educación* fue el órgano oficial del Consejo Nacional de Educación y a través de él es posible observar la configuración del discurso pedagógico desde las "voces oficiales", como parte del estado educador[8]. *La Obra*, por su parte, es una publicación que nace en 1921, de la mano de un grupo de docentes, ex-alumnos de la Escuela Normal Mariano Acosta[9]. Distribuida por suscripción, tuvo una importante repercusión entre los docentes del país, al

---

[8] *El Monitor...* nace en el año 1881, como una herramienta clave del recientemente creado Consejo Nacional de Educación, organismo del que dependen todas las escuelas primarias nacionales del país. La revista tiene una periodicidad mensual y se distribuye gratuitamente en todas las escuelas, razón por la cual constituye el medio de información más generalizado en el sistema. En el año 1978 el Consejo de disuelve; la publicación se retoma en el año 2000 desde el Ministerio de Educación de la Nación, aunque ya desde 1945 su publicación había perdido continuidad. En el período que va hasta la década del '50, es un medio en el cual se difunden las normativas oficiales que acompañan la estructuración del sistema de instrucción primaria, así como artículos didácticos o de discusión pedagógica más generales. Asimismo incluirá crecientemente traducciones de diversas obras de pedagogos extranjeros. Se enviaba gratuitamente a todas las escuelas, desde los mismos organismos de gestión, por lo cual tenía una circulación plena en el conjunto del sistema educativo (Diker, 2006).

[9] Uno de sus primeros y más prominentes directores fue José Rezzano, escolanovista y representante en el país de la Liga Internacional para

organizarse alrededor de propuestas para el trabajo en el aula. Concentraba otras voces, a menudo críticas de las oficiales (Carli, 2002).

Este conjunto particular de fuentes, aunque heterogéneo, permitió abordar, a la vez, el vínculo entre cine y educación y el siglo, desde más de un punto: una revista oficial, con distribución masiva que ha funcionado como caja de resonancia de otras publicaciones editadas en el extranjero, complementada con una publicación de otro orden, pero de amplia circulación e impacto en el campo, como *La Obra*[10]. Dado que el objeto de estudio es un vínculo que, según las épocas, puede exceder los objetivos de este tipo de prensa particular, se acompañó con un corpus bibliográfico y documental que permitió establecer, desde una perspectiva más amplia, las coordenadas donde ubicar las intervenciones propias del discurso pedagógico. Las fuentes aquí presentadas, aunque sin pretensión de exhaustividad, pretendieron relevar un período de tiempo tan largo como el siglo, por lo que se privilegiaron fuentes propias del discurso pedagógico que pudieran ser pensadas tanto desde las tendencias político pedagógicas como desde la historia cultural y social donde se inscriben. En el análisis de estas fuentes se priorizó la construcción diacrónica de las variaciones, superposiciones y desplazamientos a lo largo del siglo.

---

la Nueva Educación, máximo organismo del movimiento de la escuela activa (Puiggrós, 2004).

[10] Cabe señalar aquí que se recurrió a la prensa pedagógica como fuente, y no como objeto en sí, por lo que se dejaron a un lado los recaudos metodológicos ligados a los circuitos de producción de este tipo particular de discurso (Diker, 2006). Por el contrario, el énfasis en el abordaje estuvo puesto, por un lado, en la importancia de estas publicaciones para la conformación del discurso pedagógico de nuestro país (Sarlo, 1998); y por otro lado, en sus posibilidades, por su permanencia en el siglo, de aportar a la construcción de una mirada que tomaba un período tan largo de tiempo, y ver allí continuidades y desplazamientos.

El trabajo con estas fuentes mostró la particular y cambiante visibilidad que el cine posee al interior del discurso pedagógico. Pero también hizo visible que esta relación se inscribe en una operación mayor: la que la escuela despliega sobre la cultura en general, y a la cultura de masas. Las articulaciones que se atendieron fueron, entonces, las que se producen entre educación, sociedad, cultura y procesos de transmisión.

La perspectiva que se abría se sostuvo en la necesidad de atender a nuevos interrogantes abiertos: ¿es posible trabajar con la relación entre cine y escuela sin atender la relación entre cultura y escuela? ¿No se corre el riesgo de construir una respuesta que responda a las inflexiones de la gramática escolar en términos estrictos, y deje afuera la dinámica donde esa gramática opera; o el riesgo de tomar al cine ahistóricamente, sin tener en cuenta su desarrollo? ¿O, por el contrario, el riesgo de suponer que la respuesta de la pedagogía es y ha sido una, como si el tiempo y el espacio no inscribieran en ella sus huellas? ¿Cuál es el peso que las prácticas sociales ligadas a la lectura de imágenes poseen en la apertura de la escuela al cine? ¿Qué variaciones presenta el siglo en la forma de este encuentro? A ellas se sumaron aquellas provenientes del marco epocal donde se da la relación: ¿es posible pensar los modos en que cine y educación se entrelazan como parte de las formas de mirar de una época? ¿De qué modo participan y abonan un régimen de visibilidad más amplio? ¿Cómo pensar los cambios y las transformaciones de la relación entre cine y educación dentro del juego de ese régimen?

Las respuestas que pudieron articularse partieron de atender la relación entre cine y escuela en términos de articulación cambiante, conflictiva, progresiva y compleja. Confluyeron en ellas la forma de la transmisión escolar y sus modalidades históricas (que incluyen debates que van desde la imagen y la tecnología a la cultura de los sujetos que aprenden), cambiantes articulaciones entre escuela y sociedad (legitimaciones, demandas sociales, imaginarios, etc.), e importantes mutaciones en el modo en que cultura y tecnología se entrelazan. La presencia del cine en la escuela a través del tiempo puede prefigurarse como una huella indicial de una gramática en movimiento. Pero también puede ser vista como el punto de condensación de los modos en que la escuela procesa la transmisión de la cultura en un tiempo y espacio cambiante.

Las inclusiones/exclusiones del cine en el escenario escolar constituyen una superficie de inscripción donde se anudan los avatares de la relación entre escuela y cultura, que no sólo tiene que ver con el contenido de lo que la escuela legitima en su interior ("cierta" cultura y no otra), sino también con la forma que la escuela se da para sí, y lo que en esa forma se permite ajustar, ampliar o reformular a través del tiempo. De algún modo, la entrada del cine es apertura hacia una dimensión técnica, a otros registros estéticos, al uso de la imagen en movimiento, a relatos con otras estructuras narrativas, al arte, a la legitimación de otras voces.

El camino recorrido y las hipótesis puestas en juego dejan entrever que esta tesis se sitúa, en términos disciplinarios, en la Pedagogía, entendida como el conjunto de reflexiones sistemáticas acerca de la educación. Sin embargo, es un tipo de reflexión pedagógica donde la historia ocupa un lugar importante.

Ha estado en la intención la construcción de un punto de interrogación que se ubique en la intersección de la historia de la educación como historia de las ideas pedagógicas y de las prácticas sociales que las sustentan[11] (Cucuzza y

---

[11] Adscribimos a un modo de entender la Historia de la Educación donde lo educativo, si bien mantiene cierta independencia, autonomía o identidad del resto de los registros de lo social, establece con ellos

Pineau, 2002) con una historia cultural[12], que diera lugar a la emergencia de las transformaciones tecnológicas y su impacto en el territorio social y cultural[13].

Porque una historia "se cuenta con tramas compuestas de escenarios, sujetos, discursos y prácticas" (Sarlo, 2003), las voces propias del discurso pedagógico aquí analizadas se presentan inscriptas en el registro más amplio de una época, un contexto, con sus luchas y horizontes.

Por otro lado, la apelación a pensar con la historia responde a la invitación realizada por Schorske (2001) de utilizar el material del pasado, así como emplear las configuraciones en las que lo organizamos y comprendemos, para orientarnos en el presente en que vivimos[14]. En

---

fuertes articulaciones (Cucuzza y Pineau, 2002). En la presente tesis, se privilegiarán los vínculos de la educación con la cultura y los desarrollos tecnológicos, parte de la sociedad en la que se inscriben.

[12] Nos referimos a la historia cultural contemporánea, emergente de la confluencia entre distintas tradiciones de análisis cultural, como la antropología cultural, el marxismo cultural inglés, los estudios culturales británicos y el posestructuralismo filosófico, entre otros. A este respecto, véase Myers, Jorge (2002) y Sarlo (2003, especialmente en la Introducción).

[13] En un trabajo sobre el estatuto actual de la Historia de la Educación, Guichot Reina (2007), denomina *nueva historia cultural de la educación* al resultado de las posibilidades de la historia cultural con la historia de la educación, que para algunos constituye una sustitución de la historia de las mentalidades, y, para otros, abarca la historia de la cultura material y del mundo de las emociones, los sentimientos y lo imaginario, así como las representaciones y las imágenes mentales; la historia de la cultura de la élite o los grandes pensadores y la de la cultura popular; la de la mente humana como producto sociohistórico y la de los sistemas de significados compartidos u otros objetos culturales (como el lenguaje y otras formaciones discursivas). Si bien el repertorio es amplio, se establece un ámbito como resultado del cruce entre historia cultural y educación donde es posible inscribir el objeto de investigación de la presente tesis (Guichot Reina, 2007: 66-67).

[14] "Si nos situamos en la corriente de la historia podemos empezar a ver que nosotros y nuestra vida mental, ya sea personal o colectiva, estamos condicionados por el presente histórico en la medida en que se define por fuera del pasado –o en contraposición al mismo. Así pues, el primer

ambos casos, el objetivo es el presente: la comprensión del presente por la vía de interrogar los modos en que éste llegó a ser lo que es. En palabras de Sarlo, "el pasado como napa de sentidos que se transfieren al presente, y como roca de tiempo que no volverá a emerger a la superficie" (Sarlo, 1998: 292).

Algunas precisiones teórico-metodológicas

En la delimitación del problema de investigación de este trabajo se intersectaron una historia cultural del siglo, un conjunto de fuentes de neto corte pedagógico y un repertorio de preguntas amplio, que desembocaron en indagaciones propias de más de un campo: las ideas pedagógicas, los vínculos entre educación escolar y sociedad, las relaciones entre técnica, política y estética, las formas históricas de la transmisión cultural. Se hizo necesario, entonces, recurrir a encuadres teóricos que nos permitieran incluir los distintos conjuntos que intersectaron, a la vez que otorgar al análisis la especificidad que el discurso pedagógico requería.

Si bien nuestro *corpus* presenta cierta heterogeneidad, es posible ubicarlo como parte del discurso pedagógico. Utilizamos el término *discurso* en el sentido señalado por Ernesto Laclau (1993): como configuración significativa que da sentido a lo social, en una perspectiva que no sólo es metodológica sino fundamentalmente teórica. Esta noción, como la presentan Buenfil Burgos y Ruiz Muñoz, "una constelación significativa; una estructura abierta, incompleta y

---

sentido de 'pensar con la historia' supone la utilización de elementos del pasado en una construcción cultural del presente y del futuro. En su segundo sentido, 'pensar con la historia' relativiza al sujeto, ya sea personal o colectivo, de un modo autorreflexivo dentro del flujo del tiempo social" (Schorske, 2001: 16-17).

precaria que involucra el carácter relacional y diferencial de los elementos y la posibilidad de construir significados" (1997: 26), ha sido recuperada por la investigación pedagógica[15] para dar cuenta de las cadenas significantes, los desplazamientos y condensaciones que se producen dentro de una configuración discursiva dada[16].

Por otro lado, recuperamos la noción formulada por Foucault de *formación discursiva*, para encuadrar el conjunto diacrónico de discursos que hacen al corpus, y en sus dispersiones buscar si entre esos elementos que,

> "indudablemente, no se organizan como un edificio progresivamente deductivo, ni como un libro desmesurado que se fuera escribiendo poco a poco a lo largo del tiempo, ni como la obra de un sujeto colectivo, se puede marcar una regularidad: un orden en su aparición sucesiva, correlaciones en su simultaneidad, posiciones asignables en un espacio común, un funcionamiento recíproco, transformaciones ligadas y jerarquizadas" (Foucault, 1997: 61-62)[17].

---

[15] La recuperación del concepto de discurso para la investigación se ha realizado, en el campo educativo, bien desde perspectivas que avanzan sobre sus implicancias metodológicas, como el trabajo de Buenfil Burgos (1997) o el de Southwell (2000), bien desde la utilización de la noción como "horizonte teórico" donde inscribir el juego de producción de sentido que opera sobre lo social, como en el trabajo de Carli (2002).

[16] Esta perspectiva teórico-metodológica ha sido puesta en juego en mi tesis de Maestría: "Lo que queda de lo público. La transformación de la relación estatal-público-privado en el discurso de funcionarios políticos de la cartera educativa de nivel ministerial en Argentina. El caso del ministerio nacional y de la provincia de Santa Fe, 1989-1997", defendida en el año 2001 en el programa de Maestría en Ciencias Sociales con Orientación en Sociología de la Educación de la Universidad Nacional del Litoral.

[17] Mas adelante, Foucault señala: "en el caso de que se pudiera describir, entre cierto número de enunciados, semejante sistema de dispersión, en el caso de que entre los objetos, los tipos de enunciación, los conceptos, las elecciones temáticas, se pudiera definir una regularidad (un orden, correlaciones, posiciones en funcionamiento, transformaciones) se dirá, por convención, que se trata de una *formación discursiva*" (1997: 62, cursivas en el original).

En el caso específico del discurso pedagógico, si éste ha construido a lo largo de la historia regularidades significativas al punto de admitir la existencia de una cultura o gramática escolar, será el trabajo sobre las continuidades y discontinuidades que se producen al introducir el cine en una formación discursiva dada el que permita aportar los horizontes de configuraciones diferentes[18]. Para el trabajo específico sobre el análisis de de las continuidades y puntos de inflexión en la gramática escolar, recurrimos al trabajo desplegado por B. Bernstein, dirigido a la comprensión de "los límites externos y las constricciones internas de las formas de comunicación pedagógica, sus realizaciones prácticas de transmisión y adquisición, y las condiciones de cambio de las mismas, de modo que la distribución del poder y de los principios de control que presupone esa comunicación pueden representarse, describirse e investigarse" (1994: 21). Se apeló, fundamentalmente, a las reglas de la práctica pedagógica como transmisor cultural: jerárquicas, de secuencia y de criterio, desarrolladas por ese autor.

El modo de ordenar el abordaje al siglo constituyó otra cuestión importante a resolver. Si bien desde la historia de la educación argentina se han formulado periodizaciones, como la de Puiggrós (1994), éstas suelen tomar como un elemento central al sistema educativo y su devenir, en relación a las políticas de que ha sido objeto. En la presente investigación, la articulación más amplia –que introduce la presencia del cine– con desarrollos tecnológicos y transformaciones culturales hizo necesario buscar otro tipo de periodizaciones.

---

[18] Respecto de este doble juego, Narodowski realiza un señalamiento que puede ser útil para pensar nuestro trabajo a lo largo del siglo: el de marcar las regularidades en un discurso a través del tiempo y a la vez buscar discontinuidades donde la continuidad pareciera imperar (Narodowski, 1999: 18).

En los inicios de la investigación, resultaron sumamente sugerentes los señalamientos realizados por S. Carli (2003) en su trabajo "La educación pública en la Argentina. Sentidos fundantes y transformaciones recientes", donde se reconoce un primer momento, que va desde las últimas décadas del siglo XIX hasta mediados del siglo XX, que se articula alrededor de la eficacia cultural, política y socializadora de la escuela, donde el Estado jugó un papel central tanto en la construcción de una cultura común como en los procesos de disciplinamiento a través del sistema educativo.

Carli señala que desde la década del '50 el valor cultural de la institución escuela, que hasta entonces era legítimo por su alcance alfabetizador del conjunto social, comenzó a ser cuestionado, fundamentalmente por su falta de actualización tecnológica, que se enfrentaba a la expansión de los medios y la ampliación de la cultura de masas. A partir de allí es posible reconocer un segundo momento de la articulación educación-tecnología-cultura, en el que la escuela comienza a ser pensada como un dispositivo entre otros posibles, y su eficacia disciplinadora comienza a ser relativizada. Este período se cerraría entre los '80 y los '90, cuando la escuela no sólo pierde legitimidad como institución de transmisión cultural, sino que también es blanco de impugnaciones en relación a su valor, en un contexto de globalización y desarrollos tecnológicos (Carli, 2003).

A este escenario había que sumarle los vínculos propios del cine con el siglo, no menores para pensar su injerencia e importancia en el ámbito educativo. Entre ellos se destacan la década del '30, donde se consolida el papel del cine en la configuración de las sociedades de masas, y el período de posguerra, donde los desarrollos tecnológicos cobran un impulso particular en un escenario mundial de redefinición de fuerzas económicas, políticas y culturales.

Y, además, el "presente", que en realidad reúne las décadas de los '80 y los '90, además de los últimos años, atravesado por, de un lado, las políticas neoliberales, educativas y económicas, que transformaron sustancialmente la realidad argentina en todos sus órdenes, y por otro lado, la emergencia de nuevos formatos tecnológicos de procesamiento de la información y la imagen, con impacto en las prácticas cotidianas.

El progresivo trabajo con el corpus permitió consolidar un principio de periodización que respetara todas estas cuestiones. En *El Monitor de la Educación* encontramos una importante cantidad de artículos dedicados al cine que llegan hasta mediados de la década del '40, frente a muy pocas referencias de otro tipo. Es por ello que en el abordaje de los primeros 50 años del siglo, subdivididos a su vez en dos capítulos (II y III) –uno de ellos centrado fundamentalmente en las primeras tres décadas del siglo y el otro poniendo el eje en los vínculos entre cine y educación de las masas, que se configuran fundamentalmente desde la década del '30 en adelante– esta fuente ocupa un lugar central. Después de 1945, *El Monitor de la Educación* discontinúa su publicación, apareciendo números sueltos de frecuencia errática hasta el fin de siglo. Para el período siguiente, las fuentes son mucho más heterogéneas. A lo relevado en *La Obra* y en menor medida en *El Monitor de la Educación*, se le suma bibliografía que aborda la relación cine/educación, sea desde perspectivas didácticas, pedagógicas o sociológicas, que hace visible, por otra parte, la emergencia de un corpus teórico específico que va más allá de la escuela (Capítulo IV). Para abordar las relaciones en las últimas dos décadas (Capítulos V y VI), el corpus se conformó tanto de publicaciones periódicas y bibliografía como de documentos producidos por el Ministerio de Educación y prensa, que presentan los programas sobre cine y educación. Si bien para relevar este período hubiera sido posible contar directamente con las voces de los actores, a través de entrevistas, se optó trabajar directamente con corpus escrito y de pública circulación, de modo de mantener cierta regularidad a lo largo del siglo en las modalidades de enunciación.

Presentación del trabajo

El trabajo que se presenta está estructurado en siete capítulos que, si bien sostienen una periodización del siglo, no lo hacen desde el establecimiento de un acontecimiento histórico que separe un momento de otro, sino que perfilan los núcleos de discusión y de debate centrales que aparece en cada período.

El Capítulo I propone un abordaje conceptual del cine, la escuela y el discurso pedagógico, los ubica en el siglo XX y establece un primer conjunto de articulaciones entre cine y educación, estableciendo y señalando cruces, puntos de encuentro y posibilidades teóricas de un abordaje conjunto. Para ello se ubica esta relación en el régimen de visibilidad epocal, donde la mirada y la producción de órdenes visuales instituyen modos de conocer y regímenes de verdad de los que participan tanto el cine como el dispositivo escolar. Si bien constituye una revisión teórica del los conceptos estelares de estas tesis y sus articulaciones, no pretende agotarlo, sino sólo ordenar los ejes de abordaje teórico que se perfilarán a lo largo del trabajo con el corpus empírico.

El Capítulo II se centra en la emergencia del cine en el siglo XX y el inmediato impacto que este invento tuvo en los debates pedagógicos de la época. Este capítulo posiciona estos debates fundamentalmente a partir de dos ejes: por un lado los interrogantes que la aparición del cine plantearon a las lógicas de transmisión escolar, los argumentos que a favor y en contra se desplegaron alrededor de él y las prescripciones que se formularon para su uso en la escuela. Por otro lado, aborda el régimen visual con el que el cine se procesa en la escuela. Estos problemas tienen lugar especialmente en las primeras tres décadas del siglo, aunque muchas de sus articulaciones se mantendrán en las décadas siguientes.

La década del '30 va a darle lugar al cine sonoro y va a afianzar al cine como lenguaje de masas, abriendo un horizonte no sólo ligado al despliegue de la industria del entretenimiento sino fundamentalmente a la educación sentimental de las masas y al campo de las articulaciones políticas. Es esta perspectiva la que se va a abordar en el Capítulo III: cómo pueden pensarse los vínculos entre cine, política y formación de identidades colectivas en nuestro país, y qué respuestas formula la pedagogía –en este caso constreñida por su sesgo moralizante– sobre el vínculo entre cine, infancia y vida cotidiana. Si bien la existencia de unidades discursivas que, tanto desde la pedagogía como desde el pensamiento filosófico, se ocupan de la influencia del cine en la sociedad se remonta a las década del '10 y del '20, será fundamentalmente en el período de entre guerras y en la consolidación de los nacionalismos cuando las discusiones encuentren un alto punto de desarrollo.

En el Capítulo IV se aborda el vínculo entre cine y educación a partir de la posguerra, donde el cine se resignifica a partir de la emergencias de los fenómenos de comunicación de masas, y donde la imagen cada vez adquiere un lugar más importante en los amplios procesos de transmisión de la cultura. Las interpelaciones a las formas escolares de educación que esta configuración social introduce modifican el tratamiento que en la escuela se hace de la imagen en general y del cine en particular, abriendo nuevas caminos de exploración. La unidad analítica temporal va desde la década del '50 hasta mediados de los '70.

En el Capítulo V se relevan las últimas décadas (desde los '80 hasta el presente), distinguiendo por un lado las formulaciones teóricas y las prescripciones didácticas que el discurso pedagógico ofrece alrededor del cine, y por otro lado las iniciativas pedagógicas del Estado que incluyeron cine y educación en programas o estrategias orgánicas de formación. A través de ambos corpus se busca establecer las coordenadas en las que se inscriben las prácticas del presente, mostrando las inclusiones y exclusiones desde donde se ordenan.

En el Capítulo VI se trabaja específicamente con el modo en que cine y educación se articulan en la clave de la transmisión de la memoria reciente, completando el capítulo anterior[19].

Por último, y a modo de cierre, se ofrece el Capítulo VII, en el que se pretende sistematizar las posiciones relevadas, establecer líneas de continuidad y puntos de inflexión, y señalar sobre ellas los desafíos que todavía presenta el rico vínculo entre cine y educación.

---

[19] Este capítulo originalmente constituyó un apartado del capítulo anterior, pero a sugerencia del Jurado se desdobló en un capítulo aparte, dada su especificidad temática. Esta fue la única modificación que se introdujo en la estructura original de la tesis, y respondió a ofrecer un presentación más ordenada del trabajo.

Capítulo I
Cine, escuela y discurso pedagógico.
Abordaje conceptual y articulaciones posibles

> "*Parecía que nuestros bares, nuestras oficinas, nuestras viviendas amuebladas, nuestras estaciones y fábricas nos aprisionaban sin esperanza. Entonces vino el cine y con la dinamita de sus décimas de segundo hizo saltar ese mundo carcelario. Y ahora emprendemos entre sus dispersos escombros viajes de aventuras.*"
>
> Walter Benjamin,
> *La obra de arte en la época de su reproductibilidad técnica.*

Somos tributarios de definiciones de educación ligadas al conocimiento, al acceso a la cultura y/o a la internalización de formas y principios de convivencia. Esas definiciones han estado generalmente centradas en los procesos intencionales desarrollados para que lo que llamamos educación tenga lugar, entre los que se han destacado las formas escolares. La Pedagogía, como conjunto de reflexiones ordenadas alrededor de la educación, ha crecido y se ha desarrollado fundamentalmente en función de la escolarización. La afirmación que plantea que "la escuela es el elemento más importante del discurso pedagógico moderno" (Puiggrós, 1995) ha funcionado como verdad indiscutida a lo largo del siglo XX, donde la escuela fue central en la construcción de un orden social. Es por ello que el territorio educativo trazó históricamente sus límites alrededor de esos procesos y esas prácticas.

Preguntarnos acerca de las articulaciones entre cine y educación desde esta perspectiva tiene un objeto fácilmente identificable: los modos en que la pedagogía se apropió del cine; modos que, en todo caso, tomarán las inflexiones que la escuela como dispositivo de transmisión viene sufriendo. Se pretende revisar cómo la educación escolar ha incluido e incluye unas formas de transmisión y excluye otras, o cuáles porciones de la cultura o el arte legitima, y con qué justificaciones. En este sentido, es posible mirar a la historia de la educación escolar del siglo XX como la historia de las operaciones que la cultura escolar hizo sobre otras manifestaciones culturales. En el caso del cine –nuestro específico objeto de estudio– la historia de la educación argentina nos devuelve una línea de demarcación, un límite móvil pero claro que muestra el tratamiento que la escuela le dio, donde es posible reconocer debates y puntos de inflexión que, en muchos casos, condensan el particular modo en que cultura y modernidad tecnológica se articularon en nuestro país.

Sin embargo, si sólo fuera ese el objetivo, el resultado se limitaría a una historia de "las operaciones escolares" sobre un objeto específico, que aparece no problematizado: el cine, desde un corpus teórico no problematizado: la pedagogía. Incluir estas problematizaciones implica construir un punto de vista desde donde mirar *juntos* cine y escuela: buscamos establecer unas coordenadas espaciales, temporales, políticas y culturales donde ubicar la relación y, al pensarla también desde allí, introducir otras fronteras para la reflexión pedagógica: atender a las formas culturales donde las estrategias de transmisión tienen lugar, a los modos en que esas estrategias de transmisión dialogan con la época; atender a cómo se construyen los bordes de la reflexión disciplinar, de los campos, qué es lo que entra y lo que queda afuera, en el doble gesto de mostrarlo históricamente y de sentar las bases de una reflexión pedagógica que se sitúe en el horizonte de una teoría social que se redibuja en los inicios del siglo XXI (Ortiz, 2004).

De lo que se trata, entonces, es de cuestionar los límites ensayando una reflexión que se salga de esos límites, sin apartarse o desdecirse de su objetivo inicial.

El asumir radicalmente los efectos que pensar juntos cine y educación tiene en términos conceptuales, implica:

1) Asumir la ampliación del territorio pedagógico, para incluir en él a la educación sentimental, la educación de los sentidos, la regulación de las emociones, los regímenes de visibilidad y la configuración de la experiencia sensible. Si bien la educación escolar ha tenido un papel sumamente importante en la regulación de estos procesos, el reconocimiento de otras instancias sociales que impactan en la formación de identidades colectivas implica revisar el andamiaje conceptual de la pedagogía. Será necesario entonces ampliar las definiciones de educación más allá de los límites de la escolaridad y considerar, en clave pedagógica, prácticas que anteriormente no entraban en su campo. Me refiero específicamente a la cultura popular[20]: el cine, los *cómics*, la televisión, y a todas aquellas prácticas

---

[20] El concepto de *cultura popular* se utiliza aquí no en la acepción presente en ciertas corrientes pedagógicas vernáculas, donde *educación popular* y *cultura popular* se circunscriben a prácticas propias de ciertos sectores sociales y conllevan una dimensión "emancipadora", sino en clave de incluir en ella tanto el fondo de memoria, prácticas y tradiciones y su permanente reconstrucción en lenguajes como las mediaciones o resignificaciones que convierten a las diversas voces sociales en cultura del común, y que incluyen a la cultura masiva, a las culturas urbanas y a todos los diversos modos presentes en nuestras complejas sociedades. Una concisa historia y revisión del término realizada por J. Martín Barbero se ha incluido en Altamirano (2002). En la pedagogía, podemos remitirnos a Giroux (1996), da Silva (2000b) y Donald (1992). Cabe señalar también cómo, desde la segunda mitad del siglo XX, se vincula con el término *cultura de masas*, fundamentalmente en relación a los rasgos culturales que son producto de las industrias culturales de los medios masivos de comunicación, aunque éste último suele ser utilizado más peyorativamente, como señala A. Blanco en el citado libro de Altamirano.

culturales que sólo fueron consideradas por el discurso pedagógico cuando la escuela las seleccionó, filtró y procesó en su gramática.
2) Proponer una reflexión que asuma al objeto cine en su complejidad, que vaya más allá de su tratamiento pedagógico, y que lo considere como un dispositivo técnico-cultural propio de una época, en doble condición de producto de la cultura y de intervención sobre la misma.

Coordenadas espacio-temporales de una relación

Si bien a los sistemas escolares modernos les tomó más de tres siglos para emerger, consolidarse y expandirse, en un proceso que no estuvo exento de disputas de sentido (Dussel y Caruso, 1999), en nuestro país reconocemos al siglo XX como el tiempo en que el sistema educativo se convirtió en la institución que, en clave geopolítica, tomó a su cargo la transmisión de la cultura y la formación ciudadana. Es el mismo siglo en que el cine nace y se desarrolla como un artefacto[21] cultural (Grüner, 2001) que asume plenamente las matrices del pensamiento moderno, tanto en su dimensión técnica como política (Pezzella, 2004). Grüner señala que: "El cine como tal es una irrenunciable cuestión filosófica y crítico-cultural: un espacio privilegiado de *cruce* de los campos de batalla político-discursivos que han querido dar cuenta de –*rendir* y *ajustar* cuentas con– los modos de pensar el mundo-de-vida de lo que se suele nombrar como Modernidad" (2001: 98).

---

[21] La utilización del término *artefacto* para nombrar al cine designa la complejidad que lo atraviesa, al conjugarse en él una dimensión ligada al arte y otra a la técnica. Máquina de la visión y lenguaje a la vez, participa a la vez de los órdenes artístico, político, social y material de la sociedad.

Tanto cine como escuela, en el siglo XX, se hacen cargo de desplegar procedimientos "político-pedagógicos" ligados a un proyecto filosófico-político. Esos procedimientos pueden ser aislados y analizados desde intenciones políticas, intereses de poder o proyectos de dominación. En lo que respecta a este trabajo, nos interesa señalar su participación (el hecho de ser parte de) en un régimen epocal de orden y sentido, donde la mirada ocupa un lugar central.

Los conceptos de régimen de visibilidad o matriz ocularcéntrica (Ferrer, 1996), regímenes escópicos (Jay, 2003; Brea, 2007; Antelo, M., 2005), así como las expresiones "formas de lo visible" (Didi-Huberman, 2006), "modos de ver" (Berger, 2006a), o la más generalizada "formas históricas de la mirada", remiten todos al reconocimiento de una matriz visual que participa de la configuración tanto subjetiva como colectiva de una sociedad y sus miembros, matriz que está presente en las relaciones que una época establece entre lo que se ve y lo que se mira (el ojo y el objeto de la mirada), y de la que son parte los artefactos que *miran por los ojos* y que *dan a ver*.

Especialmente visibles en las últimas décadas, donde los desarrollos electrónicos ampliaron la cantidad y el registro de las imágenes e inundaron la vida cotidiana, muchos de los estudios sobre la relación imagen/sociedad encontraron su lugar bajo el nombre de estudios visuales (Brea, 2005; Richard, 2006). Más allá de los debates sobre su estatuto epistemológico, las reflexiones sobre la importancia de la imagen señalan la existencia de un régimen dominante de visibilidad que se remonta a por lo menos dos siglos, donde imagen, verdad y poder se combinan en la producción de mundo que vivimos[22] (Ferrer, 1996).

---

[22] En el trabajo de Cristian Ferrer "Mal de Ojo" se la denomina *matriz ocularcéntrica*. "En los últimos dos siglos la obligación de ver no viene determinada por la ampliación y el mejoramiento de una capacidad

Serán entonces las imágenes como artefactos las que se conviertan en objetos de estudio, en cuanto a su "artificialidad": las imágenes, entendidas no como producto sin "productor", sino como efecto de un devenir, como resultado de una apelación a la mirada, donde el "sujeto" que convierte al mundo en imagen al producirla es parte de una trama social. Imágenes que son, a la vez, efecto de una mirada y ofertas a la mirada.

Berger señala que "una imagen es una visión que ha sido recreada o reproducida. Es una apariencia, o conjunto de apariencias, que ha sido separada del lugar y del instante que apareció por primera vez y preservada por unos momentos o unos siglos. Toda imagen encarna un modo de ver" (2006a: 16). El estudio de las funciones de la imagen y de sus soportes históricos arroja como resultado órdenes particulares de la mirada y del mundo:

> "La imagen (...) ha sido históricamente un *aparato visual* de constitución de la subjetividad colectiva y el imaginario sociohistórico. En este sentido, su función de transmisión ideológica, con ser indudable, es *subsidiaria* de su papel constructor de una *memoria* que busca 'fijar', por la *mirada*, el orden de pertenencia y reconocimiento prescripto para los sujetos de una cultura" (Grüner; 2001: 18, subrayados del autor).

---

fisiológica, ni por la decadencia de la alta cultura ni por los avances tecnológicos, sino porque el régimen de visibilidad dominante –régimen político entonces– predispone a *creer lo que en su interior se ve*. Hacer ver la verdad: es éste el objetivo de esa voluntad de poder, que quiere impedir cualquier otro derecho de visión y para ello busca apropiarse incluso de la más nimia célula de visión humana. Se trata de lo que algunos autores llaman ocularcentrismo, sistema de orientación y coerción visual efectuado a través de las actividades visuales cotidianas" (pág. 30). Cabe señalar que los Estudios Visuales vienen introduciendo el ocaso de ese régimen de visualidad frente a la emergencia de la producción, circulación y consumo de imágenes electrónicas con particulares reglas. Véase Brea, 2007.

Establecer unas coordenadas espacio-temporales para la matriz epocal donde se inscriben las formas históricas de la mirada presentes en el siglo XX nos obliga a atender no un hito o acontecimiento histórico singular, sino una serie de invenciones, procesos, posiciones de sujeto y configuraciones políticas. En su obra *Las palabras y las cosas*, Michel Foucault, más precisamente en el capítulo sobre *Las meninas* de Velázquez, este autor postula un punto de inflexión en los modos de representación pictórica. El juego de miradas que pone en juego este cuadro incluye al pintor, a los espectadores, a los modelos, a los personajes y a la imagen, pero no por hacerlos visibles a todos, sino por hacerlos parte de un juego de visibilidades e invisibilidades donde la inclusión está dada por ser objeto de mirada a la vez que por mirar. Pone en evidencia cómo las imágenes son "inscriptoras de la presencia de otro" (Brea, 2005). El trabajo de Foucault constituye un texto emblemático para el pensamiento sobre las formas modernas de representación, al hacer hincapié no sólo en cierta "objetivación" de una forma de mirar, sino también en la emergencia tanto del sujeto productor de la imagen como de la figura del espectador, el que está presente aún siendo invisible, y en la transformación del vínculo entre imagen y objeto representado[23]. En la búsqueda por hacer visible la *episteme* propia de los modos de conocer de una época, este texto

---

[23] "Quizá hay, en este cuadro de Velázquez, una representación de la representación clásica y la definición del espacio que ella abre. En efecto, intenta representar todos sus elementos, con sus imágenes, las miradas a las que se ofrece, los rostros que hace visibles, los gestos que la hacen nacer. Pero allí, en esa dispersión que aquélla recoge y despliega en conjunto, se señala imperiosamente, por doquier, un vacío esencial: la desaparición necesaria de lo que la fundamenta –de aquel a quien se asemeja y de aquel a cuyos ojos no es sino semejanza–. Este sujeto mismo –que es el mismo– ha sido suprimido. Y libre al fin de esta relación que la encadenaba, la representación puede darse como pura representación" (Foucault, 1998: 25).

abre a pensar cómo los *actos de ver* son construcciones propias de unas particulares posiciones de sujeto donde ver, pensar y conocer configuran relaciones de poder[24].

El otro texto emblemático que tempranamente asume el carácter contingente e histórico de nuestras formas de conocer a través de la mirada es la *Carta sobre los ciegos para uso de los que ven*, de Denis Diderot. Escrita en 1749, allí ya se desnaturaliza la relación entre los sentidos y el pensamiento. Diderot afirma que

> "nuestros sentidos nos remiten a signos más análogos a la extensión de nuestra mente y a la conformidad de nuestros órganos. Hemos actuado incluso de manera que esos signos pudieran ser comunes entre nosotros y que sirvieran, por así decir, de depósito para el comercio mutuo de nuestras ideas. Los hemos instituido para los ojos, y son los caracteres, para el oído son los sonidos articulados, pero no tenemos signos para el tacto, aunque haya una manera de hablar propia de ese sentido y obtener respuestas de él" (2005: 59).

Dado que "no se ve nada la primera vez que uno se sirve de sus ojos", sino que eso se logra con el tiempo y con el trabajo reflexivo del pensamiento (2005: 109), se le reconoce al orden de lo visual una "externalidad" al sujeto que ve, al punto que debemos aprender a hacerlo[25].

---

[24] "De esa naturaleza inexorablemente social del campo escópico –y por lo tanto de la necesidad de historizar y enmarcar su análisis– podrá acaso reconocerse el trabajo de Michel Foucault (...). El engranamiento de lo que es visible –como de lo que es pensable y cognoscible– con la constelación de elementos que constituyen la arquitectura abstracta de un *orden del discurso* dado, de una *episteme* –ese infraleve *espacio de la representación* que es reconocido con exquisita perspicacia en su decisivo análisis sobre *Las Meninas*– puede quizá ser tomado como su más importante hallazgo con estas cuestiones y toda reflexión sobre la constitución de los distintos *regímenes escópicos* está sin duda en deuda con esa reflexión inaugural" (Brea, 2005: 11, cursivas en el original).

[25] Norbert Elías ofrece un ejemplo que puede ser útil para situar el carácter histórico del vínculo entre ver y conocer. Elías cuenta que Galileo había oído de la invención del telescopio y construyó uno todavía

La definición de régimen escópico que de estos presupuestos resulta la ofrece Brea:

"Bajo tal 'régimen escópico' se definen, doblemente, tanto [1] un conjunto de 'condiciones de posibilidad' –determinado técnica, cultural, política, histórica y cognitivamente– que afectan a la productividad social de los '*actos de ver*', como [2] un sistema fiduciario de presupuestos y convenciones de valor y significancia, que definen el *régimen particular de creencia* que con las producciones resultantes de dichos actos es posible establecer, para el conjunto de agentes que intervienen en los procesos de su gestión pública, ya sea como receptores, ya como productores activos que disponen sus actos en el universo lógico de los enunciados y actuaciones posibles en su contexto" (Brea, 2007: 150-151).

En este régimen el ver y el conocer se engarzan al punto de que lo que se sabe se sostiene en lo que se ve, por lo que la "episteme escópica": es la estructura abstracta que determina el campo de lo cognoscible en el territorio de lo visible (Brea, 2007: 146).

Ahora bien, ¿en qué medida participa el cine de esa secuencia epistemológica y política que se hace presente en la serie ver-conocer-dominar? ¿Cómo se engarza en ese orden su específico modo de participar en la representación del mundo? Será Walter Benjamin quien formule los vínculos entre técnica, representación y orden social en sus ensayos sobre fotografía y cine. Capaz de reflejar, aún con la mayor profesionalidad de un modelo, esa "chispita

---

más perfeccionado. Con él observó que la luna no era perfectamente redonda y llana, sino que existían montañas en ella. Pero decirlo era una herejía, por lo que invitó a quienes atacaban sus informes a que mirasen la luna a través de su telescopio. Pero ellos declinaron el ofrecimiento. "La mera observación, realizada por los seres humanos con sus imperfectos sentidos, no podía, obviamente, servir para refutar la aceptada y autorizada enseñanza existente entonces sobre la luna que era lógica y consistente en relación con el principal cuerpo de doctrina entonces dominante" (Elías, 1997: 76).

minúscula del azar" que es parte del instante que la fotografía inmortaliza, Benjamin postula que ésta pone en juego el "inconsciente óptico", porque "la naturaleza que habla a la cámara es distinta de la que le habla al ojo" (2004: 26-28). A esta diferencia en la percepción[26] hay que sumarle la que la fotografía introduce en su dimensión reproductiva, y que aumentan el grado de dominio que el ser humano tendrá sobre la representación. Por otro lado, la participación de la fotografía y de la pintura en el régimen de mercancía del que el arte es parte en la modernidad la ubica en la cadena de comercialización de cada vez más campos de la percepción óptica[27].

La hipótesis de la reproductibilidad de la fotografía incluirá también al cine, ya que con la emergencia de éste se da, en el inicio del siglo XX, el momento de auge y perfeccionamiento de la reproducción y el mayor grado

---

[26] Brea construye alrededor del inconsciente óptico benjaminiano una hipótesis central a los modos de saber-conocer-ver modernos: "Una hipótesis cuyo postulado esencial sería *que hay algo en lo que vemos que no sabemos que vemos, o algo que conocemos en lo que vemos* que no sabemos 'suficientemente' que conocemos. El ejemplo más claro en el que reconoce Benjamin esta presencia extraña (de un *conocimiento no conocido* inscrito en lo visual, en las imágenes) es el revelado por el ojo mecánico, por la cámara fotográfica. Ella, entiende Benjamin, ve algo que nosotros no podemos ver, en principio, salvo por su mediación. Habría en lo óptico percepciones que se nos escapan (las más interesantes de ellas tienen seguramente que ver con la estructura temporal del acontecer, con el *devenir*, con el paso del tiempo que se registra en la compleja percepción escópica del *"cuasi" instante*) y que sin embargo el ojo mecánico de la fotografía o el cine sí perciben: sí, en cierta forma, *conocen*, aunque tal vez de forma no reflexionante, no capaz de autopensarse –y por lo tanto, y de alguna forma, *inconsciente*–" (Brea, 2007: 146-147).

[27] "Dicho de otro modo: la pretensión de que la fotografía es un arte es contemporánea de su aparición como mercancía. Esto coincide con el influjo que la fotografía en cuanto procedimiento reproductivo tuvo sobre el arte mismo. Lo aisló de sus patronos para entregarlo al anonimato del mercado y de su demanda." (Benjamin, 2004: 80, "Carta de París [2]. Pintura y fotografía.")

de impacto en la época. La posibilidad de reproducir técnicamente que tanto la fotografía como el cine introducen permite fijar imágenes que escapan a la óptica natural, permite llegar hasta contextos inasequibles y modifica la relación de la producción de la imagen con su "presente". La pérdida del aura que la reproducción de la obra de arte introduce hará que las formas de percepción que por su parte habilita se expandan hasta alcanzar al sujeto político por excelencia de la modernidad: las masas[28].

El trabajo de Benjamin permite situar, en una misma serie, el desarrollo de la técnica, el régimen escópico, la emergencia de la masa en la política y el circuito de distribución material de la experiencia estética. Al mismo tiempo, es posible situar, a partir de su pensamiento, la cuestión de la imagen como centro problemático de la modernidad. A partir de él y con él, podemos abordar los vínculos entre imagen técnica, historia y construcción del mundo (Cadava, 2006), y situar en el siglo XX los procesos políticos, económicos y pedagógicos engarzados en las formas de mirar y ser mirados que el siglo trae.

El gesto de *dar a ver*

¿Es posible pensar a los modos en que cine y educación se entrelazan como parte de esta matriz escópica más amplia, como parte de unas formas de mirar? ¿Abonan ellas un régimen de visibilidad más amplio? ¿Cómo pensar los cambios, las transformaciones, los puntos de inflexión de la relación dentro del juego de ese régimen?

---

[28] Benjamin, W.: "La obra de arte en la época de su reproductibilidad técnica". Si bien el citado libro *Sobre la fotografía* (2004) incluye parte de este ensayo, la versión completa del mismo ha sido consultada en: http://www.udp.cl/docencia/postgrado/diplomado/esteticaypensamiento/docs/03/obradearte.pdf.

Es necesario partir de la compleja relación que se establece entre lo que se ve, en sus múltiples inflexiones históricas y técnicas, y lo que somos, y allí ubicar la particular relación que tanto cine como escuela establecen con los mecanismos de *dar a ver*.

En esta expresión, sobre la que volveremos sistemáticamente, queremos incluir tanto el gesto que porta el cine al ofrecer un relato visual a los ojos, como un modo de entender la educación. Jesús Martin-Barbero, revisando las relaciones entre lo audiovisual y las sociedades del espectáculo, apela a la función social del drama y afirma que

> "toda puesta en escena es un 'dar a ver', en el fuerte sentido que tiene en castellano 'dar a luz', esto es *hacer ver*, y eso es lo que nombra la palabra *espectáculo*. Porque al espectáculo no lo definen, no lo configuran sus contenidos, sino esa voluntad recíproca de ver que es voluntad de dramatización, necesidad de representación que forma parte de la sustancia misma de lo social: la teatralización constante de la vida colectiva" (2002: 97).

Bien puede incluirse al cine en esta función. Por otra parte, y haciendo pie ya no en la imagen sino en el verbo *dar*, éste ha sido conjugado con el verbo educar, haciendo alusión a la dimensión de donación que la educación conlleva (Nuñez, 1998), aún cuando se da lo que no se tiene (Frigerio, 2004; García Molina, 2005)[29]. Para Antelo, el verbo dar es sinónimo de enseñar:

---

[29] La idea de dar lo que no se tiene y vincularla al gesto educativo parte de recuperar el pensamiento de Derrida, tanto en el trabajo de Frigerio como en el de García Molina. Este último plantea: "¿No podemos pensar que la educación está en la misma línea de flotación que la educación? ¿No podemos pensar que la palabra, la cultura en sentido amplio, es lo donado en la tarea de educar? Si el don (como verdadero acto de dar) es posible en algún punto, lejos de la lógica circular de la economía, es en el valor de dar lo que no se tiene, de hacer circular (no en forma de círculo y eterno retorno, sino de despliegue imprevisible) algo que se considera valioso. El valor del dar y de la cosa dada nos compromete

"**Enseñar es dar**. 'Qué es lo que estás dando?' Un profesor es un dador. Enseñante. 'Pero esto no lo dimos...' 'Eso ya lo di...' Los jóvenes suelen decir: 'Hay profesores que dan bien la materia' o ' Me gusta como la da'. Lo que un profesor enseña, pasa y da, produce efectos. Los efectos de la operación de enseñar son curiosos, pero efectos al fin. Somos en gran parte el resultado de lo que se nos ha dado o quitado, enseñado u ocultado, pasado o sustraído" (Antelo, 1999: 19).

Es bien cierto que es posible diferenciar los modos en que opera el arte, el cine específicamente en nuestro caso, y las instituciones (la escuela). Bien podría sostenerse que el dar a *ver* propio del cine no se corresponde exactamente con el *dar* a ver que se hace presente cuando un maestro ofrece una imagen o una película de cine, aunque, como sostiene Frigerio, en ocasiones es en la confusión donde los equívocos se vuelven fértiles (Frigerio, 2004). Sin embargo, la expresión *dar a ver* trae consigo cierta capacidad de condensar el gesto educativo con la específica oferta visual. Si atendemos a la expresión que Larrosa pone a disposición para conjugar la educación y la lectura, *dar a leer* (Larrosa, 2003), quizá podamos inscribir a la invitación a ver que ofrece un docente en la cadena de los *dones* que toda educación supone. Atendamos a la siguiente cita:

"La expresión 'dar a leer' contiene la relación entre la experiencia de la lectura y la ética del don. Y cómo esa relación está implicada en esa peculiar duración de las palabras en la que éstas se conservan transformándose. Lo que nos interesa en el 'dar a leer' es esa paradójica forma de transmisión en la que se dan simultáneamente la continuidad y el comienzo, la repetición y la diferencia, la conservación y la renovación" (Larrosa, 2003: 25).

(aún de manera inconsciente o, por utilizar otros términos, aunque no nos percatemos de ello en el momento presente, sino cuando el don ha tenido efectos y provocado efectos) y establece una deuda simbólica" (García Molina, 2005: 117).

¿Acaso no es posible parafrasearla y colocar "ver" donde dice "leer", "cine" donde dice "lectura" e "imágenes" donde dice "palabras"? ¿Acaso el mirar no puede resultar una experiencia que nos afecte, nos altere o aún nos transforme? ¿Acaso *dar a ver* no conlleva una ética del don análoga a la que se pone en juego en cada acto educativo? Intentaremos poner a prueba la expresión a lo largo de la investigación, de modo de testear su productividad.

En relación a otras funciones que cine y educación comparten, el término "políticas de la mirada" puede ser útil para destacar sus funciones análogas. Así como es necesario tener en cuenta las estrechas relaciones que pueden establecerse entre arte y poder, ya sea como producción y conservación de un orden o como subversión, en el caso de la institución escolar es necesario detenerse en los órdenes que hace visible y en aquello que deja a oscuras, en las orientaciones de la mirada en relación al conocimiento y a la verdad[30].

El cine y su pedagogía

> "Soy un ojo. Un ojo mecánico. Yo, la máquina, os muestro un mundo del único modo que puedo verlo. Me libero hoy para siempre de la inmovilidad humana. Estoy en constate movimiento. Me aproximo a los objetos y me alejo de ellos. Repto bajo ellos. Me mantengo a la altura de la boca de un caballo que corre. Caigo y me levanto con los cuerpos que caen y se levantan. Esta soy yo, la máquina, que maniobra con movimientos caóticos, que registra un movimiento

---

[30] Acerca de la historia del vínculo entre imágenes y técnicas de aprendizaje escolar, Pla Vall nos recuerda que fue Comenius, en su *Orbis Sensualium Pictus*, publicado en 1654, quien inicialmente se ocupó de dicho vínculo desde una perspectiva didáctica. Quizá allí se inaugurara el gesto de *dar a ver*, en clave educativa...

tras otro en las combinaciones más complejas. Libre de las fronteras del tiempo y del espacio, coordina cualesquiera y todos los puntos del universo, allí donde yo quiera que esté. Mi camino lleva a la creación de una nueva percepción del mundo. Por eso explico de un modo nuevo el mundo desconocido para vosotros."

Estas palabras del cineasta ruso Dziga Vertov[31] enfatizan el modo en que la aparición del cine constituyó no sólo una ampliación de lo que era posible de ser visto, sino que se revoluciona su mismo orden.

Tanto para las reflexiones de los cineastas como para la filosofía, la comunicación o la sociología de la cultura, pensar el cine es pensar en sus efectos, en los modos en que se engarza en la cultura de la época[32]. Si para el cineasta el cine se define como una máquina de ver con capacidad de abrir un mundo que redefine sus coordenadas perceptivas, espaciales y temporales, tal como lo expresara Vertov, para la reflexión teórica una definición de cine incluye el modo en que esa visión se hace carne. Atendamos, por ejemplo, a la definición que ofrece Grüner:

"institución de imágenes en movimiento que altera las coordenadas de la percepción espaciotemporal, y al mismo tiempo 'naturaliza' esa transformación histórica con tanta mayor eficacia puesto que se pliega sobre la lógica del

---

[31] Corresponden a un escrito de 1923. Citado en Berger (2006a: 24).
[32] Si bien el ejercicio de pensar el cine tiene tradición en el siglo, en los últimos años ha cobrado nuevos impulsos, desde la circulación de los trabajos propios de la filosofía que se ocupan del cine de filósofos como Deleuze, Badiou, Rancière, Morin y Agamben, así como de los cruces entre filosofía y cine. Si bien nuestro abordaje del cine no ha sido tanto desde la filosofía sino más bien desde una sociología de la cultura, algunas de sus reflexiones serán recuperadas a lo largo de la tesis. Acerca de los vínculos entre cine y pensamiento, véanse los dos tomos de *Pensar el cine*, compilado por Gerardo Yoel (2004a y 2004b); el trabajo de Suzanne Liandrat-Guigues y Jean Louis Leutrat *Cómo pensar el cine* (2003); y de D. Parente, *La verdad a 24 cuadros por segundo* (2005).

Inconsciente, generando así 'grandes relatos', verdaderos sistemas de modelización de nuestro mundo" (2001: 166).

La pregunta que nos devuelven estas definiciones es la posibilidad de un tratamiento pedagógico del cine[33]: ¿dónde es posible ubicar una dimensión pedagógica en el cine? ¿En qué medida el cine constituye una *impresión estética* que puede ser pensada en el registro pedagógico[34]?

"Según Godard, la virtud del cine no proviene de la cámara que decide, sino de la pantalla, tela extendida para que el mundo se imprima" (Rancière, 2003: 133). La idea de imprimir el mundo y de producir impresiones sobre él puede ser un buen punto de partida para la construcción de esta mirada pedagógica. Imprimir bien puede inscribirse en la idea de educar como hacer marcas, afectar, dejar improntas, o en la idea de escribir el mundo tal como aparece en la pedagogía freireana[35]. Si en esta última ca-

---

[33] Cabe alertar, en este punto, de la dificultad de construir con el término "cine" un objeto único, o postular una sistematización acabada de sus modos de operar. Los estudiosos sobre cine insisten en distinguir al cine por sus autores, los movimientos estéticos de los que participan o los circuitos de producción y proyección, e incluso se postula un canon de obras cinematográficas clásicas que poseen un valor análogo al que los clásicos mantienen en otras artes, habilitando a la discusión sobre buen y mal cine. Si bien la discusión excede a los objetivos de esta tesis, intentaremos establecer, a cada paso, las diferenciaciones que sean necesarias. Véase al respecto Bergala (2007), Vauday (2008) y Oubiña (2000).

[34] Debemos a Graciela Frigerio la invitación a pensar juntas impresión estética y experiencia cinematográfica. Ella y Gabriela Diker, en el prólogo del libro *Educar: (sobre) impresiones estéticas* señalan que este encuentro tiene que ver tanto con lo que "en y a través de la educación *impresiona*, afecta, advierte; también de aquello que en el orden sensible hace *impresión*, deja huella; finalmente, aluden a los efectos estéticos que se *sobreimprimen*, dejan su impronta en más de una marca, en la huella sobre la huella que vuelve a la marca otra cosa" (2007: 9, cursivas en el original).

[35] Freire ha trabajado largamente alrededor de la alfabetización crítica, planteando que cuando se lee críticamente las palabra se lee el mundo, y que escribir en este sentido tiene que ver con escribir el mundo,

bían las preguntas quién educa, a quién, cómo, por qué, bien podemos construir una analogía y preguntarnos qué es lo que sucede con el cine: ¿Qué es lo que se imprime? ¿Sobre quiénes? ¿Qué relación mantiene esta impresión con aquello que imprime? ¿Cuáles son las formas y los efectos de esta impresión?

Para responder a estas preguntas quisiéramos ofrecer un esbozo de sistematización de ciertos rasgos del cine –que hasta podrían ser pensados como "funciones"– leídos en clave pedagógica, esto es en cuanto la capacidad que poseen de transmitir[36], como función propia del territorio pedagógico.

1. En primer lugar, el *qué se imprime*. Me interesa revisar aquí la relación que el cine establece con el mundo que muestra, para postular una "función": la de *la construcción de lo común*.

Mirar la educación como aquella que pone en juego la transmisión de herencias, de saberes y de reglas no debe hacernos olvidar que esa transmisión conlleva la posibilidad de actualizar aquello a lo que se le da el nombre de cultura con la marca de quiénes lo actualizan. De este modo, la educación supone una posición frente a "lo común" y una acción sobre él[37]. En una dirección muchas

---

transformándolo. Véase, a este respecto, Freire (1991) y Freire y Macedo (1989).

[36] Acerca del verbo *transmitir*, nos remitimos a la obra homónima de Regis Debray, donde se diferencia *transmitir* de *comunicar* haciendo alusión a su capacidad de transportar en el tiempo, de transformar y convertir, dar forma, prolongar lo que somos en los que nos sobrevivirán. En relación a los procesos que se dan en toda sociedad para conservarse, Debray señala: "Custodio de la integridad de un *nosotros*, [la transmisión] asegura la supervivencia del grupo por el reparto entre los individuos de lo que les es común" (1997: 20, cursivas en el original).

[37] Acerca de los vínculos entre la educación y lo común, véase Frigerio y Diker (2008).

veces no tenida en cuenta por la pedagogía, el cine, como otras artes, cumple una función similar. Me refiero a la función comunitaria como una de las propias del arte: la de construir un espacio específico, una forma inédita de reparto de lo común (Rancière, 2002; Vauday, 2008), que desde sus orígenes se distinguió por dar voz y forma a la masa (Benjamin, 2004).

Rancière encuentra en el cine, como en otras artes contemporáneas, la convergencia hacia una idea y práctica del arte como forma de ocupar un lugar en el que se distribuyen las relaciones entre los cuerpos, las imágenes, los espacios, los tiempos: el arte consiste en construir espacios y relaciones para reconfigurar material y simbólicamente lo común. Para el filósofo, es el punto donde el arte se encuentra con la política, y es por ello que es posible pensar en una *política de la estética* (Rancière, 2005). En este sentido, es central traer a colación la importancia que ha tenido el cine en el siglo XX en la configuración de sentimientos, ideologías y pasiones comunes (Monsiváis, 2006), funciones que comparte con otras manifestaciones culturales como la radio, el folletín, la televisión, etc. El cine lleva consigo la capacidad de hacernos parte de relatos, de posiciones y de narraciones que nos ligan, nos filian a un colectivo por el sólo hecho de actualizar ese común y hacerlo circular: lo que Vauday ha denominado "comunidad estética" (2008). Al mismo tiempo, como otras artes, es capaz de llevar adelante una política que bien puede interrumpir las coordenadas normales de la experiencia sensorial (Rancière, 2005: 19)[38].

---

[38] Rancière propone considerar lo estético como *fábrica de lo sensible* (Rancière, 2002). Frigerio retoma esta propuesta y plantea que esto implica retomar la estética más allá del universo de sensaciones formadoras del gusto, para comprenderla como un modo de conocer, una manera de distribuir y de inscribir, en su dimensión instituyente de un mundo sensible común (Frigerio, 2007: 31). Bergala, por su parte, señala, refiriéndose al cine, que el "arte sólo puede ser aquello que resiste, aquello

En la combinación de ambos gestos puede visualizarse su participación en la construcción de ese común.

2. Ahora bien, ¿qué relación establece el cine con el mundo que muestra? ¿en qué consiste esta particular impresión? ¿Es mediación, mimesis, representación, reproducción? He aquí una segunda función: *la relación entre el cine y lo real.*

Como toda *tecknè*[39], el cine participa de la larga serie por la cual las tecnologías de la imagen se ocuparon –desde la pintura rupestre– de la representación. Pero comparte, además, con la fotografía, la televisión y las imágenes electrónicas, una dimensión "maquinística" donde técnica y estética se anudan para intermediar entre el hombre y el mundo en el sistema de construcción simbólica. En este sentido, las máquinas visuales contribuyen a la fijación de las formas de lo visible[40].

Dentro de ellas, el cine posee su especificidad. Si la fotografía "innova" sobre la pintura en el momento en que

---

imprevisible que en un primer momento confunde". Pero en eso radica su dimensión pedagógica: en proponer un encuentro que trastorna nuestros hábitos culturales (Bergala, 2007: 97).

[39] "El término *teckhné* corresponde estrictamente al sentido aristotélico de la palabra arte, que designaba no las 'bellas artes' (acepción moderna de la palabra que aparece durante el siglo XVIII) sino todo procedimiento de fabricación que responde a reglas determinadas y conduce a la producción de objetos, bellos o utilitarios, materiales (las 'artes mecánicas': pintura, arquitectura, escultura, pero igualmente vestimenta, artesanato, agricultura) o intelectuales (las 'artes liberales': el trivium –dialéctica, gramática, retórica– y el quadrivium –aritmética, astronomía, geometría, música–. La *teckhné* es entonces antes que nada un arte del hacer humano." (Dubois, 2001: 9)

[40] "Hay que imaginar a esas tecnologías como cristales de aumento que fijan formas de lo visible, como visores que al mundo abren como panorama, como ranuras por donde la reticencia del caos natural, libidinal y urbano cede un poco de terreno y permite el ensamblaje, como el único ángulo recomendado desde el cual el dibujo anamórfico recompone alguno de los elementos de su composición." (Ferrer, 1996: 28)

la máquina interviene en el proceso mismo de constitución de la imagen (que aparece como una representación "automática" u "objetiva", donde la actividad del ser humano es la dirección de la máquina pero no ya la figuración), el cine "innova" sobre la fotografía porque la "recepción" de la imagen también es maquinística: sólo accedemos a las imágenes del cine por intermedio de una máquina (de proyección). Y, además, "hay que pasar por el mecanismo tan particular del paso de la película así como por todos los condicionamientos que la rodean: la sala obscura, la gran pantalla, la comunidad silenciosa del público, la luz a espaldas, la postura de 'hiperpercepción' e 'hipomotricidad' del espectador, etc.". Tomar en cuenta estos aspectos nos permite situar la singularidad de la maquinaria cinematográfica como "productora de un imaginario donde su fuerza no reside sólo en la tecnología sino antes y sobre todo en lo simbólico: es una maquinación (una máquina de pensamiento) tanto como una maquinaria, una experiencia psíquica tanto como un fenómeno físico-perceptivo, productora no solamente de imágenes sino generadora de afectos y dotada de un fantástico poder sobre el imaginario del espectador" (Dubois, 2001: 15-16).

Y, además, el montaje, el mecanismo de combinación de imágenes que permiten situar al cine como *lenguaje hecho de imágenes*. A este respecto, Barthes afirma que el cine no constituye un lenguaje en el estricto sentido del término, al no jugarse en él una estricta relación entre un significante y un significado, como en el lenguaje articulado. La relación que el cine establece con la realidad es analógica: si en el lenguaje articulado las palabras hablan de los objetos, la imagen se resiste a ofrecerse como sistema de significación. Este argumento, que pone en duda la misma posibilidad de una semiología rigurosa del cine, pone en evidencia otro proceso en su lectura:

"Porque en una película ... hay por supuesto una representación analógica de la realidad pero, en la medida en que ese discurso es tratado por la colectividad, implica elementos que no son directamente simbólicos sino ya interpretados, culturalizados incluso, convencionalizados; y esos elementos pueden constituir sistemas de significación segunda impuestos al discurso analógico y que se pueden llamar 'elementos retóricos' o 'elementos de connotación'" (Barthes, 2005a: 32).

En otro texto, enfatizará la relación entre el cine y su época, al afirmar que "la imagen transmite fatalmente *otra cosa* aparte de sí misma, y esta *otra cosa* no puede no mantener una relación con la sociedad que la produce y la consume" (Barthes, 2002b: 53).

Es posible señalar aquí una relectura pedagógica de estos rasgos del cine. En primer lugar, la analogía entre la máquina visual y la máquina de educar, con la que se ha designado a la escuela[41]. La idea de máquina o tecnología pone en evidencia la capacidad productiva de estas formas sociales, productividad que debería ser explorada en clave de subjetividades, de gustos, de esquemas para mirar al mundo y para abordarlo. Ambas constituyen "máquinas de impresión". Podría postularse que la materia de esa impresión es, para ambas, la luz. Es que cine y escuela constituyen máquinas que literal o metafóricamente, parten de jugar con las luces y con las sombras, iluminan parte del mundo, proponiendo un orden en este juego de ver y dejar en las sombras[42].

---

[41] La metáfora de la escuela como máquina ha sido explorada por Pineau, Dussel y Caruso (2001) y por Sarlo (1998). Volveremos sobre ella más adelante.

[42] El maravilloso texto de Eduardo Cadava, *Trazos de luz. Tesis sobre la fotografía de la historia*, define a la fotografía como "escritura de la luz", y señala que la expresión "trazos de luz también nombra la relación entre el lenguaje y la luz, entre el lenguaje y la posibilidad de lucidez o la posibilidad del conocimiento" (2006: 18). El cine participa de la

En otro sentido, la función connotativa que se le atribuye al lenguaje cinematográfico plantea ella misma una circulación productiva de lo común, del fondo común con el que los espectadores acceden a este lenguaje, una especie de "diálogo" que nos remite a la transmisión en cuanto tramitación y recreación de ese común. En todo caso, los avatares de la relación cine/real se jugarán en los modos en que históricamente se construyeron los relatos cinematográficos y lo que los espectadores harán con cada uno de ellos. Lo que me parece necesario enfatizar es este doble "instinto" que le es propio: el que conduce a la duplicación del mundo y el que lleva a expresar algo con el gesto mimético (Quintana, 2003).

3. Por último, ¿quiénes son los destinatarios de la impresión cinematográfica? ¿Cómo juega el cine en la configuración del "nosotros" a quienes se les pasa el mundo? Quisiera abordar aquí una tercera cuestión: la de *sobre quiénes se imprime*: el cine y la sociedad de iguales.

Sabemos que en los siglos XVIII y XIX la filosofía política discute quiénes toman parte en el debate sobre la sociedad en la que se vive. Como parte de esta discusión y con el horizonte de la igualdad, la escuela será una de las instituciones que se ocupe de configurar los atributos de los sujetos a quienes se los considera ciudadanos.

Pero he aquí donde quizá resida una de las miopías de la pedagogía: la de pensar la institución escolar como la única –o la hegemónica– que se ocupó de instituir las coordenadas del deber ser del hombre moderno. Porque no fue la única institución que intencionalmente distribuiría saberes y bienes culturales.

---

escritura de la luz como la fotografía, y además la necesita para poder imprimirse en la pantalla. La escuela, por su parte, también se engarza con la idea de iluminar con el conocimiento.

La existencia de circuitos masivos de acceso a bienes culturales constituyó la otra cara de la configuración de ese colectivo cada vez más amplio, que partía del principio de la igualdad para la distribución de bienes y derechos. El cine constituyó, a lo largo del siglo XX, uno de los elementos de la cultura de masas que, en los bordes de arte, abonó la sociedad de masas.

Pero el cine no sólo expandió de un modo particular el quiénes, sino que trastocó el ordenamiento cultural al que históricamente ese quiénes tenía acceso. Badiou insiste en definir al cine como "arte de masas", haciendo hincapié en la paradoja que representa que "de masas" sea una categoría políticamente activa que referencia a la democracia, cuando "arte" es una categoría aristocrática, en cuanto abarca la idea de creación y, en consecuencia, exige los medios para comprender la creación[43] (2004: 30).

Con el cine, los límites de lo que se consideraba arte se trastocan, al implicar no sólo una revolución ligada a la reproducibilidad técnica, tal como lo plantea Benjamin en su famoso trabajo[44], sino que al convertirse en un "(no) arte" que no necesita saberes o educación previa para poder acceder a él, modifica sustancialmente el "reparto" de la que hasta entonces se consideraba cultura[45].

---

[43] Es justamente en esta paradoja, en esta relación de términos heterogéneos, donde Badiou ubica el interés del cine para la filosofía: el arte y las masas, la aristocracia y la democracia, la invención y el reconocimiento, lo nuevo y el gusto general.

[44] Nos referimos al ensayo "La obra de arte en la época de su reproductibilidad técnica", que si bien tiene varias versiones, la de mayor circulación es de 1939.

[45] La postulación del cine como el séptimo arte, y los debates sobre si constituye una más o una síntesis de las artes no se limita a su materialidad o a la técnica que desarrolla para la producción de su obra. La emergencia del cine cuestiona todo el edificio de las artes, porque es parte de su política interrumpir la idea de alta y baja cultura al imponerse como una práctica de consumo masivo. De Azúa denuncia esta ruptura al plantear: "Querer introducir al cine en la familia de las artes, cuando

Es posible, en esta lógica, ver al cine como un artefacto cultural que no sólo instituye un modo de ver a los otros, dibujando en el tejido de la experiencia sensible las formas del dominio o de la igualdad (Rancière, 2005: 24). El cine participa en la configuración de un quiénes, ampliando enormemente el conjunto de los que tienen parte[46], y otorgándole a ese nuevo "colectivo" elementos identitarios que configurarían un nuevo "nosotros" (de género, de nacionalidad, de modos de sentir, vestir y actuar, etc.).

¿Qué tenemos entonces? Podemos otorgarle al cine las funciones de *participar en la producción de lo común*, incluyendo en ese común saberes, sentimientos, emociones y procesos de identificación, con una *gramática propia* de cierta eficacia, ofreciendo así un *ordenamiento del mundo* a un *amplio colectivo* conformado *por la igualdad frente a esa oferta*[47]. Podemos reconocerlo como un artefacto cultural capaz de narrar, de ubicarse como voz, como autor de un modo de mostrar/representar el mundo, con un lenguaje emotivo y masivo a la vez. Podemos otorgarle

---

tiene la fortuna de haberse librado de ellas, es un cursilería", para más adelante agregar: "mantengamos fuera del Arte a las prácticas modernas de la fotografía, las historietas, el cine, el video, etcétera, del tal manera que si un día acaba por admitirse que ya no hay ni arquitectura, ni escultura, ni pintura, ni música, ni poesía, podamos gritar a los cuatro vientos que nos hemos librado de la fortaleza del Arte construida por los filósofos alemanes" (De Azúa, 2002: 94-95). Véase también Vauday (2008).

[46] "El procedimiento público del cine implica la igualdad de la validez de las experiencias de los espectadores, que están llamados, en conjunto y cada uno desde su perspectiva, a juzgar sobre sus valores y a discutirlos" (Vauday, 2008: 315).

[47] Vauday llamará a estas funciones las de operar con "cualquier cosa" dirigiéndose a "cualquiera". Si éste último refiere a la ampliación de colectivo que accede al reparto de lo común, el "cualquiera" responde a la posibilidad -y a la vez necesidad- que el cine tiene de trabajar con asuntos que están por fuera de él, al carecer de objeto propio (Ibídem).

cierta capacidad de formar identidades colectivas. Podemos reconocer alrededor de su despliegue cierta preocupación por los efectos sobre quienes miran[48].

Es claro que estos rasgos no lo agotan. Mucho queda por explorar y muchas preguntas por responder: ¿es posible pensar el cine absteniéndonos de su pertenencia a la industria cultural o de sus enclaves geopolíticos? ¿Cómo juegan los circuitos de producción y de proyección en la construcción del quiénes? ¿Cuál es el espesor de su capacidad de imprimir? ¿Hay un cine con más capacidad de imprimir que otros?[49] Estas preguntas intentarán responderse a lo largo de la investigación, en la medida en que trabajemos más específicamente las relaciones que el cine, la sociedad y las instituciones escolares tejieron a lo largo del siglo. Pero no es difícil vislumbrar en los rasgos hasta aquí presentados las coordenadas de la transmisión pedagógica.

La escuela y el siglo

Con facilidad podemos ubicar a la escuela como un dispositivo que se hace cargo de aquellas funciones pedagógicas englobadas en los procesos de transmisión: el trámite

---

[48] Cabe distinguir que los estudios sobre recepción y las preocupaciones por el papel del cine en la formación de identidades colectivas se distingue de la preocupación por los efectos de la educación, presente fundamentalmente en los mecanismos de evaluación y control desarrollados por el discurso pedagógico. Sin embargo, la idea de impresión aquí trabajada pretende recuperar el elemento común de la experiencia educativa y la cinematográfica.

[49] Además de las preguntas formuladas aquí, la cuestión de la impresión cinematográfica plantea diferencias con la educación en el orden de los mecanismos con los que trabaja. En una dirección que no se contempla en esta tesis, todo el trabajo de C. Metz (2001), que articula semiología y psicoanálisis, aborda la especificidad de la impresión cinematográfica.

de lo común, la producción de identidades colectivas, la configuración de la ciudadanía para los estados modernos. Ahora bien, la asunción de estas funciones cobra características particulares en el caso de las instituciones escolares, ya que es posible reconocer *procedimientos específicos*, esto es, propios de una gramática particular, a la vez que *mecanismos de selección y recorte*, todos orientados a unos fines claramente establecidos y perseguidos.

La escuela, a lo largo del siglo XX, se hace cargo de la definición de educación que Durkheim plasmara –aquélla que planteaba que la educación puede definirse como la transmisión de la cultura de las generaciones más viejas a las más jóvenes (Pineau, 2001)–. Pero, si bien el verbo transmitir[50] ocupa en ella un lugar central, la escuela construirá una lógica particular de transmisión, que opera no sólo en el cómo transmite sino en el qué[51]. Es clave en estas operaciones la relación que la escuela establece con la cultura, ya que será la superficie sobre la que trabajará y a la vez se inscribirá.

Podemos afirmar que las escuelas en general, y el sistema educativo argentino en particular, han legitimado sólo una parte de la cultura, o, en otras palabras, han definido a la cultura de una manera muy particular, restringida a ciertos modos de entender los conocimientos, el arte, los saberes, las reglas sociales, la salud, la normalidad, el bien y el mal, lo permitido y lo prohibido[52]. Este *canon* cultural,

---

[50] El verbo *transmitir* ha sido recuperado en la última década por el pensamiento pedagógico y el psicoanálisis, frente a la crisis de las formas modernas de educación. Véase, a este respecto, Frigerio y Diker (2004), especialmente los trabajos de Frelat, Cornú, Diker y Frigerio; Larrosa (2001) y Hassoun (1996).
[51] Los puntos de encuentro y de desencuentro entre educación y transmisión son trabajados por Diker (2004).
[52] "La escuela es a la vez una conquista social y un aparato de inculcación ideológica de las clases dominantes que implicó tanto la dependencia como la alfabetización masiva, la expansión de derechos y la entroniza-

resultado de luchas político-ideológicas, respondió a las voluntades de neto corte modernizador en las claves en que se dieron en nuestro país (Dussel, 1997).

Esta operación no ha sido única, en el sentido de que las definiciones de lo que entra o queda fuera del espacio escolar se hubieran hecho una vez y se mantuvieran para siempre. Muy por el contrario, está en la hipótesis de este trabajo que el "movimiento" de las definiciones de lo que tiene o no tiene lugar en el espacio escolar es parte del problema que pretendemos analizar: las vicisitudes de la educación del presente. Pero también es importante señalar que las alternativas a la relación no son infinitas, sino que la escuela ha sido eficaz en la tarea de transmitir la cultura por haberse dado un ordenamiento específico, que sobrevivió, hasta cierto punto, a impugnaciones, cambios de contexto y transformaciones de la sociedad. En otras palabras, ¿por qué no pensar que la eficacia de la escuela en transformarse en el modo hegemónico de transmisión de la cultura en apenas más de un siglo pueda deberse no sólo a la "coherencia" que las instituciones escolares mantuvieron con otras instituciones de la modernidad, sino también desde la fértil relación que mantuvieron ciencia, curriculum, disciplina, orden, y didáctica a su interior[53]?

---

ción de la meritocracia, la construcción de las naciones, la imposición de la cultura occidental y la formación de movimientos de liberación, entre otros efectos". La cita de Pablo Pineau (2001: 28) muestra la complejidad de la operación escolar, donde la relación con la cultura está presente en relaciones más amplias con operaciones políticas e ideológicas. Pero a la vez muestra el carácter productivo de esta operación, tanto en su capacidad de habilitar sujetos y de enlazar, como de ser blanco de críticas y posibilitar la emergencia de pensamiento.

[53] Queremos señalar aquí la importancia, para el funcionamiento exitoso de esta institución, que tuvo el hecho de haber ordenado de un modo específico todos los elementos que la distinguen, hecho que a veces se soslaya al enfatizar sólo su carácter de dispositivo de disciplinamiento social.

En el juego de estas relaciones, es posible ubicar al sistema educativo argentino como parte de una máquina cultural, en tanto su capacidad de producir "ideas, prácticas, configuraciones de la experiencia, instituciones, argumentos y personajes" (Sarlo, 1998: 273), que han trabajado en consonancia con toda una época, como a la misma escuela como una "máquina de educar"[54]. Es así como es posible pensar cómo se ha configurado el lugar de la cultura dentro de escuela, y a la vez su lugar al interior de la cultura, a partir de ciertos rasgos:

- La escuela se constituye en sus inicios, en consonancia con otras instituciones de la época, como un espacio de encierro, que marca una tajante separación con el espacio mundano, justificada a partir de la función de conservación: "La escuela se convierte en la caja donde se conserva algo positivo de los ataques del exterior negativo" (Pineau, 2001: 31). La separación entre "escuela" y "vida", tan rechazada en los trabajos críticos sobre la escuela, constituyó uno de sus núcleos de sentido, desde el cual se sostuvo que era justamente en la separación de estos dos "mundos" donde era

---

[54] Es Beatriz Sarlo quien, en su libro titulado *La máquina cultural. Maestros, traductores y vanguardistas*, presenta a la escuela como tal, a través de la historia de una maestra. A este respecto, Sarlo señala "No es una máquina perfecta, porque funciona dispendiosamente, gastando muchas veces más de lo necesario, operando transformaciones que no están inscriptas en su programa, sometiéndose a usos imprevistos, manejada por personas no preparadas especialmente para hacerlo" (1998: 273). Por otro lado, la metáfora industrial y moderna presente en la idea de máquina nos remite a pensarla como artefacto o invención humana dirigida a encauzar la naturaleza infantil (Pineau, Dussel y Caruso, 2001: 22) y enfatiza su carácter productivo, a la vez que emparentarla con la noción de máquina de la visión, ya trabajada. Sin embargo, la metáfora tiene su riesgo: el de atribuir al funcionamiento de la escuela una regularidad en su capacidad productiva poco permeable a matices, zonas grises o puntos de inflexión de los cuales, en el tema que nos ocupa, esta tesis pretenderá dar cuenta.

posible que existiera una gramática **específicamente** escolar, capaz de alcanzar la meta de preparar para la vida (Snyders, 1972).
- La instauración de los saberes propios de la transmisión escolar –como los métodos de enseñar– como saberes hegemónicos al interior del campo pedagógico hizo que el conjunto de saberes y conocimientos que las escuelas consideraran transmitir pasaran por el tamiz de matrices didácticas y curriculares (Pineau, 2001; Varela y Alvarez Uria, 1991).
- La escuela se presentó como un espacio de abundancia simbólica, de imágenes y objetos que sólo podían encontrarse allí. Esto funcionó especialmente para los sectores populares y las ascendentes capas medias, conformadas por población básicamente inmigrante, que aspiraba para sus hijos la inclusión en la sociedad que los recibía (Sarlo, 2001).
- Los bienes simbólicos que ofreció la escuela se ordenaron alrededor de cierto modo de entender el conocimiento y la cultura. La influencia del positivismo en las posiciones normalizadoras de la escuela (Dussel y Caruso, 1999) convivieron pacíficamente con una concepción de la cultura occidental, con jerarquías específicas donde la ciencia, la lecto-escritura y la civilidad ocuparon los primeros lugares (de Miguel, 2002).
- El juego de exclusiones e inclusiones que la escuela argentina llevó adelante tuvo como horizonte una identidad nacional común al interior de un orden político y económico que, para hacerse a sí mismo, dejó en el camino lengua, costumbres y otras formas culturales de los sectores de la población a quienes se pretendía incluir (Dussel, 2000).
- Bienes simbólicos y cultura nacional se ordenaron para todo el territorio argentino en un curriculum

común, centralizado y estatal que "cuidó", a lo largo de un siglo, el "interior" de las instituciones educativas de las "amenazas" de regionalismos, particularismos, caudillismos, o cualquier otro tipo de movimiento "subversivo".

A grandes rasgos, ésta es la matriz sobre la cual se estructuró la relación entre escuela y cultura en la Argentina, desde donde se procesó la cultura popular, la modernidad tecnológica, los adelantos en materia de comunicación y los diversos desarrollos de la cultura argentina. Es en ella donde debemos ubicar las articulaciones que a lo largo del siglo XX se han producido entre cine y educación[55]. Pero es importante remarcar que esa matriz funciona con eficacia a lo largo de los primeros cincuenta años del siglo. Después de ese período, el territorio escolar y sus relaciones con la cultura se vuelven más complejos. "Si hasta los años cincuenta la escolaridad pública pareció conformarse como un espacio cultural en sí mismo, con valor propio y legitimado por su alcance alfabetizador del conjunto social, a partir de entonces este espacio comenzó a ser objeto de una interrogación referida a su valor cultural, su actualización tecnológica y su modernidad al calor de fenómenos como la expansión de los medios, la conformación de los organismos internacionales y la ampliación de la cultura de masas y del universo del consumo comercial" (Carli, 2003: 19; destacados en el original)[56]. En esta segunda mitad del

---

[55] Carli señala que la escuela constituye un territorio clave para observar los procesos intergeneracionales de transmisión de la cultura, y hasta puede ser pensada como un analizador de los cambios estructurales y simbólicos de la Argentina contemporánea, y como sede de proyección de imaginarios de cambio social de distintos sectores (2003).

[56] Carli plantea que este principio de periodización puede cruzarse con el propuesto por Weimberg para el proceso cultural latinoamericano, donde se distingue una primera etapa correspondiente al período colonial ("cultura impuesta"), una segunda que va hasta 1930 ("cultura

siglo, el creciente papel de los medios de comunicación y el desarrollo de la cultura de masas ha ocupado un lugar central en los diagnósticos sobre la pérdida de la hegemonía del discurso escolar, a la vez que se han hecho presentes como alternativas de modernización del escenario escolar[57]. Será en los movimientos del lugar de la escuela en la sociedad y en las redefiniciones de su relación con la cultura y la tecnología donde podrá establecerse uno de los lugares otorgado al cine.

Cultura y gramática escolar

El problema de la relación entre escuela y cultura no se resuelve indagando sólo las inclusiones y exclusiones que la escuela produce, sea de contenidos o lenguajes. Si bien este constituye un aspecto del problema, estructurado alrededor de lo que la escuela considera pertinente para albergar en su interior, un segundo aspecto central del problema está dado no ya por el contenido, sino por el tratamiento o procesamiento que recibe una "porción" de la cultura dentro de la escuela.

El concepto más utilizado para designar esta forma o matriz propia de la escuela es el de *gramática escolar*. Propuesto por Tyack y Cuban, designa ese conjunto de reglas con las que las escuelas definen tiempo y espacio,

---

admitida o aceptada") y una tercera etapa, desde esa fecha hasta los ochenta, donde la cultura es "criticada o discutida".

[57] Vale aquí un señalamiento (que retomaremos y desarrollaremos más adelante) acerca de la relación escuela/tecnología. Los trabajos que reflexionan sobre la incorporación de lo que se denominan nuevas tecnologías de la educación (usualmente denominadas TIC o NTIC) hacen referencia a la radio, la televisión, la informática y el uso de videos en el aula, incluyendo en ésta última tanto a las producciones cinematográficas como a los videos documentales o educativos (Litwin, 2000). Pero el cine como tal está fuera de esa clasificación, al ser considerado sólo desde el formato del video, gesto que ya constituye un "procesamiento" pedagógico.

clasifican a los estudiantes y los asignan a clases, conforman el saber que debe ser enseñado y estructuran las formas de promoción y acreditación. Estas formas son, según estos autores, un sustrato de alta sustentabilidad en el tiempo y en el espacio, estableciendo qué se entiende por escuela, por buen alumno y buen docente, y qué resiste a buena parte de los intentos de cambio (Dussel 2003).

Si bien esta noción, como señalan Dussel (2003) y Viñao (2003), se formula como universal y no considera cómo se localiza, nacionaliza y adapta a cada época, se tomará en la presente investigación ampliándola en dos sentidos:

- en relación a la articulación singular y específicamente argentina de escuela y cine, a través del trabajo con fuentes históricas, para permitir abonar el estudio sobre la gramática de la escuela en nuestro país, revisando los modos en que otras experiencias mundiales se procesaron en nuestro territorio (Dussel, 2003: 13).
- en relación a los límites de la misma noción, que deja afuera una serie de elementos marginales en las escuelas que son fundantes[58]. Si bien en la presente investigación trabajaremos con lo que sucede en las prácticas y propuestas formalizadas o prescritas de introducción del cine y no en los espacios marginales, es de utilidad la ampliación que se hace de la noción de gramática escolar, fundamentalmente con relación a las superficies de indagación.

En la línea de esta ampliación, Viñao (2003) propone la noción de cultura escolar, emparentada a la de gramática escolar. La cultura escolar "estaría constituida por un

---

[58] En su trabajo sobre los guardapolvos escolares, Dussel (2003) plantea la importancia que ciertos elementos visualizados como "marginales" a la configuración pedagógica poseen para dar cuenta de ella.

conjunto de teorías, ideas, principios, normas, pautas, rituales, inercias, hábitos y prácticas (formas de hacer y pensar, mentalidades y comportamientos) sedimentadas a lo largo del tiempo en forma de tradiciones, regularidades y reglas de juego no puestas en entredicho, y compartidas por sus actores, en el seno de las instituciones educativas. Tradiciones, regularidades y reglas de juego que se trasmiten de generación en generación y que proporcionan estrategias: a) para integrarse en dichas instituciones e interactuar en las mismas; b) para llevar a cabo, sobre todo en el aula, las tareas cotidianas que de cada uno se esperan, y hacer frente a las exigencias y limitaciones que dichas tareas implican o conllevan; y c) para sobrevivir a las sucesivas reformas, reinterpretándolas y adaptándolas, desde dicha cultura, a su contexto y necesidades".

Entre los aspectos o elementos que configuran la cultura escolar, Viñao reconoce a:
- los actores;
- los discursos, lenguajes, conceptos y modos de comunicación utilizados en el mundo académico y escolar. O sea, el léxico o vocabulario, las fórmulas y pautas lingüísticas, las expresiones y frases más utilizadas, las jergas, y el peso respectivo de lo oral, lo escrito, lo gestual y lo icónico en el aula, fuera de ella y en los modos de evaluación;
- los aspectos organizativos e institucionales.

Ambas nociones –cultura y gramática escolar– dan cuenta de las regularidades específicas presentes en las instituciones educativas que gobiernan las leyes de su funcionamiento y, para el discurso pedagógico, garantizan su eficacia (Dussel, 2003). Es por ello que serán consideradas en el presente trabajo tanto desde el concepto más amplio de formación discursiva (Foucault, 1997) lo que nos permitirá incluir las herramientas que de él se desprenden para el análisis las prácticas escolares: las reglas de formación, las regularidades, las discontinuidades, en fin, lo que hace posible la enunciación de un espacio pedagógico; como desde la especificidad del discurso pedagógico mismo (Bernstein, 1994).

Las articulaciones producto del encuentro

Como se ha planteado en el inicio de este capítulo, la intención de pensar juntos cine y escuela ha implicado la necesidad de situar un punto común de abordaje de ambos objetos de estudio. En esta tarea hemos desplegado los puntos de encuentro que cine y educación escolar poseen en un espacio y un tiempo epocal, que si bien podría recibir el adjetivo de *moderno*[59], en nuestro caso se circunscriben especialmente al siglo XX y pretende incluir también al tiempo presente, tiempo de difícil adjetivación.

Hemos señalado entonces unas coordenadas espacio-temporales comunes (el siglo); la presencia en ese siglo de una matriz particular de relación entro lo que se ve y lo que se mira (régimen de visibilidad); una metáfora de funcionamiento que puede ser aplicada a ambos: la idea de máquina productora de un orden visual que funciona como constructor de un régimen de verdad; una definición de educación vía la transmisión que es útil para pensar los efectos de ambas "máquinas"; y por último, pero no menos importante, la relación que escuela y cine mantienen con lo político, en su capacidad de producir identidades colectivas y a la vez ser prácticas culturales que reproducen

---

[59] Una clara definición de *modernidad*, que incluye a la época pero también a unas estructuras institucionales, una experiencia de sí y un discurso, es la que José Joaquín Brunner ofrece en el diccionario de *Términos críticos de sociología de la cultura*, dirigido por C. Altamirano (2002).

o conservan un tipo de distribución social de los bienes materiales y simbólicos.

A esto hay que agregarle lo que implica la construcción de una mirada histórica: el relevamiento de una relación que no es única, sino que se hace, deshace y recrea a lo largo de esa historia. Por un lado, si bien al cine se le ha dado un tratamiento único, es posible reconocer que a lo largo de su historia existen "distintos cines": existen el cine de vanguardia, el cine nacional, social, de entretenimiento, de autor, continental, experimental. Si bien en ocasiones las diferencias se construyen en relación al lenguaje, las clasificaciones operan según diferentes principios, y hablan de una relación diferenciada sea con la sociedad, con la política o con los modos de narrar. Por otro lado, el largo y tumultuoso siglo XX también reconoce diferencias y particularidades en los modos en que las generaciones se han ligado con el cine[60]. Para pensar las relaciones que cine y educación establecieron en un tiempo y espacio determinado, las singularidades de que habla cada cine tendrán un importante y cambiante papel. Lo mismo sucede con la escuela: las cambiantes relaciones entre cultura, tecnología y sociedad y su procesamiento a través de la escuela darán cuenta de un tratamiento, también cambiante, del cine como tecnología, o como artefacto cultural. Es más, quizá sea en este espacio más amplio donde cine y escuela se encuentren o desencuentren.

Sin embargo, nos queda pendiente una vuelta más: aquellas consideraciones acerca del encuentro entre cine y pedagogía que devienen del mismo hecho que se incluyan

---

[60] Es llamativo cómo hubo momentos del siglo en los que el cine cumplió la misma función que la escuela: la de ser el puente a un "afuera" del pequeño círculo familiar y cultural, la de abrir las puertas del mundo, como puede verse en algunas películas como *Cinema Paradiso* (Tornatore, Italia, 1989) y en las reflexiones autobiográficas sobre el cine en su infancia de Alain Bergala (2007).

mutuamente: los efectos de uno sobre el otro, y que trae consigo una dificultad: la de las posibilidades de encuentro de dos discursos, el cinematográfico y el pedagógico. Dificultad propia de todo encuentro, que se amplía al considerar dos discursos de distinto tenor, dos órdenes, dos puestas en escena que parten de puntos muy distintos y que construyen diferentes destinatarios.

El desafío principal será, entonces, pensar la relación entre escuela y cine sin sumergir bajo el repertorio de la pedagogía la especificidad de lo fílmico, sino más bien, tratar de "observar la indocilidad con que cada arte atraviesa y altera" los conceptos y las prácticas, en un más allá de la disciplina[61]. Tratar de atender no sólo al cruce de estos dos discursos sino de prestar atención a la exclusión, la marca negativa que cine y pedagogía arrojan cada uno sobre el otro.

Desde esta perspectiva, pensar la articulación entre cine y escuela será pensar no sólo lo que allí entra en juego, sino lo que queda a un lado, lo que no tiene lugar, lo que sucede en el más allá del encuentro. Si en los dos registros que estamos considerando, cine y escuela, se hace presente un *artificio*, una mirada "mediada" por una "tecnología"[62]: considerar el cine en la escuela es necesariamente considerar un artificio dentro de otro artificio, una forma de mirar dentro de la otra, una mirada que a su vez es mirada por otra, un orden simbólico leído desde otro orden.

Es posible distinguir aquí grupos de problemas: el primero, aquél que tiene que ver con los efectos que tiene

---

[61] Parafraseamos aquí a Carlos Kuri (2004), quien se interroga por la relación entre cine y psicoanálisis, en el trabajo "Psicoanálisis y cine: el inconsciente y lo óptico".

[62] Nos referimos a dispositivos literalmente técnicos como la cámara, la pantalla, el pizarrón, o la lámina y al juego-artificio de luces y sombras que, en cada registro, no sólo hace visible sino que ordena qué ver y qué no.

el sumar lentes para mirar la realidad, el ampliar el registro de textos para pensar algo. Es aquí donde ubicamos las mayores dificultades y a la vez la potencialidad que la introducción del cine en la escuela trae. El segundo grupo, se refiere a las condiciones de posibilidad de esta doble lectura. ¿Qué es lo que hace posible este encastre? ¿Qué es lo que cae en el discurso escolar cuando el cine entra en él?

Y una última cuestión tiene que ver con atender no las complicidades sino las diferencias que escuela y cine portan entre sí, y la productividad de esta diferencia. Implican el tratamiento del cine como lo otro[63], lo que la excede, lo que está afuera[64], lo que subvierte la lógica escolar, en cuanto la pone en duda, la interroga. Las reflexiones sobre la otredad y sobre la incomodidad que la presencia de "otro diferente" se han hecho presentes con mucha fuerza en el territorio educativo, fundamentalmente en clave de diferencias identitarias o multiculturales[65]. Quizá sea un buen punto de entrada a pensar qué del cine muestra los límites de la gramática escolar, y cuánto de las operaciones que ésta despliega históricamente para poder incorporar al

---

[63] El cine, con nosotros, puede comportarse como **otro**. El psicoanalista Carlos Kuri sostiene que "Cuando [el director] logra hacer arte con la cámara inventa una 'sinestesia' con su firma; en el tratamiento de la luz de distancias y primeros planos, en la función del rostro, con el uso del sonido y de la música de tiempos y de cortes, recorre e invade nuestro cuerpo con su nombre –es decir con su estilo–, a través del estímulo aplicado al ojo, provoca una sensación que se irradia a partir de lo visual y engendra una especie de cuerpo de la escena –aloja y usurpa nuestro cuerpo en la escena–" (2004: 11). En la experiencia de ir al cine, el **otro** nos habita.

[64] "Placer de olvidar, de salir de nosotros, de dejar de ser, en nuestro tiempo y espacio, para ser otro, para trasladarnos a un tiempo y espacio, donde fundamentalmente hay algo inalterable, hay un escamoteo magnífico de lo real" (Barbagelata, 2004: 17).

[65] Un amplio repertorio de trabajos entre los que se encuentran Constanzo y Wacker-Vignac (2003); Skliar (2005); Larrosa y Pérez Lara (1997); Larrosa y Skliar (2001), avanzan en esta dirección.

cine en su seno son parte de estrategias defensivas frente a lo que esa "otredad" amenaza.

Quizá sea una buena excusa para cruzar las preguntas[66], para hacer lugar a que el campo de la pedagogía se reconfigure no sólo al preguntar, sino también al tener que responder preguntas de ese otro. Bien puede ser el cine un *extranjero*[67], que irrumpe en la escena escolar y obliga a ofrecer respuestas, como puede ser extranjero el que responde, el que posee otras claves para construir respuestas[68].

---

[66] Asumimos las dificultades de establecer un repertorio de preguntas que sea capaz de incluir a los dos términos de la articulación que nos ocupa. A este respecto, Skliar señala: "En todos los discursos sobre la alteridad, en todos los textos que se refieren al otro, a los otros, en todas las escrituras en que emerge, puntual, la pregunta en relación al otro, hay que decir: ¿de quién es esa pregunta? ¿Es una pregunta que es nuestra sobre el otro? ¿Una pregunta que es dirigida hacia el otro? ¿Una pregunta que presupone que es el otro el que debe, obligatoriamente, responder? ¿O se trata de una pregunta que es del otro, de su propiedad, una pregunta que viene del otro?" (Skliar, 2005: 27).

[67] La productividad de la figura del extranjero en el territorio educativo ha sido explorada por Frigerio y Diker (2003), así como por Constanzo y Wacker-Vignac (2003).

[68] Hacemos directa alusión al trabajo de A. Bergala, el cineasta y crítico francés quien, en su libro *La hipótesis del cine. Pequeño tratado sobre la transmisión del cine en la escuela y fuera de ella* (2007), invita a pensar al cine como extranjero dentro de la escuela, y ofrece otras claves para el encuentro.

Capítulo II
La escuela y el cinematógrafo

"Lo visible no es más que el conjunto de imágenes que el ojo crea al mirar. La realidad se hace visible al ser percibida. Y una vez atrapada, tal vez no pueda renunciar jamás a esa forma de existencia que adquiere en la conciencia de aquel que ha reparado en ella. Lo visible puede permanecer alternativamente iluminado u oculto, pero una vez aprehendido forma parte sustancial de nuestro medio de vida. Sin duda, uno de los inventos más formidables de los humanos. De ahí su afán por multiplicar los instrumentos de la visión y ensanchar así, sus límites."

John Berger, *Modos de ver.*

"El día que se utilice el cinematógrafo en nuestras escuelas para ilustrar las clases de geografía, nuestros alumnos, sin moverse de sus bancos, podrán recorrer, como transportados por las célebres alfombras mágicas de los cuentos fantásticos, los lugares más apartados del globo; podrán extasiarse en la contemplación de bellezas no soñadas que si fueran del suelo que los viera nacer contribuirían a despertar la admiración por el mismo y a consolidar el sentimiento patriótico."

Ida Luciani, *El cinematógrafo en la escuela*[69].

Si el siglo XX se inaugura con el acontecimiento-cine, la educación escolar no deja de hacerse eco de este acontecimiento: la primera referencia al cine en la publicación

---

[69] Artículo publicado en *El Monitor de la Educación* Nº 770, de febrero de 1937.

periódica *El Monitor de la Educación* es justamente del año 1900, cuando encontramos, en la Sección Oficial del N° 330 de ese año, un apartado denominado "El cinematógrafo en la sección de enseñanza de la exposición", donde se releva que en la exposición Internacional de París realizada en ese mismo año, en el pabellón *Ville de París* se proyectaron cintas que reproducían escenas de la vida escolar de las escuelas municipales de esa ciudad, y se describe el modo en que técnicamente se resolvió tanto la proyección como la visualización.

Esta referencia trae consigo un conjunto de elementos de central importancia. Por un lado, París, "capital del siglo XIX", como escribiría Benjamin, lugar desde donde se pueden comprender los mecanismos estructurantes de la modernidad del siglo XIX, objeto de reflexión tanto por su desarrollo espacial, su cultura, su posición central en el pensamiento y la política de la época, como por su "internacionalidad" (Ortiz, 2000). En ella tiene lugar la Exposición Universal de 1900, otro elemento presente en esa pequeña noticia publicada en *El Monitor de la Educación*. En ésta, como en las anteriores y en las que le siguieron, "todas" las naciones del globo son representadas, con sus culturas y sus adelantos en términos de progreso y civilización[70]. El principio "exhibicionista" que la atraviesa es parte del conjunto de tecnologías que, desde fines de siglo XVIII,

---

[70] "La segunda mitad del siglo XIX fue testigo de una serie considerable de exposiciones o exhibiciones universales que buscaron establecer un orden visual, cultural y político para el mundo de su época. Walter Benjamin señaló que ellas fueron "lugares de peregrinación al fetiche de la mercancía" (1988: 179), espacios donde se industrializó la diversión de las masas y donde se organizó la "fantasmagoría de la cultura capitalista" para que la consuman los obreros de Europa (ídem: 181). Estructuradas en torno a pabellones por países o regiones que mostraban, mediante una particular disposición de objetos, su economía y su cultura, las exposiciones universales fueron configuraciones estratégicas para exhibir un orden totalizador del mundo" (Dussel, 2007: 1).

hace del mundo un espectáculo para ser visto. La misma idea de "exposición" representa el principio que la ordena, "ver y contar": "se trata de la emergencia de tecnologías visuales de la verdad (González Stephan y Andermann, 2006: 9) que buscan, en el plano de la 'equivalencia visual generalizada', fijar modos y contenidos de la representación del mundo, y especialmente del 'ser educado' y de la identidad nacional" (Dussel, 2007: 2).

Por otro lado, en esa referencia se hace presente el nacimiento de un siglo en un período de invención extraordinaria, en "un tiempo prodigioso de suscitación y ruptura" (Badiou, 2005: 18), donde no sólo se inventa el cinematógrafo, en poco tiempo emergen cineastas como Meliès y Griffith, que despliegan su lenguaje[71] y lo convierten en "cine" (Morin, 2001). Éste se suma y refuerza los principios de exposición y exhibición tanto del progreso como de aquello que fácilmente no está a la vista: como máquina de representación visual es capaz de *hacer ver* lo otro, lo que está lejos, lo diferente (Dussel, 2007).

Por último, resulta de central importancia el sorprendente hecho de que una revista sobre temas educativos sostenida por el Consejo Nacional de Educación y dirigida a maestros de todo el país se haga eco de la presencia del cine, y de la escuela a través de éste, en una exposición internacional (nótese que la reseña en *El Monitor de la Educación* hace alusión a la proyección de imágenes sobre escenas escolares de la ciudad de París). La noticia evidencia la participación del sistema educativo argentino, en esos años en fuerte expansión, en el afianzamiento de un imaginario de progreso, a la vez técnico y cultural.

---

[71] El reconocimiento del período que va desde 1890 a 1914 como un período de invención extraordinaria, y el señalamiento de éstos y otros acontecimientos culturales, literarios políticos y técnicos son parte del trabajo de Alain Badiou, *El siglo* (2005).

La nota publicada en el Nº 330 de *El Monitor de la Educación* inaugura una serie de registros que a lo largo de las primeras décadas del siglo XX se harán eco de los usos y problemas del cinematógrafo en la escuela en diversos países de Europa y de América. Por otro lado, hace pensar en cómo ya en ese tiempo la escuela se enfrenta y se articula con los modos en que las sociedades procesan los desarrollos técnicos de la época.

Una sociedad que se moderniza

De los procesos de modernización que llevaron adelante las sociedades latinoamericanas, la Argentina siempre se distinguió por su continua y sistemática mirada de lo que acontecía en los países europeos, aunque sin perder de vista a los Estados Unidos[72]. Dentro de estos procesos es posible distinguir al mismo sistema educativo como un dispositivo de modernización de la sociedad, configurado en consonancia con sistemas educativos de otros países como el francés, que fue parte de las operaciones que el Estado argentino desplegó para hacerse a sí mismo (Puiggrós, 1990).

Pero no sólo era el Estado quien traccionaba sobre lo social con leyes, normas y regulaciones a través de sistemas de control. En el tejido social, y como parte del imaginario que atravesaba la época, es posible reconocer distintas

---

[72] "Los liberales argentinos adoptaron el programa político-cultural que excluyó como educadores y como educandos a los ajenos u opuestos a los saberes modernos europeos, o a los incapaces de asimilarlo, o bien a quienes amenazaran con dejar "restos", "fallas" que opacaran la imaginaria pertenencia de la Argentina al mundo moderno. Se trataba de la formación integral de las generaciones nuevas en la cultura moderna, en versión para países que ya han perdido la posibilidad de generar lo propio" (Puiggrós, 2003: 63).

operaciones de modernización, entre las que se distinguieron, en las primeras décadas del siglo XX, las ligadas a la modernización técnica (Sarlo, 2004).

Quizá ésta pueda ser una clave para comprender por qué, a lo largo de la primera mitad del siglo XX, y especialmente en las primeras tres décadas, *El Monitor* se hace eco en sus páginas de las posibilidades del cinematógrafo como innovación en distintos países, a través de pequeñas reseñas acerca de la incorporación del cinematógrafo no sólo a la escuela, sino a la vida cotidiana, reflejando la compleja trama donde estos procesos de modernización se desarrollaban. Generalmente presentes en las Secciones Actualidades o Información Extranjera[73], estas reseñas relevan diversos acontecimientos: la incorporación de proyectores a ciudades y poblaciones pequeñas europeas o norteamericanas, en muchos casos a través de las escuelas; proyecciones de diferente tipo de materiales dedicados a la infancia, en algunos casos acompañados por maestros; la producción de materiales especiales; la emergencia de distintas organizaciones dedicadas a la distribución de material y el interés despertado por estas iniciativas.

Muchas veces introducidas por el mismo título –"El cinematógrafo escolar"– estas pequeñas notas ponen a circular en el imaginario de la época cómo comunas y ciudades articulan acciones colectivas alrededor del cinematógrafo y de los sistemas educativos: en París se realizó un congreso de cinematografía donde se puso el énfasis en el cuidado que debe tenerse en la producción de materiales, haciendo

---

[73] Los nombres de las secciones que organizan la publicación *El Monitor de la Educación Común* varían en el tiempo, respondiendo a las diferentes gestiones. Las referencias de los textos que a continuación se realizan corresponden a las distintas Secciones que reflejan novedades: Actualidades, Información extranjera, Revistas de Revistas, etc.

mención a lo bello, a lo verdadero y a los valores cívicos[74]; en Austria, el establecimiento de cinematógrafos en las ciudades está acompañado de regulaciones para controlar lo que se proyecta, que contempla comités de censura[75]; en Norteamérica, los edificios escolares realizan proyecciones de cine para la comunidad, entre otras actividades culturales[76]; ejemplos del uso del cinematógrafo con fines educativos, como la producción en Francia de una película titulada "Las artes y las industrias del libro", en la que se muestran los procedimientos técnicos e industriales de la fabricación de un libro, que se proyecta para gente del ramo[77]; en Iowa (EE.UU.), se usa el cinematógrafo para la enseñanza de la escritura[78]; en Alemania, una sociedad de educación popular ofrece películas, educativas o entretenidas, con proyecciones ambulantes en distintas poblaciones, dirigidas a los niños por la tarde y a los adultos por la noche, donde maestros explican las "vistas"[79]; la administración comunal de Nápoles crea una escuela popular modelo en uno de los barrios más humildes con un local destinado a exhibiciones cinematográficas de películas inspiradas en asuntos históricos, morales y científicos, y por el éxito que obtiene se dispone a anexar salas de proyección en todas las escuelas donde le sea posible[80]; en la primera se-

---

[74] "El cinematógrafo y la educación". *El Monitor de la Educación Común* N° 475, julio de 1912, Sección Revista de Revistas.
[75] "La moral y los cinematógrafos". *El Monitor de la Educación Común* N° 484, abril 1913, Sección Actualidades.
[76] "El edificio escolar como centro cívico y social". *El Monitor de la Educación Común* N° 503, noviembre de 1914.
[77] "La instrucción por el cinematógrafo". *El Monitor de la Educación Común* N° 497, marzo de 1914, Sección Actualidades.
[78] "La escritura y el cinematógrafo". *El Monitor de la Educación Común* N° 504, diciembre de 1914.
[79] "La enseñanza por el cinematógrafo en Alemania". *El Monitor de la Educación Común* N° 488, agosto de 1913.
[80] "Cinematógrafo escolar". *El Monitor de la Educación Común* N° 512, agosto de 1915.

sión de cinematografía escolar organizada por la Sociedad Pedagógica de Chaux de Fonds, en Francia, los docentes cumplen el papel de vigilar[81]; en Italia, el "Instituto Nacional Minerva" se dedica a producir películas y diapositivas para la enseñanza[82]; en Ginebra se establece un servicio de proyecciones y de cinematógrafo para los alumnos de las escuelas públicas dependiente del Departamento de Instrucción Pública, con el espíritu de que "debe ser no sólo un medio de enseñanza, sino también un medio de contribuir a luchar contra los malos films públicos"[83]. Hasta se reseña que la Dirección de Instrucción de Bolivia presentó un proyecto para el empleo de la cinematografía en las escuelas que comprende la creación de una filmoteca central destinada a enviar a las capitales de departamento las "vistas" necesarias para la enseñanza[84]. Posteriormente, en la década del 30, estas reseñas de noticias extranjeras relevan el debate que en otros países, pero fundamentalmente en Francia, se da alrededor del vínculo entre educación escolar, sistema educativo y cinematógrafo[85].

Pareciera que estas pequeñas notas, que en muchas ocasiones no exceden más de los veinte renglones, abrieran

---

[81] "El cinematógrafo escolar". *El Monitor de la Educación Común* N° 524, mayo de 1916.

[82] "Un instituto de cinematografía para la enseñanza". *El Monitor de la Educación Común* N° 526, octubre de 1916.

[83] "El cinematógrafo escolar". *El Monitor de la Educación Común* N° 556, abril 1919: 67.

[84] "Filmoteca pedagógica". *El Monitor de la Educación Común* N° 532, abril de 1917.

[85] Nos referimos aquí a "El cinematógrafo en la enseñanza y en la educación" en *El Monitor de la Educación Común* N° 698, febrero de 1931; y "Congreso de Cinematografía escolar", *El Monitor de la Educación Común* N° 705, setiembre de 1931, "Congreso de cinematografía en la educación", *El Monitor de la Educación Común* N° 740, agosto de 1934, en todos los casos en Información Extranjera. En esta época también se reproducen artículos de autores extranjeros sobre este debate, que se reseñarán oportunamente.

una ventana a lo que en otras regiones era innovador, curioso, hasta de avanzada. Este gesto no es privativo de esta temática específica; por el contrario, es una constante en nuestra historia que los debates acerca de las configuraciones del sistema educativo y sus innovaciones tomen en cuenta lo que sucede en el extranjero (Oeslner, 2007). Pero, ¿cómo entender que una publicación educativa como *El Monitor* remita constantemente a estos procesos de innovación? ¿Qué articulaciones entre discurso pedagógico y modernidad cultural pueden leerse en estas referencias?

Progreso y adelantos tecnológicos

Para responder estas preguntas es necesario situar los rasgos de la cultura argentina en las primeras décadas del siglo XX. En primer lugar, los orígenes inmigratorios de gran parte de la población hacían de la 'mezcla' una característica central, presente en las identidades culturales, las lenguas, las comidas, las costumbres. Por otro lado, la presencia del campo y de la ciudad, como dos horizontes diferenciales de organización de la vida, pero que se imbricaban el uno al otro en los imaginarios sobre el desarrollo y la modernización de la sociedad. Y además, la presencia de procesos políticos y económicos de configuración de un *nosotros*, donde la cultura constituía un espacio privilegiado de inscripción de un ideal de hombre y de nación, que amalgamara esa diversidad.

En este escenario complejo y multifacético, lo 'nuevo', ligado al progreso y al futuro, venía de la mano de los adelantos técnicos. "Se trata del impacto de la técnica como instrumento de modernización económica y protagonista de cambios urbanos, pero también como núcleo que irradia configuraciones ideales de imágenes y desencadena procesos que tienen que ver tanto con construcciones imaginarias como con la adquisición de saberes probados", señala Sarlo, haciendo hincapié tanto en el papel de la técnica en una sociedad que se está haciendo como en la dimensión imaginaria que portan (Sarlo, 2004: 11).

Es en este espacio donde hay que ubicar el importante crecimiento de los medios de comunicación de la época: la prensa escrita, la radio y el cine, que se difunde a un ritmo comparable al de los países centrales: "hacia 1930 existen más de mil salas en todo el país, y, según la revista Señales, pocos años después de introducido el sonoro se abren 600 salas preparadas para esta nueva técnica" (Sarlo, 2003: 21).

En este sentido, es útil pensar al cine como "lo 'maravilloso técnico' de comienzos del siglo XX" (Sarlo, 2004: 26). En las reseñas de *El Monitor* ya puede leerse la importancia que posee como tecnología, por su capacidad de atraer, por su éxito y su masividad en las posibilidades de acceso, no sólo en términos económicos, sino fundamentalmente como lenguaje, potencialidades que lo hacen digno de atención. El cine, en su dimensión técnica, representaba un nuevo modo de inscribirse no sólo al mundo por venir, sino de ligarse al existente, para el común de la gente: "Los sectores populares, y en especial los de origen inmigratorio, realizaron operaciones complejas y más o menos exitosas de incorporación a una 'cultura común'. Si la institución escolar imponía las condiciones y reglas de 'argentinización' de los hijos de los inmigrantes, si éstos y sus propios padres imaginaban incorporaciones más extensas y vividas a través de ritualizaciones criollistas, también es posible leer el interés y la moda técnica como estrategias alternativas de procesamiento cultural, tanto en la incorporación a una cultura dominante definida desde el Estado, las élites intelectuales y las élites periodísticas, como en el establecimiento de variantes sociales propias en el interior de esa cultura" (2004: 15). Dentro de estas estrategias, la existencia y circulación masiva de publicaciones referidas al *saber hacer* tienen su impacto en el discurso escolar. El mismo *Monitor de la Educación* publica una nota sobre el funcionamiento de la radio y del cinematógrafo[86], y más adelante lo hará sobre la televisión.

Si la presencia de cinematógrafos en la escuela constituía un problema a resolver, para poder proyectar películas e incorporar la tecnología a la enseñanza, el sistema educativo había dado ya un paso previo: la presencia de 'linternas luminosas', modo en que se nombra a proyectores de imágenes fijas y su utilización dentro del aula[87]. Una especie de catálogo de material escolar publicado por "La casa de los maestros" en 1913, las presenta del siguiente modo:

> "Esta forma de instrucción, fácil y amena, que suple ventajosamente la falta de mapas, ilustraciones, objetos o animales, con la que se puede hacerse viajar al niño alegremente, llevándole a visitar los diversos países, estudiando sus ciudades, sus puertos, la configuración de su suelo, y admirando sus monumentos históricos, sus industria, comercio, etc., es de una eficacia y de una fuerza de atracción que no se discuten"[88].

---

[86] "Evolución técnica del cinematógrafo" del Dr. Félix Regnault. N° 595, julio de 1922, Sección Revista de Revistas.

[87] Cabe señalar aquí que el uso de imágenes, a través de láminas, mapas, ilustraciones en los libros, etc., estaba ya instalado en los establecimientos escolares, y poseía su importancia en la educación, no sólo escolar, sino también en la que se llevaba adelante a través de la prensa, las publicaciones periódicas, los libros, etc. Véase, por ejemplo, la investigación de Sandra Szir, sobre la cultura visual infantil en los inicios de siglo XX (Szir, 2007).

[88] "En favor del niño. (El asunto 'material escolar' también tiene su importancia)". Publicación de librería "La Casa de los Maestros", de Buenos Aires, en 1913, con motivo del "Congreso del Niño". Luego de esta introducción se presenta la linterna científica "Philip", un mueble de caoba forrado de amianto, con objetivo luminoso, doble acromático para la proyección horizontal y otro simple para la proyección vertical, condensador plano convexo de 4 pulgadas, prisma plateado, espejo, lámpara de arco, etc., "el aparato científico más práctico, más sencillo y más elegante que se conoce" ... "que inmediatamente reemplazó a las otras linternas en uso, especie de tachos de cocina, de latón, feos, sucios y difíciles de manejar".

El uso de linternas luminosas constituía una innovación en el uso de la luz y su proyección, que permitía ampliar y poner en común aquello que se daba a ver en el aula. La adquisición de linternas luminosas para las escuelas figura en diversos registros de la Sección Oficial de la Revista *El Monitor de la Educación*. Desde la década del '20 es posible encontrar en algunos reportes de las sesiones del Honorable Consejo de Educación, transcriptas en la Sección Oficial, referencias a la compra de aparatos cinematográficos, de linternas luminosas, de proyectores, de cintas cinematográficas, así como autorización de proyecciones y apercibimientos por proyecciones religiosas. Por ejemplo, en la "Nómina de útiles que consumen las escuelas" que aparece en la Sección Administrativa del Nº 465[89], entre otros artículos del escenario áulico se incluyen a las linternas para proyecciones luminosas.

Asimismo, en el registro de la Sesión Nº 28 del C.N.E. del día 18 de abril de 1914, se menciona: "Autorizar la adquisición del material completo de proyecciones luminosas, para las escuelas normales de la capital, y las de profesores de Paraná, Córdoba y Rosario". Sin embargo, también es común encontrar reportes de sesiones donde lo que se trata es la instalación de corriente eléctrica, por lo que es probable que la posibilidad de instalar cualquier tipo de adelanto tecnológico se viera condicionado a la existencia de luz eléctrica[90]. Lo que es importante señalar es que el rubro "cinematografía" pasa a ser tenido en cuenta a la hora de destinar fondos[91].

---

[89] *El Monitor de la Educación*, setiembre de 1911.
[90] Cabe señalar aquí cómo los edificios escolares y su continua expansión a lo largo del todo el territorio del país constituían espacios de modernización, modos en que se modernizaba el interior, acercamientos entre la cultura del campo y la ciudad.
[91] En la revista *La Obra* también es posible encontrar registros de fondos destinados a la compra de películas o, directamente, bajo el ítem

Por su parte, y en consonancia con el espíritu de la época[92], *El Monitor* ofrece en varias oportunidades artículos que desarrollan la fabricación de estas linternas. Me refiero especialmente a los artículos "La escuela en el Interior del País. Una linterna de proyección fácil de construir"[93], "La Escuela de la Ley 4874. Un apartado de proyección fácil y económico basado en el cinematógrafo"[94] y "Construcción de un proyector económico para el aula"[95].

Es un director de escuela de la provincia de Corrientes el autor del primer artículo. Haciendo mención a la dificultad de algunas escuelas de contar con imágenes y equipos de proyección, pero a la vez de la utilidad de estas proyecciones para la enseñanza, Sandoval afirma: "podemos hacer un aparato basado en los mismos principios que ella utilizando muchas cosas que hay en nuestros hogares o que nos costarían muy poco". Y acto seguido lista los elementos necesarios y el modo de construir esta 'linterna mágica'.

En el segundo, quien escribe es un maestro de la Escuela Normal de Paso de la Patria, provincia de Corrientes. El texto comienza con el párrafo "Inspirado en el vehemente deseo

---

"Fomento de la Cinematografía escolar". Véase, por ejemplo, Sección "Resoluciones Oficiales de Importancia" en revista *La Obra* Año X N° 180, mayo de 1930: 239; o Anteproyecto de Presupuesto Escolar publicado en *La Obra* Año XII N° 219, septiembre de 1932: 573.

[92] Sarlo releva el papel que jugaron en la época las publicaciones específicas o secciones de periódicos que se ocuparon de la divulgación científica, invención amateur, radio, tecnología fotográfica y fílmica, y hobbies técnicos. Véase Sarlo (2004), especialmente el capítulo "Divulgación periodística y ciencia popular".

[93] Sandoval, Floricel: "Una linterna de proyección fácil de construir". *El Monitor de la Educación Común* N° 642, junio de 1926: 402-404.

[94] Carzino, Juan: "La Escuela de la Ley 4874. Un apartado de proyección fácil y económico basado en el cinematógrafo". *El Monitor de la Educación Común* N° 692, agosto de 1930: 682-684.

[95] Escrito por Félix D. Hamelín Guzmán y Gustavo Perkins, profesores honorarios del Museo Escolar Sarmiento. *El Monitor de la Educación Común* N° 792, diciembre de 1938.

de que la enseñanza transmitida a los educandos se haga más atractiva y por tanto asimilen mayor cantidad de conocimientos por el interés despertado por las clases, el que suscribe ideó un aparato de proyección luminosa basado en el cinematógrafo", y es seguido de una serie de instrucciones técnicas, apoyadas por croquis e ilustraciones, que explicitan el modo de construir y funcionar de la linterna en cuestión. Estos dos escritos condensan tanto el modo en que se producía la apropiación de saberes técnicos, especialmente en regiones o ciudades lejanas a los centros de desarrollo, como el papel que cumplieron las escuelas públicas y normales como vehículos de modernización del interior y de las zonas rurales.

El tercer texto explicita muy detalladamente los materiales necesarios y los pasos a seguir para la construcción de un proyector de imágenes fijas, tomando como referencia un proyector realizado y utilizado en una escuela rural. En su introducción y cierre enfatiza la importancia de que el maestro del interior cuente con este tipo de instrumentos no sólo para el trabajo del aula, sino también para el trabajo cultural que la escuela puede potencialmente realizar con la comunidad.

> "El maestro de tierra adentro –afirman sus autores– con un criterio amplio de sacrificio, de responsabilidad y de abnegación dará conferencias culturales en forma sencilla, clara y útil. De estas conversaciones y de su ilustración con el auxilio de proyecciones luminosas, educará e instruirá en la ciudad, en la villa, en el desierto, en el caserío, en la meseta, en el bosque, en la selva, en la colonia indígena, en la aldea de población inferior" (pp. 33-34).

El espíritu que anima a estos artículos combinan el horizonte de modernización presente en la sociedad de la época, ligado al desarrollo de adelantos tecnológicos por parte de la misma población, con la "misión" que las escuelas asumieron en el interior del país, mezcla de cruzada patriótica, modernizadora y civilizatoria[96].

Disputas pedagógicas alrededor del futuro de la escuela frente al cine

Pero la inclusión del cine en el ámbito escolar no sólo planteó ímpetus modernizadores. En paralelo con ellos se desplegaron una serie de debates alrededor de lo que el cinematógrafo representaba para la enseñanza. ¿Puede reemplazar libros, maestros y escuelas? ¿Desafía modos de transmisión de la cultura ya instituidos? ¿Puede ocupar el lugar de otros modos de conocer? ¿Cuál es el papel de las instituciones educativas frente a él[97]? Estas preguntas, que pareciera corresponden a los desafíos que los desarrollos de la tecnología han impuesto a las instituciones educativas cada vez que aparecían como "innovaciones", ya se hacían presentes en las primeras décadas del siglo con la emergencia del cinematógrafo (Alvarez Gallego[98], 2003).

---

[96] Las articulaciones entre modernización, estado y políticas educativas fueron fecundas en los inicios del siglo XX. Al respecto, véase Puiggrós (1994; 2003) y Dussel (1997).

[97] Difícil no remitir estas pregunta a aquellas que se formulan frente a la llegada de un extraño: "¿Y si el extranjero (aquel que llega o retorna) cuestiona la autoridad del jefe, del padre, del dueño del lugar, del poder de la hospitalidad?" (Belinaso Guimaraes, 2005: 69).

[98] Alvarez Gallego (2003), en su investigación sobre los medios de comunicación y la escuela, desarrolla la hipótesis de otro enclave histórico en las preocupaciones por la tecnología frente al cine y la radio, haciendo alusión al discurso pedagógico de la primera mitad del siglo XX, en Colombia. Su trabajo resulta de gran utilidad para presentar los procesos análogos que se desplegaron en distintos países de América Latina frente a las tecnologías de la comunicación. Acerca de la "novedad" que la tecnología, sea radio, cine, TV o Internet plantea al discurso pedagógico, véase también Nakache y Mundo (2003).

En el año 1911, Thomas Alva Edison, realiza una serie de consideraciones acerca del cinematógrafo en la cultura, y su impacto en las instituciones educativas. Declaraciones tales como "los libros pronto llegarán a ser cosas añejas en las escuelas públicas"; "los estudiantes serán instruidos por la acción visual"; "es posible enseñar cada rama del conocimiento humano por medio del cinematógrafo"; "nuestro sistema educacional se cambiará completamente en los próximos diez años"; son recogidas en un artículo traducido y reproducido en *El Monitor de la Educación Común* en el año 1916[99], donde también se reseña que este inventor desarrolló un sistema para educar a los niños donde todo se enseña por medio del cinema, que viene probando con público en general y con grupos de niños en particular, al que se denomina "juvenil cuerpo de censores"[100].

La posición de Edison[101], discutida en este mismo artículo como en otros posteriores, haciendo o no mención explícita a su autor, pone en peligro las bases mismas del sistema escolar, al cuestionar a la vez la centralidad de la

---

[99] "El futuro educacional del cinematógrafo". *El Monitor de la Educación* N° 519, marzo de 1916. Publicado originalmente en *The American Review of Reviews* y traducido por A. Montori (no figura el nombre del autor).

[100] Es por lo menos llamativo que en la idea de niños controlando y evaluando el material cinematográfico que se utilizaría para educar esté desplazada la autoridad adulta, principio sustancial de la pedagogía moderna. Bien puede ser una señal de las pedagogías que ya entonces otorgaban un lugar más activo a los niños en la configuración del vínculo educativo....

[101] La posibilidad de impulsar proyectos como el de Edison, que pretendían introducir de lleno el cine en las formas de educación masiva como la escuela, aún cuestionando sus principios estructurantes, fue compartida por otros pedagogos e incluso por autoridades de los Ministerios de Educación de la época. Pero el costo del equipamiento y de la producción de materiales cinematográficos constituyó un problema (Pla Vall, 2007).

lecto-escritura como proceso de aprendizaje y la importancia de la "cultura letrada"[102].

Las voces que dudan de esta profecía se hacen escuchar. En el mismo artículo, se afirma: "Es poco menos que imposible que la base misma de un sistema que se ha entrelazado tan íntimamente con toda nuestra civilización por cuatro siglos sea removida y se abandone en forma inusitada. Podemos afirmar con toda confianza en el futuro que los hijos de nuestros hijos todavía aprenderán mucho por medio de la hoja impresa"[103]. Una evaluación sobre el estado del problema realizada años más tarde por el Director de la Oficina de Cinematografía de Berlín, afirma:

> "Tampoco el entusiasmo ha contribuido a alcanzar los fines que se atribuían a la película y que llevaron en 1911 a decir que en el porvenir toda la educación popular se efectuaría por medio de la película; que hizo soñar a Edison que la película pudiera sustituir al libro, al periódico y a la enseñanza; que llevó a Lemke a pronunciar esta frase: 'La reforma escolar por medio de la técnica'; cuando se creía que cada reforma escolar futura no podría verificarse sino cuando el gramófono y la película hubiera satisfecho simultáneamente la vista y el oído"[104].

Por otro lado, sin hacer alusiones directas, en numerosas ocasiones se insiste en probar que el cine no

---

[102] El término "cultura letrada" es frecuentemente utilizado en la bibliografía pedagógica. Por ejemplo, A. de Miguel lo usa para designar la importancia de la adquisición de la lecto-escritura en el proyecto educativo normalista. Para de Miguel, "El acceso universal a la lectura y la escritura, que, por primera vez en la historia se reúnen en el siglo XIX en una misma voluntad educativa, presuponía la construcción de la ciudadanía letrada como garantía ideológica para el acceso legítimo y el ejercicio idóneo de los derechos políticos en el marco de los sistemas democráticos de gobierno" (de Miguel, 2002: 110). Puiggrós, en un sentido similar, utilizará la expresión "cultura libresca" (1994, 2004).
[103] "El futuro educacional del cinematógrafo". 1916, Op. Cit.
[104] Gunther, Walther. "Los objetivos de la cinematografía en la educación". *El Monitor de la Educación Común* N° 719, noviembre de 1932: 9-20.

reemplazará al libro[105] ni al maestro, otra figura clave de los sistemas educativos modernos que pudiera haber sido puesta en peligro por el auge del cinema educativo[106].

En todo caso, el abordaje del cinematógrafo por parte de los educadores abre una serie de preguntas que exceden a la pedagogía misma. A. Sluys[107], autor del libro *La cinematografía escolar y post-escolar* (1925), lo plantea de este modo:

> "La cuestión del cinematógrafo de educación y de enseñanza, y en general, de toda proyección luminosa, sea fija o animada, debe ser examinada desde muchos puntos de vista. ¿Cuál es la acción fisiológica y psicológica de las proyecciones luminosas y su influencia sobre la inteligencia, los sentimientos y la voluntad? ¿En qué casos puede ser un auxiliar de la instrucción y de la educación? ¿Qué método es preciso aplicar en las lecciones con películas y demás vistas de proyección? ¿Qué condiciones deben reunir los locales, los aparatos, las películas y demás vistas? ¿Cómo organizar la enseñanza por medio de proyecciones luminosas desde el punto de vista económico?

---

[105] Acerca de los vínculos entre alfabetización y escolarización y de la centralidad de la lectura en la configuración del sistema educativo argentino, véase Cuccuza y Pineau (2002), especialmente el prólogo.

[106] Narodowski señala la centralidad del maestro en la escena educativa moderna como uno de sus rasgos fundantes (1999).

[107] A. Sluys es presentado en el prólogo del libro como director honorario de la Escuela Normal de Bruselas, presidente del Instituto Buls-Tempel (Escuela Superior de Pedagogía) y de la Liga de la Enseñanza. Se refiere a la "Liga Belga de Enseñanza", fundada en 1865 por un grupo de librepensadores que querían combatir los avances del ultramontanismo en la enseñanza oficial de su país, de la que Sluys era parte; diez años después la Liga creó la Escuela Modelo de Bruselas, dirigida por él desde 1878 y caracterizada por alentar el desarrollo espontáneo del niño, por fomentar las excursiones y el ejercicio físico y por definirse como laica (Vázquez Rumil, s/f).

El problema es complejo, y su solución hemos de hallarla en la fisiología, en la psicología, la moral y la pedagogía" (1925: 30-31)[108].

Será entonces en estos cuatro registros donde nos vamos a encontrar que se somete al cine a análisis[109]. Pero cabe aclarar que no es por desconfianza, sospecha o incredulidad de las potencialidades del cinematógrafo que los pedagogos discuten su papel en el futuro. Por el contrario, sistemáticamente se afirma su importancia para la educación[110]. En nuestro país, un texto emblemático[111] que refleja estas posiciones es "El cinematógrafo" de Victor Mercante[112]

---

[108] A. Sluys fue uno de los que aventuró, a principios del siglo XX, que las fotografías y los filmes desplazarían a los textos impresos. En 1908 fue quien promovió la primera sesión demostrativa del empleo del cinematógrafo con fines educativos (Pla Vall, 2007).

[109] Estos cuatro registros se corresponden con los discursos que confluyen con el normalismo argentino: el discurso médico con implicancias tanto físicas como morales, y el higienismo, discurso central en el despliegue de mecanismos de control de la población (Puiggrós, 1994). Figuras emblemáticas del positivismo argentino reunían en su formación la medicina, la psicología experimental y la pedagogía.

[110] "Desde el momento de irrupción del nuevo invento, fueron muchos los cineastas y pedagogos que intuyeron y propugnaron su potencial educativo ya que pocos avances tecnológicos produjeron la fascinación universal que provocó el cine en la primera mitad del siglo pasado. Esa intuición sobre el papel informativo y formativo de las imágenes la encontramos ya, de forma más o menos difusa, en algunos pensadores desde la época pre-cinematográfica en relación con los variados sistemas de proyección que, desde las linternas mágicas al praxinoscopio, precedieron al invento de los hermanos Lumière" (Pla Vall, 2007: 36).

[111] Si bien nuestro corpus no ha identificado voces de autores centrales, sino que, más bien, se configura alrededor de la trama que forman distintas voces "menores" (como los articulistas de *El Monitor* o *La Obra*), los escritos y la figura de Mercante constituyen hitos en el discurso pedagógico argentino, siendo representativa su voz de los modos en que, en una época, se configuró un escenario de debates.

[112] Víctor Mercante (1870-1934) se inscribió dentro del normalismo positivista que sostenía que educar significaba "disponer la vía sensomotora, con sus centros operativos, para recibir, elaborar y hacer reaccionar con rapidez y exactitud, e instruir era fijar en los centros de esa vía la

(1925). Allí, Mercante reconoce al cine como "un invento maravilloso y popular", "un procedimiento insuperable de instrucción. Ameno, intenso, rápido, y sobre todo exacto; más la emoción que produce el movimiento, mordiente de las impresiones durables" (1925: 110). A lo largo del trabajo, se reiteran los reconocimientos de la capacidad de cine para abrir mundos y para recrear la cultura, así como sus potencialidades educativas:

> "Necesitamos un cine. ¿Por qué necesitamos un cine? Porque es el instrumento de la extensión educativa. Al cine concurre la población y cada habitante de la república, por lo menos, ocho veces al mes" (1925: 118)[113].

> "El campo de explotación es inmenso e inmensos los resultados instructivos para una concurrencia que, en su casi totalidad, no conoce una fábrica, no ha recorrido el mundo, posee mal la historia, ha leído muy pocas obras de literatura, ignora la vida y las costumbres de los pueblos lejanos, y la ciencia es un misterio. Esta es la función educativa que incumbe al cinematógrafo; elevada, noble, placentera, magnificente, que abra las puertas del saber sin violentar el corazón, mostrando sus miserias." (1925: 116)

Por su naturaleza, para Mercante el cine constituye el medio más poderoso de educación de la juventud. Por otra parte, no ignora la importancia que el cine representa como fenómeno social, por lo que aboga por su consideración

---

suma de los conocimiento que el educador busca enseñar" (Puiggrós, 1994: 142). La importancia otorgada al experimentar y percibir con los sentidos lo llevó a postular la necesidad de que el educando estuviera en contacto con la naturaleza, que circulara por plazas, bosques y museos, saliendo del aula para agudizar la memoria táctil y auditiva, entre otras cosas. Pero esta apertura, como se verá, no se extendía al cine (Dussel, 1993).

[113] Las afirmaciones de Mercante sobre la periodicidad con la que el argentino visita el cine no remite a ninguna fuente, y se contradice con la información que se obtiene de una encuesta tomada entre alumnos, sobre la que trabajaremos en el próximo capítulo.

e inclusión en el campo pedagógico: "La Pedagogía y la Legislación escolar no pueden volver los ojos de la acción mágica de un invento que se ha impuesto por su realidad, y abre como una fuerza magnética a la multitud que le entrega su espíritu. El cine es un instrumento de educación y de enseñanza, de carácter recreativo" (1925: 118-119).

Así, Mercante se suma a otras voces que no dudan en declamar la importancia tanto cultural como educativa de este invento. Sin embargo, este reconocimiento no hace que necesariamente el cinematógrafo se incorpore al universo escolar. Por el contrario, abre un debate donde lo que se pone en discusión es el modo en que las "pedagogías triunfantes" (Dussel, 2001), donde la escuela ocupaba un lugar central, pueden acogerlo, hacerle lugar y, en todo caso, incorporarlo.

En este sentido, es posible reconocer en primer lugar una distinción, y seguidamente un conjunto de intervenciones.

La línea que separa el adentro y el afuera de la escuela

La primera operación que permitirá posteriormente plantear las posibilidades que el cine posee dentro de la escuela tiene que ver con la distinción entre dos facetas diferentes en este arte: el hecho de que distrae y enseña. Estas dos facetas constituyen dos dominios distintos: el espectacular y el científico[114].

Las valoraciones pedagógicas sobre el cinematógrafo como medio de entretenimiento son muchas, variadas y en algunos casos, contradictorias. Hay quienes lo denostan y quienes lo celebran, aunque la constante entre pedagogos y maestros es llamar la atención sobre los peligros

---

[114] Destree, Jules. "De cinematografía". *El Monitor de la Educación* N° 718, octubre de 1932: 88-89.

morales[115] que encierra, aún cuando se lo reconozca como acontecimiento técnico y cultural sin precedentes[116]. Pero lo importante a señalar aquí es que, más allá de la opinión que merezca el cinematógrafo, el discurso pedagógico se empeña en delimitar un tipo de cinematografía que incluye tanto un conjunto delimitado de materiales, un tipo de producción de los mismos, y unas reglas y principios para su uso en la escuela, estableciendo así un *dominio específico*, que implica unos saberes y unas prácticas propias[117].

Es así como es posible configurar un universo discursivo particular, propio de este dominio, que muestra sus alcances y su inclusión en el discurso pedagógico más amplio que lo aloja: *Cinematógrafo instructivo*[118], *cine escolar, cine educativo, pedagogía de la proyección*[119]; o la impugnación del término *película educativa* por demasiado general, y la distinción dentro de ellas de películas *pedagógicas* o *didácticas* (destinadas exclusivamente a la enseñanza primaria o secundaria, que han sido concebidas especialmente para ello), *películas científicas* (las que, según los preceptos de una ciencia, ilustran metódicamente una rama del conocimiento humano), películas *documentales*, que prueban o acreditan la verdad como si fueran un documento, pudiendo ser, según lo atestigüen

---

[115] En la postulación de peligro moral, se pone en juego el marco higienista mencionado.
[116] Nos ocuparemos detenidamente de ellas en el próximo capítulo.
[117] Narodowski señala que "la conformación de la pedagogía moderna es justamente ese proceso en el que el discurso pedagógico se convierte en un campo más o menos previsible, con reglas de formación más o menos constantes y con mecanismos discursivos usualmente invariables" (Narodowski, 1999). La intención de asimilar el cine a un dominio específico, con reglas y mecanismos ya perfilados, muestra la dificultad de interrogarse a sí mismo frente a un artefacto "extranjero" a la cotidianidad de la escuela.
[118] "El cinematógrafo en la enseñanza y en la educación". 1931, Op. Cit.
[119] Destree, Jules. 1932, Op. Cit.

documentales científicas, históricas, de actualidad o culturales[120]; la *enseñanza cinematográfica* como un método más de enseñanza[121].

De lo que se trata, en todo caso, es de hacer del cinematógrafo un objeto familiar, uno más de los elementos que circulan en un escenario conocido, como modo de hacer efectiva su participación en los procesos de enseñanza, de dominarlo, de conjurar sus peligros, de ponerlo al servicio de unos principios, una lógica y una gramática que lo precede:

> "El abandono de la idea de que la película es una cosa extraña a la escuela es la primera condición probablemente de su empleo razonable. Entre los instrumentos escolares la película no representa más que un mapa mundi, un mapa en relieve o lápices de colores. Cuando no se hagan más reservas sobre la película como medio didáctico podremos decir que habremos hecho un gran paso adelante"[122].

La institución escolar, frente a él, lo asimila en el momento en que puede ser parte de una cultura escolar preexistente (Viñao, 2002). En todo caso, el tratamiento que recibe es el de un instrumento o una técnica, cuya potencia depende del uso que se haga de ella. Esta discusión, reeditada en el campo pedagógico cada vez que se enfrenta a algún desarrollo de la tecnología que afecta alguna operación de las naturalizadas por la escuela (como la calculadora, la computadora, la Internet, etc.) pone al descubierto la dificultad de estos "inventos" de afectar un orden preestablecido. Al ser considerados como *neutros* y al poner el énfasis en los modos en que se los utilicen, se otorga al orden que los recibe, el escolar, la potencia de delimitar sus alcances. Se despeja en ellos cualquier rasgo

---

[120] Luciani, I. 1937. Op. Cit.
[121] Gunther, W. 1932, Op. Cit.
[122] Gunther, W. 1932, Op.Cit.

de extranjeridad, como condición de poder asimilarlos[123]. En el caso del cinematógrafo, parece paradójico que al mismo tiempo que se lo reconoce como un invento maravilloso y revolucionario en relación a los modos de acceder al mundo, su ingreso al territorio escolar se subordina completamente a las rígidas reglas de un espacio cerrado.

Atendamos a la siguiente cita:

> "La película posee (...) esta enorme cualidad pedagógica de hacer entrar el universo entero y la vida universal en la enseñanza sin que sea necesario salir de la clase y por tanto alterar el carácter estricto de la enseñanza[124]. Una excursión científica, un paseo pedagógico tienen el gran inconveniente de que la mayor parte de los alumnos, no sintiéndose en clase, olvidarán que están allí para aprender y para trabajar y, como es lógico, les quedará muy poco provecho de todo ello. Con el cinematógrafo, la ciencia viene a ellos sin que tengan que abandonar el pupitre ni su cuaderno de notas, y la película les sujeta así invenciblemente a su función de escolares"[125].

En ella es posible reconocer el modo en que la clausura, como parte de la gramática escolar dominante, es condición necesaria para la conservación de las tradiciones, en este caso, pedagógicas (Fattore, 2005). Pero las "cerradas" fronteras de la escuela no operan no permitiendo la entrada de objetos extraños, por el contrario, el afuera puede ingresar siempre y cuando se apreste a sufrir procesos de adecuación, conversión, adaptación, ajuste, transposición o sujeción a una gramática que lo precede y que no tiene

---

[123] Quizá pueda hipotetizarse que, así como la educación argentina se asentó sobre las bases de homogeneización de las diferencias de los sujetos, un proceso similar se pone en juego aquí: el de asimilar, borrando las huellas de extranjeridad, como condición de aceptación.

[124] El aula, como dispositivo privilegiado de la educación moderna, ha sido explorado por Dussel y Carusso (1999).

[125] Ange, L. "Psicología y pedagogía del cinematógrafo instructivo". *El Monitor de la Educación Común*, diciembre de 1932: 35-43.

capacidad de interrogarse a sí misma[126]. Si bien se hace posible la inclusión de un objeto extraño, éste pierde algo de su extrañeza en el momento en que se subordina a la enseñanza escolar (Pineau, 2001).

Dentro de los fundamentos de la clausura del espacio escolar, los argumentos que históricamente se desplegaron incluyeron a la discusión acerca de si la escuela educaba para la vida o en la vida[127] (Snyders, 1972), donde lo que quedaba afuera bien podía ser amenaza del ideal de niño que se pretendía educar[128], o simplemente no adecuarse a las necesidades sea del niño o de la educación que allí se impartía. En el caso del cinematógrafo, todo lo que con él viene y que se liga al entretenimiento es lo que queda afuera porque, como se verá en el próximo capítulo, constituye un peligro, una amenaza a los fines mismos de la institución escolar. Pero la línea divisoria no pasa por "el cine sí o el cine no", sino por dejar entrar aquello que contribuye o afianza o perfecciona lo que la escuela busca para sus alumnos.

Atendamos a las siguientes "Reglas para el uso", en función del movimiento que el cine introduce en las proyecciones fijas:

---

[126] Vale enfatizar aquí que la distribución del tiempo y del espacio educativos "para generar y disciplinar sujetos sociales" rápidamente se convirtió en una operación de control social (Puiggrós, 1994: 116), por lo que cualquier interrogación que las pusiera en duda rápidamente hacía desplegar argumentos para conjurarla.

[127] "La escuela prepara para la vida dando la espalda a la vida". La célebre frase de Château (citada por Snyders, 1972: 34) condensa el sentido de especificidad de la educación escolar, que consigue darse unas reglas que son propias y a la vez capaces de proteger al niño de las influencias externas.

[128] "no se trata de impedir que el niño salga, sino de detener o al menos de filtrar los ruidos, los ataques, las agresiones –y sin duda también las tentaciones– que provienen del mundo exterior" (Snyders, 1972: 35).

"I- En tesis general, la movilidad de la imagen disminuye la percepción de la forma, y viceversa.
II- La imagen móvil no suministra tanto una noción particular de cada movimiento como la noción de conjunto.
III- Toda enseñanza debe ser regida por lo que hemos llamado principio de valor: enseñar lo que importa y dejar a un lado lo superfluo.
IV- A ser posible, la percepción directa del objeto, debe ser preferida a cualquier otro medio.
V- Si la forma es el punto importante para la enseñanza, el principio de valor indica que no hay lugar de recurrir a la imagen moviente. La imagen fija es suficiente.
VI- Si el movimiento detallado es el punto importante, en virtud del mismo principio, se recurrirá, sea a las imágenes fijas que reproducen las posiciones sucesivas, sea a la película cinematográfica desarrollada con marcha lenta y con pausas.
VII- La demostración cinematográfica debería siempre seguir, lo más cerca posible, la enseñanza verbal. De esta suerte, en lugar de constituir una exposición más o menos caótica, fijará claramente en el recuerdo visual del alumno las imágenes de la materia enseñada" (Cellérier, 1925: 97-98).

En estas "reglas" se ve claramente cómo, una vez incluido en un territorio específico, frente al cine se abren debates propios de este territorio: cuáles son sus ventajas y sus desventajas, cuáles son las experiencias posibles, cuáles las prescripciones a seguir[129]. La Didáctica, como saber que se inscribe en la búsqueda de los métodos de mayor eficacia en la enseñanza, emerge encuadrando las posibilidades que el cine puede ofrecer. En esta operación,

---

[129] "¿Qué vidas, qué formas de estar en el mundo hemos tenido que evacuar para poder desplegar, sobre nosotros y sobre los demás, una mirada tan engreída como aquella que quiere embutirlo, categorizarlo, identificarlo, y diferenciarlo todo? ¿Qué formas de sabiduría, de contemplar y percibir, de ignorar y conocer, de horrorizarse y maravillarse, de ir y venir (...) han quedado ahogadas en esos patrulleos por el mundo y por la vida a la caza y captura de la identidad y la alteridad?" (González Placer, 1997: 120).

queda a un lado lo que la imagen en movimiento introduce en el territorio de la percepción, trastocando formas anteriores y alterando modos de ver[130]. Aquí las posiciones no son únicas ni homogéneas, sino que es posible relevar las ideas y los debates pedagógicos de toda una época.

Las ventajas

Muchas son las ventajas que se le reconoce a la inclusión del cinematógrafo en la educación. Entre ellas, sin duda la más compartida es la capacidad que el cinematógrafo posee de reproducir el mundo y de ampliar así el horizonte de quien accede a él. Pero hay más coincidencias: el ser un auxiliar del maestro, el permitir acceder a fenómenos que están lejos de poder verse directamente, el de ser ameno y atractivo. Estas son algunas de las ventajas que suelen enumerarse:

a) Agrada al niño porque representa el movimiento, la vida.
b) La imaginación, la atención del niño, se fijan por la enseñanza visual que da la proyección animada, mejor que por la enseñanza oral.
c) El cinematógrafo lleva al orden concreto conocimientos que sin él permanecerán en el orden libresco, es decir, abstracto.
d) El cinematógrafo mejora nuestros medios de observar la naturaleza, de ver en su realidad viviente fenómenos que sin él permanecerían ignorados o incomprendidos[131].

---

[130] "Lo que caracteriza al cine en movimiento no es el mejoramiento técnico de la vista por medio de nuevas prótesis, sino la invención de una visión que hace de la distracción visual y sonora el fundamento mismo de una nueva atención del espacio proyectado y compuesto por lo cuerpos" (Vauday, 2008: 316).

[131] El conocimiento de la naturaleza y de la "realidad viviente" por vía de la observación constituye una de las vías centrales por las que la pedagogía

e) La proyección de película suscita el interés, despierta la curiosidad, retiene la atención, asegura la adquisición de conocimientos precisos y duraderos.

f) Se puede afirmar: 1) que la pantalla del cinematógrafo es un perfeccionamiento del pizarrón, 2) que una clase sin pantalla cinematográfica es una clase "al margen de la vida"[132].

A este listado, podría complementárselo con:

- Es directo, colectivo y rápido. Proporciona una enseñanza integral, tanto "visual" como por el oído y las facultades cerebrales. "El cinematógrafo facilitará a todos la pesada tarea de enseñar según los principios de la pedagogía racional que busca el máximo rendimiento intelectual con el mínimo de fatiga cerebral". Al ampliar la visión de las cosas, permite que todos las vean bien. Además, permite ganar tiempo, hace ver cosas cuya observación directa de la realidad exigiría muchas horas[133].

- Constituye un orden más riguroso de verdad en cuanto a su capacidad de representar la realidad. "El cinematógrafo dará a nuestras escuelas este carácter de realismo y de verdad que le falta muchas veces porque bajo lo vago de la *palabra*, bajo las tinieblas del concepto y bajo la imprecisión de lo abstracto, pondrá exactitud, la luz y la fuerza de la *cosa,* de la vida y de lo concreto"[134].

- Ilustra la palabra del maestro, y le da un valor demostrativo[135]. "¿Qué profesor, en cualquier materia, quitará importancia a las imágenes para hacer convincentes sus demostraciones? ¿Quién entre nosotros, no ha acompañado alguna vez su palabra con una explicación gráfica?

---

    se apropia del cine, sobre la que volveremos más adelante.
[132] "El cinematógrafo escolar en Francia". *El Monitor de la Educación* N° 712, abril de 1932.
[133] Ange, L. 1932. Op. Cit.
[134] Ange, L. 1932. Op. Cit., cursivas en el original.
[135] Destree, J. 1932. Op. Cit.

¿Quién no ha procurado dar más fuerza con dibujos y con cuadros explicativos a sus lecciones escritas y orales? ¿De qué fuerzas demostrativas no estarán dotadas esas imágenes cuando reproduzcan fotográficamente la vida, los seres y sus movimientos?[136]"

- Se ha probado, con distintos grupos de alumnos, que luego de su inclusión aprenden más y mejor, aún a los niños de inferior capacidad mental[137].

Como puede apreciarse, las ventajas enunciadas apuntan todas a dinamizar el espacio y la cultura aúlica, enfatizando los procesos que la educación escolar pone en juego. Semejante es lo que ocurre con las desventajas relevadas.

Las desventajas y objeciones

Las objeciones que recibe el cine en algunos casos hacen dudar de las posibilidades de que se le haga lugar en el escenario pedagógico. Sin embargo, muchas de ellas se neutralizan teniendo los cuidados necesarios. Nos referimos a los argumentos que le objetan que: su introducción en la escuela hará perder el hábito intelectual al niño, con el riesgo de que encuentre fastidiosas las lecciones que no lo incluyen; que la oscuridad de la sala favorece la indisciplina, o que por ser la cinta inflamable, pone al aula en peligro de incendio[138]. Todos ellos son rebatidos con facilidad, al avanzar las concepciones que plantean que el interés del niño juega a favor del aprendizaje y no en contra, o los avances que permiten neutralizar las dificultades técnicas.

Pero existen algunas objeciones que, aunque menores, directamente lo dejan por fuera. Son aquellas que pueden

---

[136] Bernard, León. "El cinema, instrumento de educación". *El Monitor de la Educación* N° 715, julio de 1932: 24-26.
[137] Machado, Ricardo. "La enseñanza cinematográfica en las escuelas". *El Monitor de la Educación* N° 773, mayo de 1937.
[138] Ange, L. 1932. Op. Cit.

reconocerse como de *tipo cognitivo*, esto es que se sostienen sobre algún aspecto del proceso de aprendizaje que realiza el alumno que se pone en juego, como la que plantea que el cinematógrafo facilita demasiado las adquisiciones: el niño se olvida rápido de lo que ha aprendido sin esfuerzo; la sucesión rápida de las imágenes perjudica su fijación en la memoria[139].

En el citado texto de Mercante encontramos desarrollada una objeción de este tipo, centrada en el trabajo que el cinematógrafo hace sobre la psiquis individual:

> "El cine es una lectura por fotografías y un aprendizaje por láminas; por tanto, una aprendizaje intenso y limitado. Excita la atención, la memoria, el juicio, la imaginación especialmente el sentido de la vista, que es el del estudio. La consecuencia de todo trabajo es la fatiga y la necesidad de reposo, no obstante el placer que nos produzca (...). El cine se suma a la escuela para consumir energía nerviosa. Substrae horas de estudio con tanta o más pertinencia cuanto que habitúa una comprensión fácil, creando resistencia al esfuerzo para lecturas de extensión y de fondo"(Mercante, 1925: 120).

> "Del punto de vista neuropático, desgraciadamente, los fabricantes han perfeccionado los medios de sacudir el gran simpático y poblar esferas perceptivas de imágenes fuertes y perturbadoras que se traducen, por una ley psíquica, en actos, en imágenes obsedantes, en estados contemplativos, en preocupaciones, en monodeísmos que inhabilitan para el trabajo sano, las horas y los días, en la imposibilidad de alejar ese mariposeo que impide converger sobre otros temas." (Mercante, 1925: 123)

Y en un curioso artículo posterior, de 1932, la objeción se dirige a cierta mecanización, producida por la falta de actividad reflexiva que puede acarrear el aprendizaje con imágenes, trae consigo:

---

[139] "El cinematógrafo escolar en Francia". 1932. Op. Cit.

"Se ha dicho mil veces que en la enseñanza, mejor es el ejemplo que el precepto.
No hay mejor aprendizaje que *hacer ver* una cosa, para saber hacerla también.
El cine *hace ver* las cosas, las cosas se *ven hacer* en él. Es un gran pedagogo.
Pero hay que salir al paso de un gran error, muy entendido hoy. Se trata, por todos los medios, de hacer fácil el camino de la ciencia, de instruir deleitando. Se huye del aforismo antiguo *la letra con sangre entra*. (...)
Los pedagogos del cinematógrafo pueden caer en el mismo error. De una sesión científica del cinematógrafo pueden salir los niños sin haber aprendido ciencia alguna.
Hay que evitar la *mecanización* de la inteligencia humana. Evitar que el niño se convierta en una pantalla.
Además, el método, por deleitable que sea, no es inofensivo. El alumno tiene sus reservas psíquicas y nerviosas, y esa tensión de visualidad a que se le somete, acaba por agotarlo.
"La letra con sangre entra" era un aforismo cruel y duro de los antiguos tiempos. Pero hay que pensar ahora si no será un nuevo *tormento* el tener que mirar sin cesar a una pantalla cinematográfica.
Las alucinaciones y casos de sonambulismo, a consecuencia de sesiones de cinematógrafo, prueban que existe ese mal. Sabido es que para los neurópatas e hijos de neurópatas el cinematógrafo es perjudicial en alto grado"[140].

En todas ellas puede reconocerse no sólo una preocupación por los efectos sobre la cognición de quienes ven cine, sino también, y fundamentalmente, por un modo de conocer que va a contramano de los pautados por la modalidad escolar, aún cuando se asuma explícitamente, como en este último texto presentado, la sinonimia entre

---

[140] Domínguez Berrueta, Juan. "Pedagogía, educación y poesía en el cinematógrafo". *El Monitor de la Educación* N° 724, abril de 1933: 19-21. Cabe suponer que el término neurópatas hace referencia a las personas que sufren enfermedades del sistema nervioso. Sobre éstas y las debilidades del carácter volveremos en el próximo capítulo.

conocer y *ver*. Pero al distinguir el conocer por vía del cine del *instruir*, el cine aparece como amenaza frente a los modos escolares de conocer, al presentarse como más sencillos, menos ligados al esfuerzo, por lo que se asocian a pereza, al facilismo, atentando contra la lógica que sostiene la gramática escolar.

El cine en el aula: finalidades y prescripciones a seguir

Una vez demarcado el territorio y sometido al cine al análisis de sus posibles aportes, lo que sigue es el establecimiento de fines, objetivos y prescripciones didácticas para su inclusión en el aula.

Sin mayores variaciones, estas indicaciones no se escapan de la matriz didáctica y metodológica que ordena la actividad docente y escolar en las primeras tres décadas del siglo. Es así como nos encontramos con un tipo de texto donde el verbo *debe* ocupa el lugar central, que prescribe tiempos, espacios, objetivos e intervenciones.

Atendamos, por ejemplo, al siguiente grupo de preguntas. Corresponde cada una a los subtítulos y a las preguntas organizadoras de la reseña de un artículo de una revista extranjera, de 1923: ¿cuándo debe introducirse la película? ¿Debe usarse la película, o la placa estereóptica, al principiar o al terminar el estudio de una obra literaria? ¿Cómo deben usarse las placas estereópticas? ¿Debe hacerse una disertación informativa antes de exhibir la película? ¿Debe hacerse tal disertación simultáneamente con la presentación de las placas estereópticas? ¿Deben los estudiantes participar de la exhibición? ¿Debe la clase encargarse de operar el proyector o de cualquier trabajo de disertación[141]?

---

[141] "El cinematógrafo en la enseñanza de la lengua y la literatura patria". *El Monitor de la Educación Común* N° 612, diciembre de 1923: 181-185.

El escrito, que propone un ejemplo de utilización del cinematógrafo para la enseñanza de la literatura, ofrece respuestas a cada una de ellas de modo tal que se configura una modalidad de uso clara y precisa para el docente. De neto corte prescriptivo, el uso del cinematógrafo ingresa a la planificación didáctica de la clase sin cuestionar no sólo los clásicos roles de docente y alumno, sino fundamentalmente el tratamiento del objeto de estudio en cuestión.

En general, existe coincidencia en adjudicarle al cinematógrafo escolar el lugar de auxiliar, de complemento, el rol de secundar la tarea del maestro, aún cuando paralelamente se afirme que es el instrumento educativo más altamente desarrollado que ha legado el siglo[142]. Como auxiliar, cumple un rol específico, tal como se ve en el siguiente texto:

"Papel del cinematógrafo en la enseñanza:
a) La proyección de película no reemplaza a la enseñanza oral; la ilustra y la completa.
b) La película no debe sustituir la vista directa de seres y cosas cuando ésta es posible.
c) Toda enseñanza que comporta la observación del movimiento, de la vida, (erupciones volcánicas, torrentes, cascadas, oleajes, aludes, etc.) no puede ser presentada con buen éxito sino por la proyección animada, muy superior en este caso de la proyección fija.
d) El cinematógrafo sustituye la visión analítica a la visión sintética pues nos permite realizar la observación descompuesta y lenta ("ralentie").

---

[142] Abundan las apreciaciones de este tipo: "Sin duda, el cinematógrafo instructivo no puede reemplazar al maestro ni al libro. Será sólo auxiliar. Le corresponde mostrar con mayor eficacia lo que el maestro no puede presentar de una manera tangible. Su fin es secundar, no suprimir. Constituye una ilustración animada de la lección que es lo único que puede enseñar". "El cinematógrafo en la enseñanza y la educación", 1931, Op. Cit.

e) La película, excelente agente de educación, es también un admirable instrumento de propaganda para la vulgarización de conocimientos útiles y de ideas generosas.
f) Puede ser utilizado en la mayoría de las enseñanzas de la escuela primaria y de preferencia para la geografía, las ciencias naturales, las lecciones de las cosas, la historia, la higiene y la moral"[143].

O, de modo más conciso todavía:

"La fórmula general de su aplicación es ésta; *el cinematógrafo sólo debe intervenir en la enseñanza para dar la intuición de los hechos y de los fenómenos esencialmente caracterizados por la forma y por el movimiento, visibles, y que es imposible, muy difícil o muy costoso mostrar directamente a los discípulos*"[144].

En este sentido, las lecciones con films se dan como las lecciones ordinarias: el profesor introduce el tema, hace preguntas, maneja la película en función de la lección, utiliza el pizarrón, escribe las palabras nuevas, hace tomar croquis, establece el ejercicio escrito que deberán realizar posteriormente los alumnos. Estas clases no se darán de forma aislada, sino que deben ser parte del programa escolar.

Para ello, será necesario regular el tiempo y el espacio. En relación a este último, aún con las dificultades económicas que pudieran generarse, hay consenso que la película debe pasarse en el local escolar:

"¿Cómo organizar la enseñanza por cinematógrafo?
Se necesita un local, un aparato, películas y operadores. Conducir a los discípulos al cine público es un mal arreglo, que se traduce en una gran pérdida de tiempo, gastos de entradas, y la penuria de los films de real valor educativo e instructivo.

---

[143] "El cinematógrafo escolar en Francia". 1932. Op. Cit.
[144] Sluys, A. "La cinematografía escolar". *El Monitor de la Educación* N° 599, noviembre de 1922: 138-145 (cursivas en el original).

Establecer un cinematógrafo escolar central en cada ciudad de alguna importancia como se ha hecho en Amsterdam, La Haya, Bruselas, no es de aconsejar. En cada sesión se reúnen a unos centenares de alumnos a los que se les da forzosamente una enseñanza que no encaja íntimamente en el programa de estudios de cada clase.
O bien, si cada maestro o profesor accede solo con los discípulos de un curso el número de lecciones filmadas para cada clase es ínfimo al cabo del año. En los dos casos, para cada lección, se pierde mucho tiempo yendo de la escuela al cine y del cine a la escuela.
Es necesario, pues, establecer un cinematógrafo en cada escuela, este es el ideal actualmente realizable. Basta con disponer de una sala bastante grande para reunir en ella a todos los discípulos de una clase o de un curso especial, o a veces de dos clases"[145].

En esa sala, se pueden colocar por encima de las mesas en que están los alumnos lámparas con pantallas que permitan conservar en la sala un alumbrado suficiente sin perjudicar la visibilidad de la película, que les permita tomar nota y evitar la potencial indisciplina[146].

Muchas de las prescripciones aquí señaladas pasan a ser parte de un encuadre para la incorporación del cine al aula que se presentará con matices, prácticamente hasta nuestros días.

Continuidades y recurrencias en el discurso pedagógico

Las citas ofrecidas configuran, con algún matiz, un tratamiento común dado al cinematógrafo a lo largo de por lo menos cuatro décadas, aunque algunos de sus elementos y argumentos perduraron hasta nuestros días.

Si atendemos ese período en clave de los movimientos e ideas pedagógicas que se hicieron presentes en la

---
[145] Ibíd.
[146] Ange, L. Op. Cit.

educación escolar de nuestro país, nos encontramos con un panorama mucho más complejo. En las primeras décadas de la educación argentina es posible ubicar el auge y la clausura del normalismo (Puiggrós, 1994; de Miguel, 2000), la emergencia de las concepciones y de las experiencias de la escuela activa, la configuración de posiciones nacionalistas. Y, dentro de cada una de ellas, a su vez, es posible reconocer tendencias y posiciones diversas: así como la "familia normalista" (Puiggrós, 1994) conviven higienistas, biologicistas, evolucionistas, psicoligistas, positivistas e idealistas (Puiggrós, 1994; Dussel, 2001), el movimiento de escuela nueva tampoco se presenta de un modo homogéneo, nutriéndose de fuentes diversas (Caruso, 2001).

Sin embargo, el corpus relevado en esta etapa alrededor del uso del cinematógrafo se presenta de un modo más bien homogéneo. Pareciera que los debates propios de las ideas pedagógicas apenas permearan el conjunto de consideraciones que alrededor del cine se hacen en la prensa pedagógica. Sólo nos enfrentamos a algunos matices de discurso en relación a la posición de los alumnos, luego de 1930, probablemente interpelados por la emergencia de la actividad del niño que instalaran las ideas de la escuela nueva.

Es probable que esta homogeneidad se deba a que casi en su totalidad, el corpus es propio de la revista *El Monitor de la Educación*, publicación que, al responder al Consejo Nacional de Educación, es superficie de inscripción de voces "oficiales" del estado educador, o legitimadas por él, en un período donde éste ocupó un lugar central en la configuración de la forma y el contenido del sistema educativo argentino. En este sentido, cabe pensar que el hecho de que el corpus se concentra allí responda a esta centralidad de la voz del Estado, también sostén de los amplios procesos de disciplinamiento y control que el sistema educativo desplegó a lo largo de estas décadas. Será entonces esta clave prescriptiva, ordenada, "didáctica", con la diversidad de matices que le puedan caber, parte de una función más amplia en la que inscribir al sistema educativo: la que ubica a la escuela como el espacio central de transmisión de la cultura, donde el adjetivo "central" responde también a la función de *clausura cultural* (Puiggrós, 1994), donde la escuela funciona como "filtro" de lo que entra, a través de estos mecanismos pedagógicos[147].

Ahora bien, además de esta especie de "homogeneidad" interna del corpus, cabe también señalar que éste guarda una línea de continuidad con los principios, regulaciones y prescripciones pedagógicas propias del discurso donde el cine pasa a tener visibilidad. En este sentido, si lo sometemos a las reglas de análisis que Basil Bernstein propone en *La estructura del discurso pedagógico*, podemos establecer una primera distinción entre el qué y el cómo de una transmisión, el contenido y la forma de lo que se transmite (Bernstein, 1994: 73). Cuando revisamos los argumentos y las prescripciones presentadas, nos encontramos con que, más allá de que en el contenido la presencia del cinematógrafo y de la imagen en movimiento se hagan presentes como innovación en la escena educativa, el conjunto de reglas que sobre ellos operan "anteceden", para usar el término de Bernstein, al contenido que transmitir. El aula como espacio para la proyección, la iluminación del pupitre frente a la oscuridad del cine, la imposibilidad de sustraerse de la explicación del maestro aún frente a una experiencia estética de distinto orden, la jerarquización de las películas en clave de disciplinas escolares, la supeditación de la vista de proyecciones móviles a los objetivos de la enseñanza y

---

[147] El término *clausura cultural* remite, para esta autora, a los mecanismos presentes en la institución escolar que, analógicamente a la idea de clausura o encierro presente en la configuración del espacio escolar como institución de encierro, "cercan" y seleccionan lo que la escuela reconoce como saberes legítimos de aquellos que no lo son.

a sus principios cognitivos: en definitiva, la persistencia de una gramática de funcionamiento que parece no alterarse frente a un lenguaje exterior y extranjero.

Por otro lado, Bernstein reconoce en la lógica de cualquier relación pedagógica tres reglas: *jerárquica, de secuencia* y *de criterio* (1994: 74-79). La primera, ligada a las posiciones que quien enseña y quien aprende ocupan ("transmisor" y "adquiriente"), es fundamental para este autor por su capacidad de activar el principio de reproducción o de transformación cultural. En el corpus hasta aquí presentado, no hay indicios para pensar que la inclusión del cine en la escena educativa pueda trastocar la jerarquía propia y antecedente a su invención. En todo caso, lo que se hace presente son las precauciones (y aun el rechazo) de que el cine se hace objeto en cuanto a que por su naturaleza pueda subvertir la autoridad que configura el vínculo pedagógico. Asimismo, la regla de criterio se hace presente a través de las regulaciones que se imponen de modo visible y explícito sobre la actitud del alumno frente al cine[148].

Lo que el cinematógrafo hace visible

Una vez asumida la importancia del cinematógrafo y su potencia como máquina de la visión que amplía los horizontes culturales de la época, maestros y directivos se enfrentan a las preguntas que su tarea les impone: ¿cómo usarlo? ¿Cuándo? ¿Con qué frecuencia? ¿Para qué contenidos? ¿Cómo regular su uso? ¿Qué material proyectar? ¿Dónde y cómo conseguirlo? Abordar las respuestas que se fueron dando a estas preguntas nos permite mostrar en qué sentido el uso del cinematógrafo en la escuela configuró un particular régimen de visibilidad.

---

[148] Sobre esta regla y la regla de secuencia volveremos más adelante.

Es evidente que la incorporación del cinematógrafo, desde su aparición, constituyó un desafío para un sistema educativo que se iba consolidando. En esas primeras reflexiones que miraban cómo "afuera" distintas sociedades incorporaban al cine en la enseñanza, ya se iba planteando una preocupación: ¿qué películas eran pertinentes para las escuelas? ¿Qué criterios formular para su selección? La operación que los sistemas de educación modernos llevaron –y llevan– adelante en relación al qué educar enseguida se puso en juego[149].

En primer lugar, se deja a un lado la "ficción". Si las industrias cinematográficas crecen a ritmo acelerado, y cada vez producen más y más películas para el circuito del entretenimiento, el discurso pedagógico no ofrece señales de haber considerado, en algún momento, el uso de este tipo de materiales. Por el contrario, lo que circula en las escuelas son "vistas", que es como se llamaba a principios de siglo a las producciones cinematográficas de carácter documental (Quintana, 2003: 10). En ese mismo término es posible reconocer ya algunos atributos de estos materiales: de lo que se trata es de *dar a ver* algo que ya ha sido visto –por adultos– y que constituyen fundamentalmente eso: imágenes, representaciones de objetos o fenómenos *reales*. Estas vistas bien pueden inscribirse en el principio presente en las Exhibiciones Internacionales –el de educar a través de lo que se da a ver–, de la que participan también otros dispositivos, como los museos. Acerca de cómo el principio propio de las exposiciones se hace presente en otros procesos educativos, Dussel señala:

---

[149] La demarcación de una línea que separa lo que se puede ver de lo que no, es análoga a las funciones de control que los discursos y las prácticas pedagógicas ejercieron en la educación de este período en otras áreas como la literatura, o en contenido de los textos escolares (de Miguel, 2002; Spregelburd, 2002).

Este modo de representación no sólo fue "aplicado" sobre otros: el "mundo-como-exhibición" constituyó una sociedad del espectáculo, en la cual sólo vale la pena aquello que es digno de ser mirado (Crary, 1990). Esto, a su vez, trae cambios en las formas de percepción; hay una realidad que puede ser observada a la distancia, y que puede conocerse sólo a partir de ella. Al mismo tiempo, la construcción de una mirada occidental específica transformó a todos en potenciales turistas o antropólogos, que veían al mundo como una "representación infinita de una realidad o significado más amplio" y sentían que su persona era una especie de rol o actuación en un escenario cultural (Mitchell, 309). La metáfora de la actuación se extendió a otros ámbitos, en lo que Kirshenblatt-Gimblett llama "el efecto-museo": éste se volvió un modelo para experimentar la vida fuera de las paredes de sus edificios" (Dussel, 2007).

Si bien el cine inscribe su especificidad a la hora de funcionar como un dispositivo técnico que *da a ver*, participa de la serie de prácticas, como los museos, exhibiciones, muestras, exposiciones que enlazan este *dar a ver* con *educar*. Vale quizá aquí retomar la idea de *dar a ver* que planteamos en el Capítulo I, donde señalamos que la enseñanza misma puede pensarse desde el verbo *dar*. La construcción del término *dar a ver* permite enlazar directamente a la mirada con la enseñanza, no sólo desde la voluntad de dominio que puede inferirse en el ver lo que otro me da, de conducción de la mirada, o de las reminiscencias a la pasividad del alumno que trae la metáfora de recibir, como contraparte del dar por parte del alumno (en la metáfora freireana de la educación bancaria se habla del alumno como receptáculo a ser llenado). Enseñar es dar en cuanto regalar, ofrecer, poner a disposición, pasar, legar, y en este sentido se enlaza directamente con la educación como transmisión. El cine, como las otras prácticas señaladas, combinan su capacidad de representación de algo ausente con el gesto de ofrecerlas a la mirada, dispuestas pedagógicamente.

En el momento en que el cinematógrafo es considerado por el discurso pedagógico, su capacidad de hacer ver es inscripta en la serie de dispositivos que se ofrecen a la vista. En el citado trabajo de Sluys (1925), el cinematógrafo es presentado como parte de la evolución del material didáctico, que viene a reemplazar la hegemonía del libro y de la lectura en la enseñanza escolar. Aunque el autor reconoce algunos antecedentes de libros con imágenes, como el *Orbis Sensualium Pictus* de Comenius y algunos manuales ilustrados, serán los trabajos de Rousseau, Pestalozzi y Froebel los que llamen su atención sobre la importancia de la observación directa de las cosas y la vuelta a la naturaleza. Para este autor, las proyecciones luminosas son instrumento de investigación científica y de enseñanza a la vez, al poner "a la vista de todos" aquello que hasta el momento sólo podían contemplar unos pocos[150]. Los verbos *ver* y *conocer* se conjugan juntos (Antelo, M., 2005).

Si nos detenemos en las "vistas" que se dan a ver, quizá aquí pueda aislarse un primer conjunto significativo, donde se puedan identificar series, regularidades o grupos de películas que nos hablen de lo que se puede mirar, de lo que los ojos de los niños pueden ver. ¿Cómo se define, se clasifica o se recorta aquello que las escuelas pueden poner en circulación? ¿Qué mecanismos se ponen en juego para delimitar este conjunto de imágenes que pueden darse a ver? ¿A qué lógica de representación responde? ¿Qué relación mantiene con la gramática escolar? ¿Cómo es que son unos los films que circulan en el espacio escolar y no otros, cuando en el espacio social circulaban muchos otros relatos?

---

[150] "Gracias a la cinematografía, nos es fácil contemplar, sin fatiga ni peligro, la naturaleza salvaje en su grandiosa belleza" (Sluys, 1925: 22).

Atendamos al primer grupo de films considerados como educativos que se desprenden del universo discursivo que *El Monitor de la Educación* echa a rodar a través de las reseñas de experiencias extranjeras:
"Firma de la declaración de la independencia",
"Funcionamiento del canal de Panamá",
"Las aventuras de Alicia en el país de las maravillas",
"Trozando madera en los bosques"[151];
"Desarrollo de la planta: azafrán",
"Desarrollo del animal: aligatores en América",
"Mariposa blanca de la col",
"La mosca azul",
"Visita al Instituto Nacional de Ciegos de Francia",
"Viaje a Canadá"[152];
"Lucha contra la Tuberculosis"[153];
"La reina de las flores",
"Fabricación de guantes",
"Los lagos italianos",
"Los paquidermos",
"Maniobras de escuadra",
"La pesca de las esponjas",
"La vida en el *ranch*",
"El pato goloso" (film cómico)[154];
"El invierno en los Pirineos",
"De Grenoble a Aix",
"Mariposas, avispas y abejas",
"Los pulmones de las plantas",
"Cómo se curan las mordeduras",

---

[151] Los títulos citados hasta aquí se mencionan en "El futuro educacional del cinematógrafo". *El Monitor de la Educación* N° 519, marzo de 1916.
[152] "El cinematógrafo escolar". *El Monitor de la Educación* N° 524, agosto de 1916.
[153] "Un instituto de cinematografía para la enseñanza". *El Monitor de la Educación* N° 526, octubre de 1916.
[154] "El cinematógrafo escolar". 1919. Op. Cit.

"Deportes de invierno en Suecia"[155].

Además de estos títulos, se hace alusión, mencionados de modo genérico a films sobre aritmética, historia, geografía, historia del arte[156]; films cómicos[157]; películas sobre minerales y geografía[158]; serie electoral, serie sobre ahorro[159].

Poco sabemos acerca de estos grupos de títulos. No sabemos en qué consisten, qué es lo que muestran, cómo lo hacen, quién ha tomado estas vistas, si se han tomado especialmente para ser proyectadas en circuitos escolares o en espacios educativos. Pero sus títulos nos ofrecen la posibilidad de inferir algunos atributos. Algunos de los títulos pueden clasificarse dentro de las clásicas disciplinas escolares: geografía, botánica, ciencias naturales, zoología. En ese sentido, quizá no sea errado pensar que amplían el horizonte de estas disciplinas, en la línea de trabajo del uso de imágenes (postales, imágenes fijas proyectadas, ilustraciones) con la lógica de la representación de la naturaleza[160]. Otros de ellos pueden agruparse bajo la categoría "actividades humanas", o, como suelen llamarse, como los que se refieren al funcionamiento de canal, o los que remiten a actividades fabriles, de tala, etc. En ambos casos,

---

[155] *El Monitor de la Educación* N° 558, junio de 1919.
[156] *El Monitor de la Educación* N° 606, junio de 1923.
[157] "El futuro educacional ...". 1916. Op. Cit.
[158] *El Monitor de la Educación* N° 544, abril de 1918.
[159] "Un instituto de cinematografía...". 1917. Op. Cit.
[160] La representación de la naturaleza constituía una preocupación que excedía largamente al cine, y aún a la fotografía. Quintana relata cómo en el renacimiento era la pintura la que se ocupaba, a partir de fuentes como informes literarios o descriptivos, y echando mano a la imaginería popular, de dar forma a aquello que sería el material del conocimiento de la naturaleza, como el famoso rinoceronte de Durero (Quintana, 2003: 29-31). La fotografía, antes que el cine, introducirá sobre la pintura un "acercamiento" distinto, además de ampliar, vía la reproductibilidad, la figura del espectador, a la vez que habilitará una nueva posición para quien se ocupa de producir la imagen. Inscribirá su especificidad sobre las formas perceptivas del renacimiento.

es posible pensar que estas vistas no sólo hacen accesible ciertas escenas de difícil acceso a los escolares, sino que reproducen esa realidad al interior del aula, siendo parte de cierta *función mimética* que la reproducción asumió al interior de la cultura de los siglos XIX y XX (Quintana, 2003).

De los títulos mencionados, queremos destacar aquellos que remiten a un tipo de relato prescriptivo: aquellos acerca del ahorro, de las elecciones o de cómo curar mordeduras. Cabe pensar que bien pueden haber sido producidos con clara intención educativa, dado que asumen cabalmente una de las formas de la interpelación pedagógica de la época. Por otro lado, están los filmes cómicos, y las menciones a la función del entretenimiento en la que el discurso escolar ya repara (retomaremos esto más adelante).

Acerca de los filmes producidos y/o proyectados en nuestro país, pocos son los registros que permiten listar los títulos. En la herencia dejada por la Oficina de Cinematografía Escolar creada en 1930, se consignaban los siguientes:

"Llegada de S.A.R. la Infanta Isabel de Borbón a Buenos Aires",
"Las colonias de Vacaciones en la Capital Federal",
"Mar del Plata, Carhué y Córdoba",
"La Argentina" (6 actos),
"Provincia de Mendoza" (3 actos),
"Provincia de San Juan" (4 actos),
"Los piojos y cómo se exterminan",
"Lo que nos cuenta la pulga"[161].

Por otro lado, la frecuente presencia de registros de proyecciones, y hasta la reseña de la realización de

---

[161] Las tres primeras habían sido realizadas por encargo del Honorable Consejo, las correspondientes a la Argentina y a las provincias habían sido adquiridas a la señorita Renee Oro, y las dos últimas eran de la marca Danonk de Berlín. Luciani, I.,1937: 82.

una Exposición de Cinematografía Escolar en la Capital Federal[162], así como la reseña de creación de distintos organismos dedicados a la producción de material para proyectar[163], permite construir una lista, si no de títulos, al menos de temas alrededor de los cuales se organizan esas vistas: películas ilustrativas de la naturaleza de nuestro país (chacra argentina, siembra y cosecha del trigo; Cataratas del Iguazú, Los Andes en toda su extensión, nieves perpetuas, glaciares ventisqueros, aludes, morenas, el Aconcagua, los lagos Nahuel Huapi, Correntoso, Traful; Tierra del Fuego, sus costas y sus montañas, el Monte Sarmiento y el Monte Olivia, glaciares, icebergs, témpanos, Ushuaia, focas, elefantes y lobos marinos); tecnología e industrias, deportes, historia natural, geografía; películas de carácter didáctico que incluyan dramatizaciones de fábulas, anécdotas, pasajes históricos y manifestaciones folklóricas; o clasificaciones del tipo: "a) películas ilustrativas en general, que respondan a cursillos o ciclos completos de enseñanza; b) películas sobre temas aislados, útiles para ilustrar las clases del maestro; c) películas que proporcionen en general, beneficios científicos, estéticos, espirituales y morales, y que contribuyan a enriquecer la cultura de los educandos"[164].

---

[162] Reseña que releva los comentarios de la profesora Rosario Vera Peñaloza de dicha muestra. "Exposición de cinematografía escolar". *El Monitor de la Educación Común* N° 725, mayo de 1933: 105.

[163] Hacemos referencia a reseñas como la que recoge la creación de una organización llamada "La Hora del Niño", en el artículo titulado "Cinematografía escolar". *El Monitor de la Educación* N° 767, noviembre de 1936: 90, dedicada a la preparación y proyección de material educativo para niños, la creación de una cineteca escolar en el Consejo Escolar 1° ("Cineteca escolar". *El Monitor de la Educación* N° 892, octubre de 1939: 79), o la creación de un servicio oficial de cinematógrafo escolar por el Consejo General de Educación de la Provincia de Santa Fe ("El cinematógrafo escolar en Santa Fe". *El Monitor de la Educación* N° 835, julio de 1942: 85).

[164] Incluida en la reseña sobre la cineteca de la Provincia de Santa Fe citada en la nota anterior.

En relación a las proyecciones que se realizaron de este tipo de filmes, el Libro de Oro del Normal N° 1 de la ciudad de Rosario reseña que entre las sesiones cinematográficas que se llevaron adelante entre 1931 y 1934, figuran los siguientes títulos: "El oro negro" (sobre la producción petrolífera en Comodoro Rivadavia); "Napoleón y la Revolución Francesa"; "Donde el algodón es rey"; "La Argentina y sus grandezas"; "A través de los Andes"; "El país de los rascacielos"; "Viaje por Palestina"; "La pesca del salmón"; "En el corazón del desierto"; "El paludismo: anopheles masculipenis, germen productor de la enfermedad" (esta última de propiedad del Instituto Bacteriológico del Hospital Centenario)[165].

Por otro lado, en una autorización a alumnos a concurrir a ver films, invitados por Max Gluksman y Enrique Rays, hombres de la incipiente industria cinematográfica y musical argentina[166], se establece que los niños podrá ver "escenas históricas y geográficas –con preferencia, argentinas– de enseñanza moral, de ciencias naturales; cuadros industriales, vistas de ciudades y monumentos; retratos de prohombres, vistas de actualidad y otras que pudieran interesar a los alumnos", excluyendo expresamente las "vistas que puedan contener sugestiones malsanas o vulgares y sangrientas", todo bajo la supervisión previa del director[167].

Lo que se desprende a primera vista de estos títulos es que la opción tomada para hacerle lugar al cine en las aulas se inscribe dentro del naturalismo como modo de representación.

---

[165] *Libro de Oro del Normal N° 1 de Rosario*, editado en Rosario en 1938.
[166] "Cinematógrafo para niños". *El Monitor de la Educación* N° 475, julio de 1912. Sección Administrativa.
[167] El Archivo General de la Nación aloja la colección Gluksman, con películas que van desde los inicios de su actividad como empresario del cine hasta 1912. Sin embargo no se encontraron indicios que hicieran suponer que alguna de esas películas fueran las proyectadas en las escuelas.

Inscripta en la tradición positivista, estos títulos permiten inferir la decisión de tomar del arte cinematográfico aquello que respondía a la búsqueda de la "objetividad científica"[168]. Vale aquí recordar que el cine no nació de la voluntad de hacer presente el mundo, sino desde la visibilidad que ofrece el propio mundo (Quintana, 2003). Sin embargo, en los primeros treinta años de su existencia, el lenguaje cinematográfico fue capaz de discutir y cuestionar un modo dominante de representación, fundamentalmente a través de sus desarrollos ligados a vanguardias estéticas más amplias. En la búsqueda por afinar, pulir o interrogar las incipientes formas de narrar a través de la imagen en movimiento, desde sus inicios el cine resignifica de diversos modos la lógica de la representación y se abre a cuestionar formas sedimentadas, como las presentes en el realismo naturalista (Gruner, 2001; Pezzela, 2004). Llamamos la atención para poner en evidencia que, a través del listado de títulos presentados, el discurso pedagógico no se permite transitar por estas interrogaciones.

El ojo que mira en la escuela

La falta de mención a quién o quiénes tomaron las vistas (en el caso de Gluksman sólo aparece el nombre en la resolución, sin mención alguna a su actividad) da a pensar en la poca importancia otorgada a la dimensión subjetiva presente en esta tarea, dimensión que pone en juego el carácter de construcción de la representación presente en toda imagen cinematográfica[169].

---

[168] "Todo conocimiento de la realidad social no se reduce a una mera operación cognitiva, sino que es también, como nos advierte Bourdieu, una operación sociopolítica que siempre implica un reconocimiento y/o desconocimiento de aquello que se quiere conocer" (Santamaría, 1997: 42).

[169] "En la medida en que los acontecimientos son vistos por una persona que no posee una existencia en la imagen, el film documental puede ser recibido por ciertos grupos sociales como la realidad en estado bruto, realidad que no es sometida a la manipulación de ningún tercero" (Jost, 2002: 54).

Si bien los textos fílmicos documentales suelen sostener un régimen de transparencia en relación a lo que muestran, régimen que ha obstaculizado y diferido que el lenguaje cinematográfico asumiera su función política al controlar la esfera de visibilidad de un hecho o fenómeno, en sí mismas estas vistas bien pueden poner en evidencia "la idea de que toda imagen documental que nace como prueba del mundo acaba transformándose en un discurso sobre el mundo" (Quintana, 2003).

Sin embargo, no fue precisamente el discurso escolar una superficie permeable a reconocer la capacidad de hacer el mundo que posee la "observación" de lo real. Quizá por ser presa de otros constreñimientos acerca de lo que da a ver, el modo en que la cinematografía fue considerada dentro de la escuela está más cerca de inscribirse dentro de lo que en la literatura se denominó *realismo genético*: aquel realismo que parte de la confianza suprema en la relación que el escritor establece con el mundo de su entorno, y que será filtrado mediante la observación y reproducido del modo más fiel posible (Quintana, 2003: 37). El cinematógrafo, junto con la fotografía, viene a complejizar todavía más esa reproducción al introducir tecnológicamente al mundo en su propia materialidad en la obra (hecho que en la literatura como en la pintura estaba mediada por el lenguaje que la asumía). La reproducción tiene en ellas un doble aspecto: la reproducción físico-química del registro sobre el celuloide y la reproducción en copias del original. Este régimen de analogía, como lo llama Barthes, enfatiza aún más la idea de la reproducción mecánica del mundo y hace más difícil la emergencia del sujeto que mira a través del lente y que deja sus marcas subjetivas en ese registro[170].

---

[170] Sánchez Moreno llama "fracaso de la perspectiva renacentista" a la invisibilización del sujeto que la representación moderna sufre, y que se refuerza con la fotografía como máquina de la visión: "La aporta-

Ahora bien, en el discurso pedagógico, la no mención al carácter de construcción de lo que se da a ver no implica, de ningún modo, la falta de preocupación por quién produce esas imágenes. Por el contrario, encontramos continuas referencias a la necesidad de producir "vistas", o cine educativo, y así como referencias a los organismos dependientes de los Ministerios de Educación que, en otros países, se dedicaron a la producción y puesta en circulación de material fílmico producido *ad hoc*. No sabemos en nuestro país cuál fue la envergadura y el destino del material específico que se produjo. Pero sí sabemos que *El Monitor* refrendó en muchas oportunidades que sea personal especializado y dedicado a la educación el que se ocupara de producir ese material. Tanto en las reseñas extranjeras como en las noticias nacionales es posible observar una importante preocupación sobre el contenido del material a proyectar, al punto de ligar el éxito de la incorporación de esta tecnología en el aula a la existencia de circuitos de producción y distribución.

Lo llamativo aquí es que esta preocupación no tiene que ver con el reconocimiento de saberes ligados al lenguaje cinematográfico, al montaje, a los encuadres, sino directamente con la necesidad de la presencia de personal que maneje las coordenadas pedagógicas en la producción de dicho material y que lo proyecte atendiendo a la dinámica de una clase. Esta preocupación, si bien está presente desde las primeras reflexiones sobre cómo incorporar el

---

ción radical de la perspectiva como tecnología del conocimiento era que permitía objetivar a la vez la realidad y el sujeto desde el que se formula esa realidad. El gran fracaso de la perspectiva reside en que siendo condición para afirmar con rotundidad la fuerza de una mirada situada, acabará confirmando una mirada sitiada, paralizada, inmovilizada, mero instrumento que puede servir para cualquier fin" (Sánchez Moreno, 2007: 18). Y más adelante agrega: "La fotografía es la que va a sentar las bases de esa familiaridad patológica que establecemos con las imágenes propias de la modernidad" (2007: 22).

cinematógrafo al aula, fue creciendo a lo largo del correr de los años, y entrando cada vez más en las claves del discurso pedagógico de la época.

A modo de ejemplo se pueden mencionar los llamados a que sea el normalismo el que participe en la producción de las películas, por portar saberes específicos acerca de la enseñanza que los directores y editores no poseen, aunque se dediquen a la producción de cinematografía escolar, frente al problema de que los maestros tengan que recurrir al circuito comercial en búsqueda de películas para proyectar en las aulas[171].

Más adelante, otro ejemplo de cómo esta preocupación era parte de las dificultades que en nuestro país se encontraban para la producción de material se ve en la evaluación que Ida Luciani realiza de los cursos de cinematografía para docentes impartidos en la década el '30:

> "... noto una laguna lamentable en lo que respecta a los requisitos que deben reunir las películas didácticas, a la forma como debe escribirse el argumento, plan o guía de una película escolar y el texto de los folletos educativos y cuestionarios de las mismas, en qué casos es necesario el empleo de los primeros planos y del dibujo animado, cuándo debe emplearse el 'ralenti' y cuándo el movimiento acelerado, la cinematografía microscópica y radioscópica, el trazado de mapas que se forman a la vista del espectador, la preparación de trabajos plásticos para los 'trucos' cinematográficos, el rotulado y otras nociones más. Para impartirlas no basta dominar el asunto, se requiere también un profundo conocimiento de la psicología infantil y de los resortes didácticos que hacen eficiente el empleo de los medios ilustrativos del moderno material de enseñanza, lo cual sólo se consigue después de haber atesorado experiencia en varios años de enseñanza en diferentes grados"[172].

---

[171] "El futuro educacional ...". 1916. Op. Cit.
[172] Luciani, I., 1937. Op. Cit.

En el mismo artículo se comenta la existencia de una serie de planes para filmar películas argentinas realizados por Rosario Vera Peñaloza desde 1918, que en 1931 se pusieron a disposición del Consejo Nacional de Educación. Estas referencias hacen pensar que la producción de material educativo constituía un problema que excedía cuestiones presupuestarias, y que tenía que ver directamente con la inclusión de las vistas cinematográficas en un régimen de visibilidad específicamente escolar. Parecía que el éxito estaría dado en la confluencia de un sinnúmero de factores: la posibilidad de la existencia del equipamiento tecnológico, los recursos económicos necesarios y el dominio tanto del lenguaje cinematográfico como de las coordenadas de la enseñanza escolar.

Una invitación a presentar trabajos realizados por maestros para una exposición organizada por el Instituto Superior de Cultura del Magisterio en la década del '40 hace pensar que había maestros que se enfrentaban a estos desafíos. La convocatoria, publicada en *La Obra*, tiene por objetivo "estimular a los maestros, propender a su cultura y favorecer el constante perfeccionamiento de la escuela primaria". Hace explícito que se dirige a trabajos teórico-prácticos del área didáctica, e incluyen, entre otros, "aplicaciones escolares que puedan darse de elementos de progreso, como cinematografía, radio, telefonía, fonografía, bancos, comercios, etc."[173].

Por otro lado, la dimensión subjetiva presente en el cine no es privativa de quien ordena la representación, sino que incluye también a la subjetividad de quien mira esa imagen. Tal como lo planteara Foucault en su trabajo sobre *Las meninas*, las formas modernas de representación

---

[173] "El Instituto Superior de Cultura del Magisterio organiza una exposición". *La Obra*, Año XX, Nº 345, agosto de 1940: 480.

traen consigo la inclusión del *espectador* en la construcción de sentido de la obra (Foucault, 1998).

Didi-Huberman en su texto *Lo que vemos, lo que nos mira*, establece, en primer lugar, que el mirar se enfrenta a una escisión, a un vacío: lo que el objeto mirado devuelve no es sino una mirada dirigida a quien mira, y es en el encuentro, en el momento del *entre* donde se juega la economía de lo visual.

> "El acto de ver no es el acto de una máquina de percibir lo real en tanto que compuesto por evidencias tautológicas, ojos que se apoderan unilateralmente del don visual para satisfacerse unilateralmente con él. Dar a ver es siempre inquietar el ver, en su acto, en su hendida, inquieta, agitada, abierta. Todo ojo lleva consigo su mancha, además de las informaciones de las que en un momento podría creerse poseedor." (2006: 47)

Este autor reconoce dos actitudes diferentes, dos ejercicios de la mirada distintos entre sí, pero que comparten el rechazo por la "evitación" del vacío, por el no reconocimiento de esta inquietud que supone la presencia de un sujeto, y los denomina la *tautología* y la *creencia*.

La experiencia de ver se convierte en un ejercicio de la *tautología* cuando se toma la actitud de atenerse a lo que se ve, cuando se decide no ir más allá de lo que se ve como tal y se postula el resto como inexistente, cuando se recusan las latencias del objeto de nuestra mirada y se afirma el triunfo de la identidad manifiesta de ese objeto mismo: eso que veo *es* lo que veo (21). Lo que se impugna es la dimensión temporal, la metamorfosis opera sobre aquello que vemos, el trabajo de la memoria en la mirada. Como si existiera una correspondencia absoluta entre lo que es y lo que se da a ver, como si viéramos las cosas tal como son, o mejor dicho, como si lo que las cosas son y su imagen fuera lo mismo.

La otra actitud consiste en hacer de la experiencia de ver un ejercicio de la *creencia*. La cuestión aquí no es quedarse más acá de la escisión o el vacío sino de ir más allá: es cuando la mirada se ordena en un modelo ficticio que establece una verdad superlativa, cuando lo que vemos es eclipsado o superado por la instancia legislante de un *invisible* de prever. Este ejercicio se hace a menudo presente en la actividad de producir imágenes, como, por ejemplo, en el papel que han cumplido las imágenes en el universo de la creencia cristiana, donde la mirada se ordena a partir de un trascendente que la excede y a la vez la dirige. Ambos ejercicios, caras de la misma moneda, suponen una victoria del lenguaje sobre la imagen, en cuanto clausuran toda posibilidad de que una imagen, en cuanto nos mira, opere sobre nosotros, nos inquiete.

La postulación de un ejercicio escolar –particular– de la mirada nos obliga a hacer un esfuerzo por el establecimiento de sus atributos, y este abordaje puede resultar útil para ello. A partir de lo propuesto por Didi-Huberman, es posible reconocer cierto ejercicio de la tautología en la operación escolar de dar a ver este tipo de "vistas". Aún sin la posibilidad de haber accedido a ellas, los nombres dan cuenta de un ejercicio descriptivo, de un principio de naturalismo, que si bien estaba ya presente en la dinámica del aula a través de relatos, textos o imágenes fijas, el cinematógrafo consigue explorar, ampliar, descubrir.

Nada hace pensar que se dude que las cosas son tal como las muestran esas imágenes: por el contrario, son las imágenes las que muestran las cosas tal como *realmente* son, y el ojo del cinematógrafo aísla, recorta, amplía, focaliza, describe en sus detalles, descubre de un modo nuevo frente a nuestros ojos. Lo que el cinematógrafo da a ver son imágenes que, sin él, por su inaccesibilidad, no podrían ser parte de la transmisión escolar sino por una pobre mediación desde la explicación o desde la cultura libresca (Sluys, 1925), tal como puede apreciarse en una noticia donde, bajo el título "La cinematografía de la voz", se releva que se han tomado imágenes cinematográficas del funcionamiento de la laringe y las cuerdas vocales, haciendo posible a la vista aquello que hasta el momento estaba vedado para ella[174]. Pero ninguna de estas vistas pone en duda que aquello que se ve es tal y como se lo ve. O, como puede inferirse en los títulos de los films citados, se hace referencia a lejanos paisajes, salvajes faunas, actividades propias de medios agrestes o rurales, insectos pequeños. Se dan a ver imágenes que muestran, que describen, que amplían el campo de la mirada; imágenes que muestran las cosas como son: lo que se ve *es* lo que se ve. El ojo del escolar es un ojo limpio, sin mancha. La máquina escolar y la máquina visual se potencian y se hacen una, dejando por fuera cualquier tipo de actividad subjetiva.

La mirada escolar y su enclave pedagógico-conceptual

Si la escuela de principios del siglo XX se apoyó en la herencia del positivismo decimonónico, ésta se combinó y potenció con el conjunto de discursos psicológicos, médicos y filosóficos que confluyeron en el discurso pedagógico de la época, que, si bien no constituyeron un todo homogéneo, funcionaron hegemónicamente, aún con sus matices, en la configuración del discurso pedagógico (Puiggrós, 1994; Carli, 2002). Entre ellos, sobresalen algunos elementos ligados al ejercicio de la mirada entre las fuentes revisadas, que pueden aportar a configurar los fundamentos de un régimen visual escolar:

---

[174] Presente en la Sección de Información Extranjera del *El Monitor de la Educación* N° 479, noviembre de 1912.

a) un tratamiento a la vez científico e higienista de la función de la visión, donde se hacen explícitos para los actores educativos la fisiología del ojo y sus enfermedades, y su directa relación con las posibilidades del aprendizaje y el éxito o fracaso escolar[175]. Desde ellos, se despliegan consideraciones sobre el papel de la herencia en el daltonismo y la ceguera, a la vez que se prescriben indicaciones sobre la luz en las aulas, el tamaño de las letras, el color del pizarrón, etc.: el control de todos aquellos factores escolares que pueden influir en una visión defectuosa o provocar alguna enfermedad. El marco de este tratamiento se constituye a partir de las posiciones biologicistas que distinguen el pensamiento pedagógico de principios del siglo XX (Carli, 2002).

b) La centralidad de los sentidos en la educación, y entre ellos la centralidad del sentido de la vista para el desarrollo de la intuición. Desprendido de los principios pestalozzianos, se entiende por intuición mirar, fijar los ojos, observar, contemplar, examinar. Los ejercicios de intuición o enseñanza por el aspecto hacen referencia, justamente, a conocer las cosas por la vista, la visión clara, directa, la percepción neta de los objetos, el conocimiento de los hechos y los fenómenos por el sentido de la vista[176]. También extendida al resto de los sentidos desde la intención de la

---

[175] Nos referimos a "La mala visión de los niños atrasados". *El Monitor de la Educación* N° 501, setiembre de 1914: 507; "La miopía". *El Monitor de la Educación* N° 498, junio de 1914; "La Visión". *El Monitor de la Educación* N° 636, diciembre de 1925: 280-287; "La visión del relieve". *El Monitor de la Educación* N° 604, abril de 1923.

[176] En el texto de Sluys (1925), el método intuitivo se presenta de la mano de las ciencias y la enseñanza experimental. Este autor señala que "Los progresos de la fotografía han favorecido la enseñanza intuitiva por el procedimiento de las proyecciones luminosas" (1925: 14) y permiten "transformar el aula en una cámara oscura, para en ella proyectar", haciendo posible observar cosas que es útil mostrar bajo esta forma (1925: 15).

percepción exacta de un color, un sonido, una textura o un sabor, las intuiciones sensibles o la enseñanza por los sentidos, tal como las postulara Pestalozzi, son lecciones que se aprenden, se ejercitan. Es necesario "educar" los órganos de los sentidos desde la primera infancia, de modo de "desentumirlos, de aguzarlos, de vigorizarlos", de modo de conducir a la "formación del hábito de la observación", "porque si no hay observación detenida tampoco pueden apreciarse los múltiples aspectos que las cosas suelen presentar, si no hay observación detenida, tampoco puede haber raciocinio sólido"[177]. Para Pestalozzi, la intuición, como revalorización de la experiencia directa, cumple en el campo cognoscitivo el objetivo de ser el fundamento de todos los conocimientos, incluso el más abstracto (Abbagnano y Visalberghi, 1982). Cabe señalar que la relectura que el positivismo argentino realiza de la obra de Pestalozzi la asimila a mecanismos de homogeneización y de control, que la exceden (Puiggrós, 1994).

c) La necesidad de la educación de los sentidos, la idea de hacer de la observación un ejercicio, y la presencia de la intuición como modo de conocer se vuelven centrales al universo de cognitivo de la escuela. A lo largo de las primeras décadas del siglo se hacen presentes no sólo en relación a las imágenes que puede proporcionar el cinematógrafo, sino que configuran una economía visual que incluye también al arte, la naturaleza, los mapas, las ilustraciones de los textos[178]. La escuela reafirma el profundo vínculo que

---

[177] Bassi, Angel. "Tercer Principio Pestalozziano". *El Monitor de la Educación* N° 489, setiembre de 1913.

[178] *El Monitor de la Educación* ofrece múltiples referencias acerca de la centralidad de los sentidos. Señalamos algunos artículos que se ocupan de ella explícitamente: Ravaisson-Mollien, F., "El arte en la educación" (N° 357, noviembre de 1902); Olivé, E.R., "La educación de los sentidos" (N° 330, agosto de 1900); Hartmann, F.G., "Principios artísticos de la escuela popular" (N° 352, junio de 1902). En relación al ejercicio de la observación, aparece presente en la mayoría de los artículos que

existe entre ver y saber, presente en el pensamiento moderno. Si bien en su seno la cultura letrada ocupa un lugar central dentro de las formas de ver que propone –donde las imágenes ocupan una posición subordinada (Abramowski, 2007)–, la relación entre vista, experiencia y pensamiento ya estaba presente en los debates filosóficos que la hacen posible. En la "Carta sobre los ciegos para uso de los que ven", escrita por Diderot en 1749, ya se plantea que "tal vez el ojo tenga que aprender a ver como la lengua a hablar" (2004: 106), desnaturalizando la relación sentidos/pensamiento e introduciendo la necesidad no sólo de ejercitar la vista sino también el cerebro (Antelo, M., 2005).

d) La introducción de tecnologías de la visión en el escenario escolar, esto es el camino comenzado con la utilización de linternas luminosas o "mágicas" y continuado por la presencia del cine, utilizando juegos de luz y oscuridad en las proyecciones que se realizaban en el aula, constituye un modo de, a la vez, enfatizar una gramática visual epocal y darle especificidad a través de un dispositivo particular. La creciente centralidad del papel de la escuela en la transmisión de formas legitimadas de conocer y su expansión como institución otorgan un particular estatuto a la imagen: la hacen pública y "común", al ser compartida por todos los alumnos a la vez. El cinematógrafo conserva esta dimensión común –la de ser proyectada para todos, y luego recuperada– y a su vez la amplía, al potenciarse con lo que representaba culturalmente: un lenguaje masivo, de amplia circulación en la población.

La formulación de este régimen visual-escolar relevado hasta aquí, en estas primeras tres décadas, quizá también necesite ser pensada desde un horizonte más amplio todavía: el del modo que las instituciones escolares

---

incluyen al cinematógrafo. En el capítulo que sigue nos ocuparemos de aquellos que, en esta línea, propician una educación estética.

se articularon con otras instituciones y con un régimen de verdad y visibilidad que las incluía y las excedía a la vez. Dentro de esta función, el vínculo cine/escuela, pensado al interior de ésta, se configura por:

1- su tratamiento didáctico es análogo al que reciben otros productos de la cultura, como la literatura y las artes plásticas (dibujo, modelado, etc.), pero sin otorgarle el status de arte, o de considerarlo como una práctica que configura un horizonte estético para quien la consume. Una revisión de artículos que se preocupan por el arte y/o la cultura estética en la escuela no da cuenta en ningún momento de que se ubique al cine en estos órdenes, donde sí aparecen el dibujo, la pintura, la literatura, la escultura, ligadas a un canon clásico de obras y presentadas como parte de la educación estética del niño, en la búsqueda de la belleza[179]. Si bien es parte de un debate el otorgarle al cine el estatuto de arte (de Azúa, 2002), basta pensar en la importante cantidad de películas ligadas a las vanguardias artísticas que se producen en este período. Lo que se "filtra" no es sólo una gramática visual sino un pedazo de la cultura de la época.

Por otro lado, cabe señalar que el tratamiento que el arte recibe en la escuela está de por sí procesado o filtrado: en el citado artículo de Fusoni se deja muy claro que lo que importa no es enseñar el arte del dibujo, o de la palabra o el sonido, "no es el propósito ni la facultad de dar al individuo una habilidad especial en la reproducción de las formas por el

---

[179] Fusoni, Fernando, "El arte en la escuela", publicado en cuatro partes en los Nos. 470, 471, 472 y 473 de *El Monitor de la Educación* de febrero a mayo de 1912; Guillen, C., "Educación estética". *El Monitor de la Educación* N° 484, abril de 1913; Molitor, J., "El arte en la escuela y la cultura estética". *El Monitor de la Educación* N° 492, diciembre de 1913; Barrenechea, M.A., "Principios elementales de estética", publicado en dos partes en los Nos. 689 y 690 de *El Monitor de la Educación*, mayo y junio de 1930.

dibujo...", lo que importa es que esas impresiones diversas que interesan a los sentidos cooperan a un mismo propósito de educación, "con las fuerzas bienhechoras de las cosas bellas". El articulista de *El Monitor* afirma con contundencia que:

> "Nadie podrá decir con certeza si, en la educación estética del niño, tiene más importancia la vista de una obra de arte maravillosa que detiene su mirada sorprendida, ó el felpudo que halla en la puerta y, obligándole á repasarse los piés antes de entrar á la escuela, le insinúa sencilla y silenciosamente una lección de aseo, de cultura y de respeto al local que penetra"[180].

2- La no inclusión del cine ficcional producido por la industria y de amplio acceso a la población no significa que la escuela niegue al espectador emergente en la época. Por el contrario, lo que se pone en juego son los mecanismos de producción de un espectador educado, orientando los registros de observación y reflexión, instalando un régimen escolar de la mirada. Si bien esa formación cultural se da básicamente centrada en la cultura letrada, se refleja en los debates y en las orientaciones alrededor del cine que se busca su correspondencia con un orden más amplio, donde la cultura es a la vez, tradición, ciencia y progreso, y será en todo caso con los ojos del sujeto escolarizado con los que se propone acceder al "afuera" escolar.

3- La combinación de un ejercicio de la mirada con un orden didáctico y disciplinario bien puede producir lo que Didi-Huberman (2006) denomina el ejercicio de la *creencia*, en las formas de mirar a través del cinematógrafo que promueve la escuela, en cuanto universo previo que legisla su finalidad. Las operaciones que se ocupan del cómo, el cuándo, el con quién mirar, insertas dentro de las coordenadas espacio-temporales, curriculares y morales

---

[180] Fusoni, F., Op. Cit., p. 247. La cita está escrita en mayúsculas en el original.

de la escuela, dan por resultado una mirada con poca o nula capacidad de interpelación o inquietud.

En el caso de la particular influencia positivista, vale aquí ubicar el papel de la escuela en el proceso más amplio de regulación social. Como señala Carli: "A través de la difusión de la escuela, del estudio del alumno y de las tecnologías didácticas creadas, los discursos educativos positivistas procedieron a *suturar* la diversidad cultural, la desigualdad social y la pluralidad ideológica constitutiva de la generación infantil. Ese ejercicio de sutura no sólo permitía ligar lo diverso y desigual, sino que posibilitaba comenzar a tejer una nueva trama cultural" (2002: 100, cursiva en el original).

Estos señalamientos constituyen el marco en que el cine es recibido dentro de la escuela a la vez que lo exceden, porque son rasgos del pensamiento pedagógico en sí mismo. De algún modo, *el cine, en la escuela, se mira con los ojos que la escuela mira*, y la escuela mira con los ojos de una época: los enclaves políticos, filosóficos y científicos de una voluntad de dominio se hacen presentes en ella.

En otro sentido al que seguimos aquí, Carli ha planteado que el ejercicio de mirar también puede ser pensado, desde el traslado al espacio educativo del arsenal teórico y la tecnología positivista tomada de las ciencias naturales, en relación al niño como *objeto de observación* de quien se educa para y a través *del ejercicio de la mirada*: el maestro normal (2002: 96). Y más allá del positivismo, el "panoptismo" propio de las instituciones modernas y presente en la organización del espacio escolar desde su configuración (Dussel y Caruso, 1999) otorga un lugar central a la mirada en el orden escolar. Una mirada dentro de otra mirada, una tecnología dentro de otra tecnología, hacen del encuentro entre cine y educación una articulación específica, un *entre* singular y propio que no se reduce fácilmente a unas reglas del buen mirar.

Cine, cultura y curriculum escolar

El pasaje por los modos de encuentro entre escuela y cine en este período, tanto en la pedagogía triunfante como en aquéllas que no llegaron a buen puerto, pone en evidencia que este vínculo tuvo más de una alternativa: se jugó tanto en la didáctica como en la psicología educativa, formación docente y el currículum. Una primera conclusión bien podría ser el señalamiento de la "incorporación" del cinematógrafo al escenario escolar en los mismo términos en que la pedagogía se configuró: aislando una porción de la cultura, la "legítima", la consecuente con el proyecto político más amplio, y transmitiéndola a través de mecanismos a la vez productivos y disciplinadores, en vistas a un ideal de hombre y ciudadano. En las operaciones que se producen al interior del discurso escolar, el cine se acomoda al tratamiento que recibieron otras innovaciones y otras artes, no pudiendo quizá inscribir nada de lo que traía como propio al escenario que lo incluía.

Cabe aquí abrir un paréntesis para señalar que ese modo de "tramitar" el cine tuvo otras alternativas, que quedaron en el camino. Atendamos por un momento lo que sucedió con el currículo del nivel medio en la década del '20. La escuela secundaria, que bien podría haber sido el espacio de tramitación de los adelantos tecnológicos propios de la sociedad, tomó otros caminos en la configuración de su curriculum. De los debates sobre los sentidos de éste, lo que se instaló como posición triunfante fue un curriculum humanista, construido en la alianza de la cultura letrada humanista y el normalismo (Dussel, 1997). Se ordenó alrededor de un canon cultural con fuerte exclusión de la cultura contemporánea, concentrándose en el mandato estatal de formar el espíritu público:

"El canon que se afirmó sobre esta base de republicanismo, laicismo y tradicionalismo cultural y pedagógico, provee indicios de las bases sobre las que se construyó la *autoridad cultural* en la Argentina, sobre qué inclusiones y exclusiones se fundó, y qué formas fue adoptando y cuáles desechando. La no inclusión del trabajo, la desconfianza de la cultura contemporánea, la negación de la voz adolescente, el predominio de las formas y corrientes científicas y estéticas menos dinámicas son elementos que fundaron un tipo de dominio cultural que permitió escasamente el experimentalismo y que conformó un tipo de ciudadanía, si no premoderna, al menos anti-liberal, sin sujetos individuales ni ética que la sustentaran. Quizá ahí esté una de las fracturas constitutivas de nuestra cultura política y de nuestra cultura escolar." (Dussel, 1997: 153)

En las voces disidentes –o, más bien, en los proyectos de enseñanza media que no prosperaron–, es posible encontrar algunas referencias a otro trámite posible de la modernidad tecnológica. Nos referimos al proyecto de reforma Saavedra Lamas[181], donde se incluye en la escuela intermedia al trabajo manual como innovación, y donde es posible encontrar, entre las actividades ofrecidas a los varones: "galvanotécnica, instalaciones eléctricas, manipulación del cinematógrafo y otros aparatos de proyección (...), telegrafía y telefonía; dibujos decorativos, letreros artísticos, vitraux, modelado; artes gráficas, linotipia, fotografía; soldadura, montaje de artefactos, instalaciones eléctricas" (Dussel, 1997: 116). Tal como lo señala la autora, es sorprendente que muchos adelantos, a muy pocos años de instalarse en la sociedad como bienes de consumo, ya fueran parte del curriculum escolar, incorporando una formación laboral vinculada a ramas muy dinámicas para

---

[181] La reforma Saavedra Lamas, aplicada entre el 16 de marzo de 1916 y el 22 de febrero de 1917, fue formulada por Víctor Mercante, y contiene rasgos utilitaristas y psicologisistas propios de los desarrollos e investigaciones por él realizadas.

la época. Pero, aún incorporando claves de la modernidad tecnológica, esta propuesta no se escindió del proyecto más amplio que daba las espaldas a la cultura popular, por lo que la separación entre tecnología y lenguaje cultural se mantenía presente. De cualquier modo, ni siquiera de este tipo de propuestas consiguieron su lugar en las prácticas pedagógicas de la época.

En este sentido, las metáforas del adentro y el afuera escolar, o el establecimiento de una línea de demarcación entre lo que podía ser parte de la escuela y lo que la amenazaba, resultan claras para hacer ver tanto un tipo de configuración del discurso pedagógico como un vínculo histórico entre éste y otros rasgos de la cultura.

Sabemos que el riesgo que puede plantear este tipo de análisis es cierta escisión entre el afuera y el adentro escolar que niegue, por un lado, la configuración histórica de esa gramática, y, por otro lado, que no permita visualizar el impacto que una determinada configuración de las instituciones educativas poseen en el conjunto de la cultura social.

El concepto de cultura escolar formulado por Viñao puede venir en nuestra ayuda (Cfr. Capítulo I). Cabe recordar aquí que la cultura escolar hace referencia a una forma de la cultura a la que sólo se accede por medio de la escuela, "una creación específica de la escuela que, vista así, deja de ser considerada un medio que se limita a transmitir saberes o conductas generados en el exterior de ella, sino saberes y conductas que nacen en su interior y llevan marcas características de dicha cultura" (Viñao, 2002). El cine dentro de la escuela estaría sufriendo una especie de "conversión", una adaptación y reconfiguración que implica no sólo un modo de mirar distinto al que sucede fuera de ella, sino el ser parte de un dispositivo de neto corte pedagógico. En este sentido, algo de lo que el cine introduce deja sus marcas en la gramática que lo recibe (aunque estén lejos estas marcas de ser las mismas que el cine deja en cuanto tal, más allá de la escuela). Por otro lado, la resultante de este encuentro no se limita al tiempo/espacio escolar, sino que impacta tanto en su interior como en la sociedad donde éste tiene lugar. Nos referimos aquí al aporte de las instituciones escolares a la configuración del *espectador*.

Si la escuela ha tenido la capacidad de ser productora de sujetos, la inclusión del cinematógrafo en su seno, aún con las regulaciones que en este capítulo se plantearon, sumadas a la participación en un régimen de visibilidad epocal, pasa a ser parte de esa particular "producción". Queremos decir con esto que la educación escolar pasa a ser parte de la mirada del ciudadano educado: como máquina de educar constituye una máquina de la visión –algo así como una máquina de producir miradas sobre la realidad–. Lo que ella "produce" no puede escindirse de los modos de mirar que están presentes en la sociedad de la época, lo que no quiere decir que sean únicos, puros, o los únicos dominantes.

Capítulo III
El cine y la educación de las masas

"No hay criatura de diez años que no posea una idea bien definida de la geografía de Estados Unidos, de su orografía, sus cañones, sus ríos, sus desiertos, lagos, bosques y llanuras heladas; y podría precisar, sin temor de yerro, qué especies vegetales se alzan en sus desiertos de arenas, qué carácter poseen los bosques de las zonas frías. Sabe cómo se fragua el hierro, conoce al dedillo la explotación de yacimientos de oro, y tampoco ignora dónde y cómo se efectúan las grandes pesquerías de salmón.
Nuestro chico argentino no aprendió todo eso en los textos, sino en el libro abierto del cine. La vida desarrollándose al vivo sobre una naturaleza también vibrante de interés, es lo que la pantalla ofrece sin parangón al escolar de todas las edades. Los nuestros conocen bastante mejor la geografía e industrias norteamericanas que la nuestras. Démosles films nuestros, de la tierra, y hagámoslos si ni los tenemos. No es indispensable que sean teatrales: la naturaleza y el trabajo del hombre, tal cuales, poseen dramaticidad sobrada para despertar toda la atención del niño".

Horacio Quiroga, *Cinematógrafo infantil.*

"Pensad, sobre todo, que no basta matar al ladrón o prenderle; es mejor no verle."

Víctor Mercante, *El cinematógrafo*

Ni los hermanos Lumière ni "el mago de Menlo Park" vislumbraron, en sus búsquedas y cavilaciones sobre la proyección de imágenes en movimiento, los caminos y las alternativas que se abrirían ante ese invento maravilloso que tenían entre las manos.

Las especulaciones de los primeros años del siglo le otorgaron un amplio crédito a sus posibilidades en el campo científico y de la investigación, al vislumbrase cómo el manejo técnico de la imagen permitía nuevas formas de observación, ampliando las posibilidades del conocimiento. Sin embargo, a partir del cruce con el lenguaje teatral desarrollado inicial y fundamentalmente por Georges Meliès, quien introduce el trucaje en el cine, la ficción encuentra su lugar, y se afianza a través de los desarrollos posteriores de David Griffith, donde el lenguaje cinematográfico se despega del teatral y toma rumbo propio, a la vez que se consolida como industria del espectáculo (Gubern, 2006). Es en la combinación de un registro perceptivo con un registro narrativo donde el arte se desplaza en el entramado de un film (Vauday, 2008).

Pero existe otro camino donde el cine pasa a ocupar un lugar central, que se perfila poco a poco en las primeras décadas y se afianza fundamentalmente en la década del '30: es en el territorio de la política y de la configuración de las identidades colectivas (Gubern, 2006). El desarrollo del cine como propaganda, el cine al servicio de "campañas" de concientización, el registro y proyección de acontecimientos políticos a través del cine para su posterior uso, la educación de los sentimientos a través del cine de ficción, son todos ejemplos de un desarrollo del lenguaje que va más allá de la ilustración o la distracción, y que encuentra en el tiempo y las prácticas propias del "entretenimiento" una nueva dimensión social de construcción de significados[182].

---

[182] "Aquellos que defendieron que el cine podía ser un arma ideológica que concienciase al espectador mediante un shock emotivo sentaron las bases del futuro audiovisual, tal vez no el de la educación en las aulas, pero si el de la manipulación de las masas". Pla Vall hace referencia a la visión que tanto Lenin como Hitler y Mussolini tuvieron de incorporar

En este capítulo, presentaremos las articulaciones del discurso pedagógico con en el cine en su dimensión "educativa", pero distinguiendo las apreciaciones y postulaciones de su uso escolar –ya presentadas en el capítulo anterior– de las que se ocupan de los efectos "educativos" del cine más allá de la escuela. Si bien el corpus documental en muchos casos coincide con el ya trabajado, la lectura que proponemos en este capítulo está dirigida a señalar y analizar las preocupaciones que el discurso pedagógico ha tenido en relación al cine en cuanto práctica cultural y social, más allá de sus posibilidades al interior del aula.

Nos centraremos, entonces, por un lado, en la dimensión pedagógica asignada al cine en sus vínculos con la política, y por otro, en la educación sentimental, y en ésta última, una dimensión particular que hace referencia al cruce entre la voluntad de disciplinamiento y los procesos de subjetivación: la moral.

Cine y función política de la representación

Es sin duda Walter Benjamin quien más tempranamente ha explorado el vínculo entre técnica, representación y formas políticas. Pensando fundamentalmente en la función que la imagen, efecto de la reproductibilidad técnica (fotografía y cine) cumplieron en el despliegue y consolidación del nazismo en Alemania, el trabajo de Benjamin es irreductible a las perspectivas que hacen hincapié en que las lógicas de dominación política se hacen presentes cuando los "medios" responden a una configuración ideológica, propia de unos particulares intereses de clase.

---

a la industria cinematográfica a las estrategias de propaganda política (Pla Vall, 2007).

Lo que Benjamin va a enfatizar es que existe una relación necesaria entre el desarrollo de la técnica que permite reproducir la realidad y la emergencia de las masas en el escenario político. Lo que la fotografía, en primer lugar, y el cine, posteriormente, introducen en las lógicas de representación tiene que ver, por un lado, con la pérdida del aura y el abandono de la posibilidad de reconocer una "reproducción original" o auténtica, rasgos que daba valor y restringía el acceso a la reproducción propia del arte. La pérdida del aura y de las prácticas rituales que rodean al arte también significa nuevas y masivas formas de acceso a lo que la reproductibilidad introduce como cultura[183].

Por otro lado, la reproductibilidad trae consigo una interrupción de la tradición. En palabras de Benjamin:

> *"Generalizando, podría afirmarse que la técnica reproductiva desvincula lo producido del ámbito de la tradición. Al multiplicar las reproducciones, sustituye la ocurrencia irrepetible de lo reproducido por su ocurrencia masiva. Esta técnica, además, actualiza lo reproducido al permitir a la reproducción salir al encuentro del receptor en cualquier contexto en que se halle"* (Benjamin, 2004: 97, en cursiva en el original).

La potencia de la reproducción reside en su capacidad de subvertir lo transmitido por tradición, y habilitar a las masas un acceso no devaluado o "falso" (como opuesto a original o auténtico) de las formas de representación. El cine constituye, en este sentido, su forma más poderosa. Pero Benjamin agrega que:

---

[183] "La época de su reproductibilidad técnica desligó al arte de su fundamento cultual, extinguiendo para siempre el brillo de su autonomía. Ella trajo consigo un cambio en la función del arte que cayó fuera del campo de visión del siglo. Y este cambio se ha escapado durante largo tiempo al siglo XX, que es el que ha vivido el desarrollo del cine" (Benjamin, *La obra de arte en la época de su reproductibilidad técnica*. Incluido en *Sobre la fotografía*, 2004: 108).

"La importancia social del cine es inconcebible en su forma más positiva (y precisamente en ella) sin tener en cuenta ese lado suyo destructivo, catártico, que, en la herencia cultural, liquida el valor de la tradición" (2004: 98).

Esta lado "destructivo" tendrá especial importancia para este autor en el vínculo del cine con la historia, donde su representación puede significar su "liquidación". Para avanzar todavía más en las consecuencias de este planteo será necesario explorar en lo que la reproductibilidad técnica trae consigo en cuanto a la representación. Benjamin señala que la reproducción fotográfica, si bien construye un vínculo con el objeto representado que suele leerse como "prolongación de su vida", lo que la fotografía hace presente es justamente la muerte del objeto representado: el regreso del que se fue[184]. La naturaleza del vínculo entre una fotografía y lo fotografiado es análoga al vínculo entre el original y la traducción. Donde ésta es posible justamente por su infidelidad al original. "Un original puede vivir sólo en su alteración, es decir que ya no está vivo en sí mismo sino como algo diferente a sí mismo" (Cadava, 2006: 59). La dificultad estriba entonces en la creencia en que la fotografía es una reproducción fiel de la realidad, en el olvido de su (im)posibilidad de representar fielmente.

Las consecuencias de introducir esta perspectiva no son pocas. En el capítulo anterior, vimos cómo el cine que se introduce en la escuela es parte de un régimen de visibilidad que participa de este "olvido", y que le da a la imagen propia del cine el estatuto de "verdad". Es más, sólo el cine que se asienta en esta "fidelidad" es el que tiene posibilidades de ser considerado en clave educativa. La

---

[184] "Lo que sabemos que pronto no estará ante nosotros es lo que se vuelve imagen." Esta cita de Benjamin está tomada del libro de E. Cadava, *Trazos de luz*, quien agrega: "Como el ángel de la historia, cuyas alas registran los trazos de esa desaparición, la imagen mueve al testigo a experimentar lo que no puede venir a la luz" (Cadava, 2006: 51).

imagen documental o científica que participa de la escuela mantiene unos vínculos indiscutibles con "la realidad", que le otorgan la posibilidad de ser parte de la ampliación del registro de lo visual del que la escuela participa[185].

Queremos ahora introducir cómo el cine, como lenguaje sostenido por este régimen de representación, opera en el terreno de la política y en el de la formación de identidades colectivas. Para ello debemos tener en cuenta cómo el cine se nutre del realismo, tanto en las formas de la ficción como las de la representación de la realidad.

La "estetización de la política"[186]

El modo en que la representación realista ha jugado en el campo de la política ha sido explorado por Angel Quintana (2003). Este autor compara dos películas realizadas para documentar un acontecimiento político: "La Recepción de S.M. Alfonso VIII en Barcelona", rodada por Segundo de Chomón en 1904, y "El triunfo de la voluntad", realizada por Leni Riefenstahl en 1934, donde, por encargo de Hitler se documenta cinematográficamente el Congreso del Nacionalsocialismo realizado en Nuremberg. En la primera, el camarógrafo se desplaza entre el público que asiste a la recepción del soberano, y el resultado lo traduce: la película registra el asombro de los transeúntes frente al aparato, las dificultades para enfocar la imagen, el desplazamiento del camarógrafo. En el segundo ejemplo, el "documento" es el producto de una cuidada construcción del punto de vista del camarógrafo, más allá del que cualquier

---

[185] El abandono de la tradición que Benjamin señala en la era de la reproductibilidad técnica pude ser pensado al interior del discurso pedagógico también en la clave de las operaciones que la educación moderna realiza sobre la tradición. Véase, a este respecto: Fattore, N. (2007) y el trabajo de Frelat-Kahn, *Figuras de la transmisión* (2005).

[186] En esta clave, Pezzela introduce el vínculo entre cine y política (2004: 32).

observador común pudiera alcanzar, y un montaje de las tomas donde puede leerse un régimen estético. Quintana utiliza estos dos ejemplos para señalar cómo la cámara es capaz de construir una fuerte impresión de realidad, a partir de la configuración de una pretendida objetividad, fundamentalmente cuando ésta posee pretensión de transparencia:

> "El principal reto de las imágenes documentales consiste en la construcción de un discurso que proporcione una determinada forma de conocimiento del mundo que actúe como referente. Para superar este reto, las estrategias retóricas que generan la ilusión de realidad deben permanecer invisibles" (Quintana, 2003: 26).

Este tipo de realismo se hace presente, con diversos usos, en los vínculos entre el cine y la política.

En el caso particular de la Alemania nazi, es el trabajo de Siegfried Kracauer[187] el que establece, con hipótesis que van más allá de la intencionalidad ideológica (y por ende política) del texto fílmico, los vínculos entre cine y nazismo[188].

Kracauer propone una revisión de la filmografía alemana con el explícito objetivo de apartarse de una mirada que las estudie como estructuras autónomas. Por el contrario, parte de la creencia en que las películas reflejan tendencias

---

[187] Kracauer fue historiador, teórico, filósofo y crítico de cine. Durante los años 1919-1933 vivió el desarrollo del arte cinematográfico de la Alemania prenazi. En el año 1947 publica *De Caligari a Hitler. Una historia psicológica del cine alemán* (Paidós, Barcelona, 2002), donde establece con minuciosidad el vínculo entre la filmografía alemana y los "estados del alma" del pueblo alemán de 1895 a 1933, para luego presentar un análisis estructural de la filmografía propia del Reich.

[188] La obra de Kracauer, aún cuando cuenta con posibles exageraciones o defectos, es considerada el primer intento de pensar con profundidad sobre la aportación del cine a la historia; y sus aportes fueron importantes entre los historiadores que reflexionaron en torno al cine (Pla Vall, 2007).

psicológicas, "estratos profundos de la mentalidad colectiva que corren por debajo de la dimensión conciente" (Kracauer, 2002: 14), asumiendo el carácter histórico de esa configuración subjetiva. Para este autor, las películas de una nación reflejan su mentalidad de una forma más directa que otros medios artísticos por dos razones: primero, porque no son únicamente el resultado de un individuo, sino que son una obra de equipo[189]. En segundo lugar, porque las películas se dirigen a una multitud anónima, con quien se establece una relación que excede la de convencimiento pasivo o estupidización, dado que para que obtenga respuestas "de taquilla" deberán tomar en cuenta la espontaneidad y los deseos del público[190], aún cuando se trate de películas de neto corte propagandístico. Desde este punto de partida, Kracauer se ocupa del cine de ficción que va desde los inicios del cine alemán hasta 1933, y en paralelo del desarrollo del cine como propagada política, que culminará con el trabajo realizado por el régimen nazi.

En relación al cine de ficción, este autor llama la atención acerca de cómo tanto la temática como el desarrollo de los registros estéticos de la filmografía que antecede la asunción de Hitler al poder refleja en el plano cultural, la tensión del alma entre la tiranía y el caos, anticipando muchos de los horrores a los que la política haría lugar más adelante (2005: 74-79). El cine, sin ser documental,

---

[189] "Puesto que cualquier unidad de producción cinematográfica corporiza una mezcla de intereses y tendencias heterogéneas, es lógico que el trabajo de equipo tienda a excluir el manejo arbitrario del material, suprimiendo las particularidades individuales a favor de características comunes a todo equipo" (Kracauer, 2002: 13).

[190] Con un argumento análogo, Vauday postula que el cine no opera "de cualquier manera", sino que, retomando a A. Bazín, necesita un mínimo de *audiencia inmediata*: "de allí la necesidad de tener en cuenta el gusto del público, aunque sea en la contrariedad, proponiéndole una diversión que lo convencerá de entrar a la sala de cine" (Vauday, 2008: 315).

funcionó como "documento de época", pudiendo leerse en él estados de ánimo colectivos, aspiraciones, horizontes y expectativas sobre las cuales el nazismo no tuvo mayores dificultades de imponerse[191].

Con respecto al desarrollo del cine en el ámbito de la propaganda política, si bien Kracauer reconoce que desde 1916 el gobierno se ocupa de la publicidad del país tanto en el extranjero como en la propia Alemania[192], es la propaganda cinematográfica directa que lleva adelante la Alemania nazi desde 1939 un claro ejemplo de la construcción de un régimen de visibilidad en el campo político. Esta se lleva adelante a través de noticieros y de largometrajes sobre las campañas militares, producidos bajo los siguientes principios: tenían que ser fieles a la realidad, tomando las vistas directamente en los campos de batalla; tenían una duración de por lo menos 40 minutos, a los efectos de darle lugar a la repetición como estrategia de persuasión; y debían ser veloces: "los noticieros nazis no sólo debían ser fieles a la realidad sino también ilustrarla tan rápidamente como fuera posible de manera que los comunicados de guerra no se hubieran olvidado en el momento en que su contenido apareciera en la pantalla" (Kracauer, 2002: 259). Esto significaba grandes esfuerzos,

---

[191] "Irremediablemente hundidos en la regresión, la mayoría de los alemanes no pudo evitar someterse a Hitler. Puesto que Alemania llevó a cabo, de esta manera, lo que había anticipado el cine desde su mismo comienzo, conspicuos personajes de la pantalla se hicieron realidad en la vida misma. Sueños personificados de mentes para las cuales la libertad significaba un choque fatal, y la adolescencia una tentación permanente, estas figuras llenaban el escenario de la Alemania nazi" (Kracauer, 2002: 252).

[192] En 1916 el gobierno alemán, con el apoyo de asociaciones que promovían objetivos culturales, políticos y económicos, funda una compañía cinematográfica para que, a través de documentales apropiados, se ocupe de esta publicidad. Posteriormente, también se ocuparía de abastecer a las tropas, en los frentes de batalla, con salas de proyección, y de proveer documentales que registraran actividades militares (Kracauer, 2002: 41).

no sólo de producción sino de distribución de las imágenes a lo largo del territorio alemán.

Tanto en el realismo que se evidencia como principio de representación en estas películas como en la emblemática película sobre el congreso de Nuremberg, "El triunfo de la voluntad", la organización de la realidad para ser filmada, y el montaje posterior de esas imágenes desde la lógica de la propaganda, hacen visible cómo la política encuentra en un régimen de representación un instrumento crucial para el desarrollo de sus fines.

Cine y educación en Campañas y Misiones

El ejemplo de uso del cine en el nazismo abre nuevas miradas a los vínculos entre cine y política, y especialmente entre cine y nacionalismo. Permite otorgar al registro de la representación cierta capacidad preformativa en la configuración de las identidades colectivas[193]. Pero además de estas operaciones, los estados nacionales han desplegado operaciones que asumen más explícitamente la educación de las masas, como los son aquellas que se ordenan en "Campañas" y en "Misiones".

Estos vínculos entre nacionalismo y educación de las masas a través del cine mantienen esta matriz ligada al realismo, pero se expresan en diferentes experiencias donde no siempre el objetivo último es la persuasión o adhesión a un régimen político. La pantalla de cine, además de convertirse en formadora de opinión política, es vista como un instrumento para amplias causas formativas, ligadas, además de la instrucción, a la higiene o a la consolidación de los sentimientos patrióticos, desde el principio presente

---

[193] Cabe señalar también, en esta línea, la creación, en 1934, de la Dirección Nacional de Cinematografía por parte del gobierno de Mussolini, para controlar y a la vez producir películas destinadas al público masivo (Pla Vall, 2007).

en una "campaña": una acción intencional masiva dirigida a un colectivo, con fines educativos, políticos y de control social. Es así como nos encontramos con referencias y sugerencias del uso del cine para enseñar primeros auxilios, para campañas de salud, como la lucha contra el paludismo[194], etc.

La voluntad de llevar adelante campañas con finalidad educativa de alguna índole se hace presente en los proyectos estatales con objetivos "modernizadores", a partir de otorgarle una llegada efectiva y rápida a distintos sectores de la población, a lo largo de un territorio. Es llamativo que en este período, muchas de las acciones desarrolladas se dieran bajo la forma de cine itinerante. Pla Vall señala que el cine itinerante con fines educativos fue un fenómeno que tuvo eco en numerosos países, y agrupa los enfoques en tres modelos: 1) los proyectos enfocados específicamente al ámbito escolar, especialmente el rural, con pretensiones educativas o recreativas; 2) las campañas de higiene y prevención sanitaria destinadas a capas más amplias de la población; y 3) los que explicaban nuevas técnicas agrícolas o preveían riesgos laborales en las fábricas (Pla Vall, 2007).

Un temprano ejemplo de este tipo de iniciativas acontece en Rusia, donde el cine era arte de la propaganda política de la Revolución conjuntamente con otras artes. A través del *cinetren*, un espacio móvil de extensión cultural que consistía en un tren con tres vagones, el primero equipado con habitaciones y comedor para 35 personas, el segundo con una sala de proyecciones, un depósito de materiales y una instalación completa para producir films de animación, y el tercero, equipado con una laboratorio para revelar y copiar. Este dispositivo tenía por finalidad el registro y la posterior proyección de las resistencias a la reestructuración del trabajo y otras demandas de la

---

[194] "El cinematógrafo en la enseñanza y en la educación". 1931. Op. Cit.

revolución, y funcionaba con el principio de "comparación activa", a través del cual se convertía en un instrumento de reforma social (García Alonso, 2003, 2006).

Antecedente de lo que en muchos países se llamará "Misiones", el *cinetren* es una clara muestra del modo en que los estados intervienen en las sociedades para legitimarse ideológicamente y generar consensos sobre determinados proyectos políticos[195]. En la década del 30 emergerán a nivel mundial, por un lado, el término masas para designar a los actores colectivos, y por otro, los nacionalismos. En la acción de éstos sobre aquéllos es posible reconocer una numerosa cantidad de iniciativas de corte político-pedagógico.

En España, por ejemplo, el cine es parte de las Misiones Pedagógicas que se llevan adelante a lo largo del territorio español por la Segunda República entre 1931 y 1936, año en que se desata la guerra civil[196]. La creación de esta iniciativa, el 29 de mayo de 1931, significó un ensayo de modelo cultural plenamente moderno, que persiguió el objetivo de unir las voluntades de intelectuales de distinta procedencia en torno a un proyecto común: paliar el injusto desnivel que existía entre la vida cultural que disfrutaban las ciudades y un mundo rural que permanecía al margen, dedicado al duro trabajo del campo. "Si el acceso a la cul-

---

[195] Lenin expresó de forma explícita el potencial del cine como medio de influencia social, al afirmar en 1922 que "de todas las artes, el cine es para nosotros la más importante" (citado en Pla Vall, 2007: 40).

[196] La experiencia es recogida en la publicación *Las Misiones Pedagógicas 1931-1936*, editada por la Sociedad Estatal de Conmemoraciones Culturales y la Residencia de Estudiantes en el año 2006, que cuenta con un maravilloso registro fotográfico, parte de la misma experiencia. Al respecto el trabajo de María García Alonso publicado en el mismo volumen, plantea: "El registro de la gestualidad constituía la única prueba tangible del triunfo de la acción realizada. Los ojos brillantes de niños y ancianos, observados en el acto mismo de mirar descubriendo, eran el testimonio de que la justicia se había cumplido, de que la deuda espiritual de la ciudad con el campo estaba siendo saldada" (2006: 195).

tura era un derecho, asegurar su democratización era un deber esencial para el gobierno". La tarea de las Misiones consistía en que las poblaciones recibieran, gracias a sus misioneros, una muestra representativa de "la gran cultura española"[197].

En estas Misiones, el cine se combinaba con el teatro, las exposiciones plásticas y la literatura. Se proyectaban películas educativas y de recreo: documentales de aspectos, usos y costumbres nacionales y de países lejanos, industrias, grandes ciudades y pueblos salvajes, arte, paisaje, curiosidades de España y otros pueblos. Se incluían también películas cómicas y de animación, como *El Gato Félix* y los films de Charlot. Por otra parte, eran parte de las Misiones pedagogos como Lorenzo Luzuriaga y su esposa y cineastas como Val del Omar[198] o Gonzalo Menéndez-Pidal, que realizaban documentales sobre la geografía, las costumbres y las actividades de la gente, que se proyectaban en otras Misiones, con un objetivo de unificación nacional[199].

La experiencia de estas Misiones se retoma posteriormente en otras geografías, especialmente latinoamericanas, como Uruguay, Cuba y sus proyectos de Cine Móvil en la

---

[197] Así lo expresa Carmen Calvo Poyato en el Prólogo de la edición mencionada.
[198] Este cineasta español, uno de los más entusiastas del proyecto de las Misiones Pedagógicas, había formulado la teoría de la "pedagogía kinestésica", en la que sostenía que el cine era un instrumento esencial para educar el instinto y evitar que los espectadores cayeran en la pasividad. En un discurso frente a un grupo de maestros, decía: "Maestros, educadores, (...) yo afirmo que las máquinas que responden a un principio de automatismo, a un principio de economía en nuestro aparato psíquico han obrado el milagro. (...) Pues bien maestros, no olvidarlo, el cinema es el medio de comunicación antiintelectual con el instinto, una máquina que viene a sustituir al libro, al maestro, (...) libertador por excelencia" (citado en Pla Vall, 2007: 43).
[199] Muchos de los intelectuales participantes en las Misiones Pedagógicas seguían las ideas de la Institución Libre de Enseñanza, de la que el citado belga A. Sluys era miembro honorífico.

Escuela Rural, Ecuador y Argentina, en muchos casos bajo el nombre de Misiones Culturales, aunque no siempre incluyendo al cine[200].

Otro ejemplo interesantísimo de la combinación del cine como propaganda política y como instrumento educativo es la Campaña Nacional de Educación de Adultos (CNEA) realizada en Portugal, entre 1952 y 1956[201].

Inserta dentro de un proyecto político que, en la posguerra, enfrenta el desafío de la modernización del Portugal[202], esta Campaña se orienta específicamente a la alfabetización ("leer, escribir y contar"), pero al mismo tiempo porta objetivos ligados al desarrollo económico, la educación sanitaria y la formación (moral) del carácter. La producción de la ciudadanía y el control ideológico de la población presente en la tarea de la Campaña se combinaron con la figura de un trabajador que debía responder a las exigencias modernas de la producción, y con ello ser motor de arranque del desarrollo económico.

Para llevar adelante su tarea, la CNEA encara la producción de una serie de películas pensadas para revertir el analfabetismo entre los adultos, con formato de comedia y reconocidos actores del medio. Si bien Portugal poseía muy poca experiencia en cine educativo, la voluntad y los recursos económicos puestos en juego en esta iniciativa consiguen movilizar una importante suma de directores,

---

[200] En la Argentina la experiencia de las hermanas Cossettini, a la que haremos alusión en breve, contaba con Misiones Culturales que los alumnos armaban en la plaza del barrio para los vecinos, pero no incluían al cine.

[201] Para la presentación de esta experiencia, remitimos a la investigación de Cristina Barroso (2002): *O Zé Analfabeto no Cinema. O Cinema na Campanha Nacional de Educaçao de Adultos de 1952 a 1956*, Educa, Lisboa.

[202] La dictadura de António de Oliveira Salazar, que se remonta a la década del '30 y llega hasta finales de la década del '50, es el marco en el que se produce esta experiencia. Este dato no es menor para pensar las relaciones entre cine y nacionalismo en distintos países.

productores, actores y técnicos. Los filmes presentan pequeñas historias y personajes que se distinguen por las crecientes dificultades a las que los analfabetos se enfrentan por su condición, y la necesidad de revertirla, a la vez que los inscriben dentro de un horizonte político claramente delimitado en los ideales del Estado que lo lleva adelante.

Los filmes y los alfabetizadotes son parte de Misiones Culturales que la CNEA lleva adelante en todo el Portugal, donde el cine se combina con el teatro, la radio, las bibliotecas, las exposiciones y la prensa especialmente sobre los progresivos resultados de la Campaña.

Cine, política e identidades colectivas en Argentina

Abordar el vínculo entre cine y sociedad en nuestro país nos obliga a considerar un escenario donde múltiples esferas se combinan. Está, por un lado, la dimensión técnica que el cine como invento posee, y su combinación con un imaginario de progreso y modernización, ya presentado, al que hay que sumarle las formas de narrar con imágenes, tanto en su dimensión técnica como simbólica. Por otro lado, es necesario tener en cuenta el papel que la creciente industria cinematográfica mundial jugó en sociedades como la nuestra, desplegando no sólo otras realidades, mundos y relatos, sino el universo de "estrellas" y el mundo de *glamour* con que se rodeó, que rápidamente se hizo parte del imaginario popular. En esa línea, es necesario también considerar los avatares de la industria nacional, de no menor importancia. Por último, no podemos dejar de lado las acciones del Estado, tanto en el ámbito educativo como en el cultural, donde es posible visualizar particulares articulaciones entre imagen cinematográfica y proyecto de nación.

Una puerta de entrada que permitirá atender a cómo estas dimensiones se fueron tejiendo desde la década del '20 es el trabajo que el emblemático escritor argentino Horacio Quiroga publicó entre 1918 y 1931: reseñas, críticas, artículos y comentarios de y sobre cine en las revistas *El Hogar, Caras y Caretas, Atlántida* y en el diario *La Nación*[203]. Estos trabajos muestran la fascinación que el escritor tenía por el cine, pero a la vez dejan entrever los vínculos que la sociedad argentina estableció con la industria cinematográfica en este período.

Sin embargo, cabe señalar que el epígrafe citado en el inicio de este capítulo no corresponde a ninguno de estos escritos, sino que es parte de una colaboración especial que el escritor realizara para la revista *El Monitor de la Educación*[204]. Esta presencia múltiple en tan diversas publicaciones, así como los rasgos de la escritura presentes en estos trabajos, donde simultáneamente ocupa el lugar de crítico, de espectador y de analizador de la cultura de su época, dan cuenta de una relación mucho más fluida de la sociedad de la época con el cine que aquella que la escuela definió para su interior.

¿Qué mirada sobre la sociedad y el cine propuso el discurso pedagógico de la época? ¿Cómo convivía una sociedad permeada por la práctica habitual de ir a ver cine con la rigidez del discurso escolar? ¿Qué articulaciones pedagógicas se vislumbran en la producción y consumo de la industria cinematográfica, más allá de los límites de la

---

[203] Una recopilación del total de estos artículos se ha publicado recientemente bajo el título *Cine y literatura*, y cuenta con un estudio preliminar de Carlos Dámaso Martínez (Losada, Buenos Aires, 2007). Las referencias que siguen corresponden a esta edición. Agradezco a Diego Pereyra la sugerencia de su revisión.

[204] Nos referimos a Quiroga, H. "Cinematógrafo infantil". *El Monitor de la Educación* N° 681, setiembre de 1929: 188-189.

escuela? ¿Qué papel cumplió el pensamiento nacionalista en la cinematografía de la época?

La educación de los sentimientos

La noción de *educación sentimental (sentimental education)* en el discurso pedagógico es desarrollada con profundidad por James Donald en el año 1992 en su libro homónimo[205]. La fecha no es menor: da cuenta de los tiempos en los que la pedagogía empieza a considerar en su seno procesos mucho más amplios que los escolares, como los que se ponen en juego en diversas formas de cultura popular, dirigidos a la estructuración de los sentimientos, a la puesta en circulación de imaginarios comunes, a la configuración de histórica de identidades, como por ejemplo lo que históricamente enmarca, ser ciudadano, ser mujer o ser hombre. Son tiempos en que la pedagogía empieza a considerar a la cultura como un campo de fuerzas que opera conjuntamente con estrategias explícitas de gobierno como los sistemas educativos, en la producción de la subjetividad y la identidad de los individuos (Donald, 1992).

Pero antes de que la pedagogía reconociera estos procesos como parte de su territorio, la crítica literaria y los estudios sobre la cultura ya planteaban cómo ciertas obras literarias, cierto arte o el mismo cine, como expresiones de la cultura popular, cumplían el papel de educar los sentimientos, de estructurarlos, de ofrecer superficies de inscripción donde sufrir, amar, sentir, soñar, a la vez que legitimaban discursos sociales y políticos. Si bien se hizo gran hincapié en la "imposición" de relaciones políticas de dominación a partir del papel que la industria hollywoodense jugó en la reproducción de un estilo de vida que sostiene una forma

---

[205] Cabe señalar aquí que no desconocemos la importancia de esta noción al interior de la literatura, pero queremos poner énfasis en su recuperación por parte de la pedagogía del siglo XX.

específica de dominación, cabe también sostener que la cinematografía ligada al entretenimiento realizaba una especie de "estetización" de los vínculos sociales.

Para pensar cómo se dieron estos procesos en nuestro país, es necesario atender a los procesos de asimilación y resignificación que se produjeron de la industria norteamericana. Para ello puede ser útil atender el más amplio contexto latinoamericano, que ha configurado sus sociedades con "aires de familia" (Monsiváis, 2000). Lo que en ese espacio encontramos son análogos procesos de desarrollo de la industria cinematográfica nacional (con especial impulso en México, Brasil y Argentina) que toman el modelo hollywoodense, lo reproducen tanto en su técnica como en su cultura mitológica, y aceptan acríticamente la matriz de entretenimiento que Hollywood propone. Pero, para realizar felizmente la asimilación y "nacionalizarlo", necesitan recurrir a las claves culturales locales. En este sentido, más allá de la reproducción, lo que sobresale es la capacidad de las industrias cinematográficas latinoamericanas para "nacionalizarse", a través del lenguaje, de las caras familiares, de las formas vernáculas del humor, de la música, de los escenarios, de modo que sea exitoso su diálogo con el público[206].

A la educación sentimental y humorística hay que sumarle la *pedagogía del melodrama* (Monsiváis, 2006). El cine, como género, establece sólidas relaciones con la estructura narrativa y los recursos presentes en el melodrama del teatro, de la literatura de folletín y en la poesía del siglo XIX, donde vivir, amar y sufrir se amalgaman de un modo particular y hacen a la identidad de los sectores

---

[206] Nótese que la resignificación de los relatos cinematográficos en clave nacional no puede reducir el papel de la industria a los procesos de dominación, sino que es necesario complejizarlos con la dinámica que establecen con el específico público espectador, tal como lo señalara Kracauer, y que esto no le quita performatividad política.

populares latinoamericanos. Al mismo tiempo, la estructura del melodrama participa de las formas políticas presentes tanto en Argentina como en otros países del continente (Monsiváis, 2006).

Lo que el cine ordena, entonces, no es sólo un imaginario de progreso y de futuro que responde a una clave geopolítica que lo excede, sino también unos modos de vestir, de soñar, de besar, de sentir, de luchar y de sufrir, una perspectiva sobre la adversidad de la vida y sus posibles salidas, un horizonte de salvación individual. Los patrones de urbanidad que propuso, tanto en las prácticas de sociabilidad urbana que instalaba como en el tipo de historias que contaba, fueron afines a otros procesos culturales análogos, presentes en la lectura de folletines y de novelas (Sarlo, 2000) o de manuales de urbanidad, de fuerte presencia en la época (Godoy, 2001).

Esta influencia se despliega especialmente sobre los sectores populares: en nuestro país, al cine iban, tanto en la ciudad como en el medio rural, criollos e inmigrantes. Este público se conformaba, por un lado, por estratos "educados": oficinistas, maestros de escuela primaria, empleados de comercio, tenedores de libros, pequeños comerciantes, dibujantes, telegrafistas, obreros especializados y maestros artesanos. Por otro lado, existía un público masivo conformado por trabajadores no especializados de todo tipo, además de las amas de casa. En tiempos de cine mudo, los letreros se exponía por varios segundos, de modo de dar tiempo a los sectores semianalfabetos del público a acceder a ellos, y a los analfabetos, tiempo para comentarlos (Tranchini, 2000).

Es así como se configura un *público espectador*, que además se abona desde la prensa: las revistas y los periódicos, de amplia circulación en la época entre un público masivamente alfabetizado a través del sistema escolar, alimentan los vínculos entre cine y sociedad a través de la publicación de reseñas, críticas, comentarios y chismes alrededor del *star system*.

Los escritos de Horacio Quiroga citados en el inicio del capítulo constituyen una interesante entrada para visualizar esta relación. Publicados a lo largo de más de dos décadas en revistas y periódicos de tirada masiva, sus temáticas abordan desde análisis acerca del lugar del cine entre las artes hasta comentarios sobre las desavenencias amorosas de las estrellas de Hollywood, pasando por crítica de directores, actrices y actores extranjeros y nacionales, presentación de estrenos, abordaje de temas específicos por el cine y análisis del lenguaje cinematográfico. En ellos pueden leerse debates más amplios, como las transformaciones que el cine introduce en las prácticas culturales cotidianas, de las que no se escapan las instituciones escolares. Destacamos, entre ellos, aquellos que abonan la temática que nos ocupa:

- el temprano reconocimiento de la especificidad del discurso cinematográfico, presente en las reiteradas alusiones a sus diferencias con el teatro, a su poesía y dramaturgia particular, a la necesidad de formación específica de sus actores y directores, al reconocimiento de los directores que encuentran nuevos modos de narrar, a su análisis sobre la industria, sobre el papel de las producciones masivas en la configuración de la cultura popular, sobre lo que representa para el hombre y la mujer común. El carácter masivo de las revistas donde publica no lo detienen en sus reflexiones sobre el arte, el tiempo o la representación por imágenes, como parte de un arte que sabe "que las palabras sobran cuando el alma está asomada a sus ojos" (Quiroga, 2007: 196).

- La importancia otorgada, dentro de esa especificidad, a que el cine sea "casi la vida misma", en cuanto a que, como arte, introduce la verdad al escenario, da impresión de realidad sin engaño, no va más allá de lo que los movimientos, los gestos, los ademanes son para la vida misma. Pero no lo hace desde un realismo positivista, sino fundamentalmente desde el sostenimiento de que el arte del cine radica justamente en conseguir ese efecto de realidad, a la hora de narrar una historia[207].

- Los artículos que abordan directamente el papel del cine en la educación: "El cine en la escuela. Sus apologistas", de 1920 y "El cine educativo. *Patagonia*", de 1922, donde toma explícita postura sobre las ventajas del cine en relación a la cultura letrada, afirmando, en el primero: "En fin, se trata de un concurso siempre creciente de fuerzas para luchar por una tan evidente y sencilla cosa como es hacer *ver* al alumno lo que nos empeñamos, desde que el mundo es mundo, en *imaginarlo* por la lectura", y en el segundo: "Cuando en vez de entontecer con libros a los alumnos, las escuelas enseñen con el material *vivo* del cine, habremos aprendido por fin, sin mayor pedagogía, que un chico de ojos bien abiertos tiene otra puerta de entrada para aprender que un frío libro, unos ojos miopes y una dispepsia" (p. 67 y 260 respectivamente, cursivas en el original).

Por otra parte, entre ese grupo de trabajos cabe señalar una curiosa nota publicada en 1932 en *La Nación*, titulada "Escuela Normal de Cinematógrafo", donde, si bien posee tono de broma, puede leerse cierta crítica al normalismo de la época, y al riesgo que correría la cinematografía bajo la égida de la "cultura ilustrada" (2007: 339).

El trabajo de Horacio Quiroga sobre cine es muestra del lugar que éste ocupa en la cultura popular, como industria del espectáculo. Pero las producciones cinematográficas que se veían en la Argentina no sólo seguían al modelo hollywoodense.

---

[207] Se destacan entre ellos los tres artículos denominados "Teatro y cine", y los artículos "La poesía en el cine" y "La vida en el cine", publicados en 1927 en "El Hogar" (Quiroga, 2007: 163-180).

La "construcción" de un pasado común

La cinematografía nacional no sólo se ligaba a la industria y se alineaba detrás de Hollywood. En la primera mitad del siglo XX se produce una cantidad importante de títulos en clave histórica[208], que pueden inscribirse en procesos y preocupaciones más amplias de desarrollar sentimientos patrióticos y arraigar la identidad nacional, que no respondieron directamente a la acción del Estado ni a la lógica dominante de la industria. Silvia Finocchio[209], en su trabajo "Historia y cine en la Argentina (1910-1950)" (1991) ordena esta producción y propone pensarlos desde la combinación de las funciones cultural y política, en su capacidad de intervenir en los sentimientos de adhesión a un pasado común.

Finocchio señala la existencia de un grupo de títulos (entre los que se encuentran las primeras películas de ficción rodadas en la Argentina: *"La Revolución de Mayo"* y *"El fusilamiento de Dorrego"*, ambas de Mario Gallo, estrenadas en 1909 y 1910, repectivamente) promovidos, producidos y dirigidos por inmigrantes europeos: Mario Gallo, Julián de Ajuria, el citado Max Gluksman, el francés Henri Martinet. Estas películas, que abordaban el tema de la historia patria evocando un pasado de "gloria" en los años de la revolución, "fueron iniciativa de inmigrantes que procuraban activar dispositivos asimilacionistas hasta el punto de intentar consolidar vínculos y expresar el éxito en

---

[208] 30 títulos sobre aproximadamente 200 en el periodo de cine mudo y alrededor de 70 sobre 600, desde los inicios del cine sonoro hasta 1950. Se incluye dentro de cine histórico a "toda aquella producción que constituye una lectura o interpretación de tiempos pretéritos" (Finocchio, 1991: 4).

[209] La redacción de este apartado se la debo por entero a la generosidad de Silvia Finocchio, quien no sólo me facilitó su archivo personal sobre la temática, sino que también me acompañó con lúcidas observaciones desde los inicios de la tesis.

la satisfacción de expectativas, en un medio tan alejado del país de origen como era la Argentina" (Finocchio, 2001: 9).

Ahora bien, desde fines de la década del '30 en estas películas se pueden visualizar algunos cambios. No son los mismos los símbolos que evocan un pasado integrador, así como los sucesos que se historizan no se reducen a la Argentina de 1810. Los cambios responden a la expansión de las ideas nacionalistas desde 1930, que emergerían con toda la fuerza desde 1945. Entre este tipo de producciones puede citarse como ejemplo el destacado filme *"La guerra gaucha"* (Lucas Demare, 1942), de amplia repercusión entre la población, que retomaba la idea de patria desde un nuevo lugar. "Otra vez era la tierra que se recuperaba de la dominación extranjera –tal como había ocurrido en filmes histórico-patrióticos precedentes–. Pero esta vez, la patria y su tierra no eran defendidas por un héroe individual, por el jefe de la expedición militar, sino por un héroe popular, el gaucho, al que se concebía como el prototipo del hombre argentino" (Finocchio, 2001: 10). Basada en la novela homónima de Leopoldo Lugones, con libro de Homero Manzi y Ulyses Petit de Murat, esta película es una de las tres producidas por el grupo Artistas Argentinos Asociados. Elogiada por la prensa de la época[210], donde se señala que en su proyección "pocas veces el público ha aplaudido de pie, sin disimular su entusiasmo"[211], editada posteriormente como fotonovela[212] y recuperada como un emblema tanto de la cinematografía como del pensamiento nacional años

---

[210] "'La Guerra Gaucha' responde a la gesta y el libro inspiradores." *La Nación*, 22 de noviembre de 1942; "Tiene Valores Excepcionales el Drama Épico 'La Guerra Gaucha'". *Crítica*, 22 de noviembre de 1942.
[211] "Logra su Gran Film el Cine Nacional: 'La Guerra Gaucha'". *El Mundo*, 22 de noviembre de 1942.
[212] Publicada por *Antena*, del 16 a 22 de enero de 1968.

más tarde[213], esta película bien puede representar uno de los modos en que el pensamiento político y la intervención cultural se combinan a través del cine.

Tanto uno como el otro grupo de películas están inscriptas en lo que desde la literatura se conoce como discurso criollista: la difusión en el ámbito popular urbano de imágenes míticas del mundo rural, a través de la literatura criolla y el folletín de literatura gauchesca (Prieto, 1998). Lejos de pertenecer sólo al ámbito de la lecturas populares, en este cine argentino se retoma el imaginario criollista, a través de la historia tipificada de un prototipo para el hombre argentino, el hombre de la campaña del siglo XIX (Finocchio, 1991), buscando acompañar a los procesos de cambio y modernización procesando la nostalgia del mundo rural perdido. "Desde la época muda, el cine reconstruyó en la ciudad las imágenes de un mundo rural tradicional y cumplió una función de igualación cultural en una época de acelerados procesos de diferenciación económica y heterogeneización social" (Tranchini, 2000). Dentro de esta función, el binomio campo/ciudad, tan presente en el horizonte de los procesos culturales, sociales y políticos de toda una época, se hizo presente en el cine y contribuyó a amalgamar identidades dispersas, complejos procesos políticos y sociales, procesando el pasado, la historia, el mito de los orígenes de la población argentina y las gestas de sus instituciones.

Es posible reconocer en esta cinematografía la combinación de construcciones populares con las imágenes de la historia patria difundidas en la escuela (Finocchio, 1991).

---

[213] Entre ellos, pueden citarse a modo de ejemplo: "A 25 años del primer gran éxito nacional. 'La Guerra Gaucha' y su lección". *Análisis* N° 360, 27 de noviembre de 1967; "A 40 años de una epopeya". Suplemento de Cultura del diario *Tiempo Argentino*, 20 de noviembre de 1982; "'La Guerra Gaucha': esa lección que cumple 40 años". *Clarín*, 20 de noviembre de 1982; "'La guerra gaucha', a 45 años". *Clarín*, 18 de noviembre de 1987.

Pero hay que señalar que ni esta cinematografía histórica ni aquella dirigida a la educación de los sentimientos tuvo lugar en el discurso de neto corte pedagógico.

En las razones que por parte de éste se dan, nos detendremos a continuación. Pero más allá de lo que se argumente desde la pedagogía, quisiéramos enfatizar que la educación sentimental o patriótica que lleva adelante el cine en este período posee la particularidad de ser un fenómeno popular, alejado de, y en muchos casos despreciado por, las elites intelectuales y culturales. Ya Horacio Quiroga daba cuenta de esto en sus comentarios de época. Se destaca entre sus escritos "Los intelectuales y el cine", de 1922, donde recoge el desprecio que el cine genera al ser llamado "arte para sirvientas", "payasadas melodramáticas" (Quiroga, 2007: 263), o cuando señala la animadversión general de escritores y artistas, por considerarlo "un espectáculo populachero, con eficacia exclusiva sobre la gruesa psicología popular" que sólo sirve como entretenimiento visual, sin reconocerle poesía o drama (2007: 328). Por otro lado, el cine de corte "nacional" que se presenta aquí, si bien muestra cómo la narración histórica es territorio de disputa, no avanza en discutir las formas de la representación, dando discusión sobre el contenido y no sobre la forma. En su pretensión de ofrecer una verdad sobre el pasado, la representación cinematográfica está ordenada a los efectos de enfatizar una verdad o versión de los hechos, apoyando y sosteniendo la función del cine como medio de educación de las masas.

Cine y Estado Nacional

Si la Argentina no se mantuvo al margen de la importancia del cinematógrafo para la enseñanza y para abonar procesos de modernización, tampoco lo hizo desde sus políticas de estado, especialmente en los tiempos donde a nivel internacional los proyectos nacionales combinaban en sus estrategias de consolidación la propaganda, la persuasión y el control ideológico.

Es quizá en esta clave donde es posible ubicar las instituciones ligadas a países o grupos de países que tienen como preocupación el desarrollo, control e intercambio de cierto tipo de cinematografía, ligada a los ámbitos educativos. Un claro ejemplo de ellas es la creación, en 1928, del Instituto Internacional de Cinematografía Educativa en Roma[214]. Obra del Gobierno italiano, sus estatutos han sido sometidos a la aprobación de la Sociedad de las Naciones, habiendo recibido observaciones de Comisión de Cooperación Intelectual y de la Oficina Internacional del Trabajo.

Este instituto se ordena alrededor de la cooperación de las naciones en la producción e intercambio de cinematografía educativa referida a todos los campos de la actividad de los cuales depende el progreso científico, artístico, industrial, agrícola, comercial, higiénico y social. Su punto de partida es la constatación del esfuerzo que hacen las naciones para brindar instrucción y, a la vez, la observación de la carencia de educación que posee la sociedad.

Con un discurso por momentos utópico sobre las posibilidades de comunicación y solidaridad de las naciones, y otorgando un poder casi absoluto al cinematógrafo como medio de educación de masas, que no encuentra fronteras ni en la civilización ni en el idioma (todavía no existía el cine sonoro), y que se muestra superior aún a la prensa, le otorga un papel central a los estados en su uso. Afirma explícitamente que los nuevos medios de difusión

---

[214] El Instituto publicaba la Revista Internacional de Cinematografía Educativa en cinco idiomas, y organizó en 1934 el I Congreso de Cinematografía de Enseñanza y Educación (Pla Vall, 2007).

con imágenes en creciente progreso en el siglo representan en manos de los gobiernos, a través de organismos creados para este fin, "no sólo un medio de control, sino principalmente un poder sumamente eficaz para obrar sobre la cultura espiritual de los pueblos, y por medio de las imágenes, para ejercer una influencia directa en el desenvolvimiento de la Educación nacional".

Este instituto, que considera a sus educadores los *gutembergs* contemporáneos, pretende oficiar como un organismo internacional que regule la producción y el intercambio de films educativos, y a la vez orientar a las distintas naciones en el uso del cinematógrafo[215].

En la Argentina, la emergencia del cine y su relación con un imaginario de modernización también produjo respuestas por parte del gobierno, dirigidas a la estructura del sistema educativo. La preocupación porque las escuelas y la educación pública incorporaran estos "adelantos técnicos" en la tarea de enseñar motorizó, por un lado, gastos en equipamiento. Por otro lado, presentó el problema de qué material fílmico era el idóneo para ser proyectado en las escuelas.

A lo largo de las décadas del '30 y el '40 encontramos una serie de iniciativas en las autoridades de los ministerios de Educación, tendientes a ocuparse del tema. Si bien no ha sido fácil reconstruir los caminos de las instituciones estatales[216], una serie de indicios muestran que la introducción

---

[215] Dop, L. "El Instituto Internacional de Cinematografía Educativa". *El Monitor de la Educación* N° 717, setiembre de 1932. Sección Movimiento educativo. Organismos y Congresos Internacionales. En este artículo se señala a 1928 como fecha de creación del Instituto. Sin embargo, Pla Vall plantea que su creación fue en 1924 (Pla Vall, 2007).

[216] Si bien el corpus documental de esta tesis se ordena alrededor de publicaciones periódicas como *El Monitor*, las referencias allí encontradas, especialmente en la Sección Oficial, sirvieron para ampliar la búsqueda en otras documentaciones de la Biblioteca del Maestro y del Archivo

del cine en las aulas constituyó una preocupación a la que se les dio respuesta de modo estructural.

El 29 de enero de 1930 el Consejo Nacional de Educación crea la Oficina de Cinematografía Escolar, bajo su dependencia, con los siguientes fines:

> "1º- Instalar en las escuelas dependientes del Consejo Nacional de Educación, cinematógrafos de tipo conveniente, desde los puntos de vista de la enseñanza y la economía.
> 2º- Proponer la clase de 'films' que deban ser adquiridos y la distribución que deba dárseles, de acuerdo con el plan de estudios en vigencia.
> 3º- Aprobar el presupuesto de la mencionada oficina en la forma proyectada"[217].

Además de presupuesto, se nombra un director para dicha Oficina. Poco sabemos de lo actuado por esta dependencia[218]. Una reseña de lo actuado en materia de cinematografía escolar publicada en 1937 señala que no llegó a cumplir los fines para los que fue creada, aunque contara con presupuesto estatal para su organización, sueldos y equipamiento. Su magra herencia, que consistió básicamente en un puñado de títulos, quedó en manos del Museo Escolar Sarmiento[219], entidad que ofrecía cursos

---

General de la Nación. Aún así, los resultados fueron escasos, y lo que se presenta es una reconstrucción del material con el que se contó.

[217] Expediente 2535-P-1930. Publicado en *El Monitor de la Educación Común* Nº 688, abril de 1930, en la Sección Resoluciones del C.N.E.

[218] Sólo ha reaparecido mención a dicha oficina por un hecho puntual: ese mismo año, tanto *El Monitor* como la revista *La Obra* reseñan que su director, el Sr. Miguel Angel Dubini, es removido por del cargo por malversación de fondos. El Sr. Dubini era al mismo tiempo gerente de una empresa de cinematografía de la Capital, y se detectan irregularidades en la compra de material que benefician a su empresa. *La Obra* Año X Nº 189, octubre de 1930 y *El Monitor* Nº 692-696, diciembre de 1930.

[219] La reseña la realiza Ida Luciani, en el artículo "El cinematógrafo en la escuela", publicado en *El Monitor* Nº 770, febrero de 1937.

de fotografía y cinematografía para docentes[220]. Diez años después, en 1940, el Consejo Nacional de Educación, en su sesión del 10 de abril, aprueba un dictamen por el cual, por un lado, se dejan sin efecto dichos cursos, y por otro, crea una comisión de expertos para que se ocupe de todo lo relacionado con la instalación del cinematógrafo en las escuelas, y para que formule un proyecto.

Los argumentos que justifican esta decisión son:

- En nuestro país la enseñanza por medio del cinematógrafo no ha alcanzado grandes desarrollos, aunque sí lo ha hecho en otros países.
- Reconoce los antecedentes de la Oficina de Cinematografía Escolar creada en 1930, así como su desaparición.
- Plantea que "si la adopción del cinematógrafo en la escuela es, en principio, generalmente admitida, hay que reconocer también que el asunto trae consigo la necesidad de estudios concienzudos previos en el orden pedagógico, técnico y económico, para crear algo serio y duradero. Nada se gana con concepciones aisladas, si se carece de cimientos que garanticen el normal y seguro funcionamiento de todo el mecanismo".
- Releva que los países que lo han adoptado no presentan acuerdos alrededor de cómo deber ser el film educativo (si mudo o sonoro), sobre el tiempo de exhibición, etc.
- Plantea entonces la necesidad de regular su uso, estableciendo "cuáles son las materias en las que más conviene la utilización del cinematógrafo, la clase de material que ha de emplearse, el tamaño, el número de copias que de cada uno es menester, el intercambio, dentro del distrito, del país o con otros países, el

---

[220] Estos cursos eran dictados desde 1934 bajo la dependencia de la Inspección General de Escuelas de Adultos. "Curso de cinematografía y fotografía". *El Monitor de la Educación Común* N° 741, setiembre de 1934, Sección Oficial.

costo y la financiación de los gastos, en fin, todo lo concerniente sin excluir la preparación o empleo de personal especializado"[221].

La comisión de expertos se compone con los Inspectores Técnicos María Ercilia Robledo y Fernando Alvarado, los maestros María Dora Montecinigher y Antonio Luchia y el profesor Marcos Victoria[222]. Dos años después, a partir del Informe presentado por esta Comisión, el C.N.E. resuelve incorporar el cinematógrafo a la enseñanza; organizar la "Cineteca Escolar" de acuerdo a las sugerencias de la comisión; encomendar la organización del servicio de Cinematografía Escolar y de la Cineteca a una nueva comisión; financiar los gastos que la incorporación del cine a la escuela implica. De la vieja Comisión sólo la Inspectora Robledo permanece en la nueva, a la cual se suman el visitador Gaspar L. Benavento, la Prof. Ida Luciani[223], el profesor Oscar Bonelli (maestro de una escuela dependiente del Consejo) y el Sr. Raúl Berenguer[224].

De la actividad de estas Comisiones, poco más se sabe. Una revisión del material cinematográfico que se conserva en el Archivo General de la Nación da resultados nulos de material ingresado con estas referencias. Es más, la Oficina de Cinematografía del Archivo General de la Nación no cuenta con materiales producidos por el Ministerio de Educación o por las reparticiones creadas

---

[221] *El Monitor* N° 808, abril de 1940, Sección Oficial.
[222] Ibídem.
[223] Ida Luciani había publicado, además de la reseña mencionada, el artículo: "Vivificación del conocimiento por el cinematógrafo" (*El Monitor de la Educación Común* N° 756, diciembre de 1935) y era autora del libro *Cinematografía escolar*, Editorial Moly & Lasserre, Buenos Aires, 1937. Del resto de los miembros de ambas comisiones no se encontraron referencias.
[224] Expediente 3176/M/934, reseñado en la Sección Oficial de *El Monitor* N° 838-839-840, de oct-nov-dic. de 1942, bajo el título "Adopción del cinematógrafo en la enseñanza".

ad hoc, para ser utilizadas especialmente en el circuito educativo. Sin embargo, esto no significa que no sea posible encontrar allí una cantidad de películas realizadas en la época por las entidades oficiales, referidas a la educación. Nos referimos especialmente a la importante cantidad de películas que, especialmente desde la década del 40, relevan acontecimientos como la inauguración de escuelas o universidades, los actos de inicio de ciclo lectivo con la presencia de autoridades nacionales, imágenes de escuelas modelo, la mayoría de ellas con presencia de autoridades nacionales, ministros o presidentes. Muchas de ellas son registros de noticieros como "Sucesos Argentinos", que se proyectaban en los cines. Cabe mencionar que este tipo de registros de las acciones de gobierno, resaltando adelantos tecnológicos, inversiones o visitas de personalidades del extranjero no son privativas del Ministerio de Educación, sino que existen cintas pertenecientes a diversas áreas estatales.

La similitud de estos registros con la reseña de la propaganda propia del "nacionalsocialismo" alemán es evidente. Este tipo de materiales hablan de una especial relación del cine con el aparato de estado nacional, en clave de documentar el acontecer político de una nación, para que sea usada ya como archivo, ya como propaganda.

Dentro de la voluntad del Estado por asumir explícitamente la dimensión política de la imagen fílmica se hace presente también en el gesto de registrar y archivar. El 28 de diciembre de 1939 el entonces Ministro de Instrucción Pública Dr. Jorge Coll creó el Archivo Gráfico de la Nación, con el objetivo de conservar "las películas cinematográficas concernientes a los acontecimientos de importancia para la vida del país y de los actos y ceremonias oficiales que sea conveniente documentar por su significado para la historia de las instituciones", tal como lo expresa el artículo 1º del decreto N° 52.436[225]. Asimismo, dicho decreto dice "que a los efectos de conservar la documentación de carácter oficial o social, que atañen a la vida o a la historia del país, conviene aprovechar los procedimientos modernos de la cinematografía que permiten mantener el recuerdo fiel de ellos, en forma gráfica y aún sonora de sucesos que en el tiempo adquieren importancia".

El Archivo Gráfico, que cuenta también con fotografías y daguerrotipos, da ingreso al material a partir del siguiente plan de asuntos o secciones generales:

- Iconográfica: personalidades oficiales y no oficiales argentinas y extranjeras.
- Ceremonias Oficiales.
- Acontecimientos Históricos: de orden nacional e internacional, firmas de tratados, visitas, pronunciamientos populares, catástrofes, etc.
- Documental: manifestaciones de la vida, oficiales o privadas.
- Didáctica: "se agruparán en esta sección los materiales relevados para su exhibición en los institutos de enseñanza de acuerdo con las normas que aconseje la Inspección General del ramo"[226].

Este Archivo deberá recibir copias o negativos de todas las fotos o películas que se tomen en las dependencias del gobierno. Posteriormente otro decreto ordenará las normas necesarias para la garantía de objetividad:

- resumir sistemáticamente con el documento fotográfico o cinematográfico que se archiva un legajo con recortes de periódicos donde se explique el hecho documentado;

---

[225] Trascripto en Chiappori, S. "Organización y objetivos del archivo gráfico de la Nación", publicada en *El Monitor de la Educación* N° 855, marzo de 1944.
[226] Ibíd.

- suprimir de los films documentales las leyendas que contengan comentarios personales;
- no dar entrada a material que no tenga su correspondiente "pedant" documental;
- recurrir a testimonios de personas de reconocida solvencia moral que, en acta, deje su opinión acerca de los materiales reunidos.

La fidelidad que se enuncia como propia de la reproducción en fotografías o cine, sumada al control que se espera tener de ellas y, a través de ellas, de los acontecimientos que de antemano se reconocen como históricos, además de la jerarquización de las voces o textos que pueden acompañarlas (prensa, solvencia moral de las opiniones, rechazo a los comentarios personales), hablan de la construcción de una verdad sobre el pasado con pretensión de objetividad.

Además, hay que tener en cuenta sus objetivos educativos. Dentro de los servicios auxiliares del Archivo se crea una división llamada Cinematografía Educativa, que tiene por objetivo la difusión o distribución para exhibiciones en institutos de enseñanza dependientes del Ministerio de Justicia e Instrucción de las películas retrospectivas de carácter histórico y, además, prepara en especial aquellos films didácticos indispensables para ilustración de clases técnicas o cursos de materiales experimentales.

El sistema educativo y las Campañas

En relación a las campañas educativas, en la Argentina, son muy pocas las referencias encontradas de este tipo de iniciativas. La emergencia del actor colectivo "pueblo" de la mano del nacionalismo peronista, a partir de 1943, tuvo sus particularidades (Altamirano, 2001). Por un lado, no contó con la adhesión de amplios sectores intelectuales, especialmente a los ligados a las elites culturales. Por otro lado, el sistema educativo argentino había sido capaz de expandirse con una fuerza excepcional, alcanzando a amplios sectores de la población e instalando una fuerte presencia a lo largo del territorio nacional. Quizá estos rasgos pudieron haber influido en que no se apelara tan asiduamente al cine como instrumento educativo, dado que podía contarse directamente a la escuela como espacio de divulgación de la doctrina peronista.

Sin embargo, es interesante ver cómo en *El Monitor de la Educación* se reflejan experiencias ligadas al trabajo masivo a través del cine en el medio rural.

Como ya hemos planteado, la ciudad y el campo constituyeron espacios diferenciados de modernización, y el último, en muchos casos, estuvo en el horizonte del primero, por representar formas más primitivas de vida y de cultura. En un artículo publicado en 1925[227], el cinematógrafo se presenta como el entretenimiento moderno que, en los medios rurales, es capaz de evitar la migración a los centros urbanos como único modo de distraerse. Posee ventajas de las que otros entretenimientos carecen: a diferencia del teatro, por ejemplo, puede llevarse adelante con la sola presencia del operador, y el espectáculo es exactamente el mismo que el que se ve en la ciudad. Además, pueden incluirse filmes de tipo "agrícola", que reflejen problemas o realidades propias de esta economía[228].

Las dificultades para llevar adelante este tipo de proyectos no son menores. Pero es justamente el sistema educativo el que puede aportar alguna solución. El artículo plantea que, a los efectos de la organización, y hasta que se

---

[227] Dubet, A. "El cinematógrafo rural". *El Monitor de la Educación* N° 626, febrero de 1925: 72-74.
[228] Tanto en este artículo como en otros se hace referencia a la existencia de un Cinemateca agrícola propia del Ministerio de Agricultura de Francia, en consonancia con el Ministerio de Instrucción Pública. Su objetivo es la promoción de la vida en las áreas rurales a través del cinematógrafo, de modo de trabajar por la permanencia de la población en el campo.

consolide la existencia de salas y la distribución de películas en el interior del país, sean precisamente los maestros y los equipos que existen en las instituciones educativas los que funcionen comunitariamente.

Pedagogía, moral y cultura popular

La presencia e influencia masiva del cine en la educación de las masas argentinas, sea en el ámbito político como en el de la educación sentimental, no permaneció ajena para el discurso pedagógico de la época. Aunque se ha argumentado que lo que sucedía por fuera de los muros de la escuela no contaba para aquellos preocupados por la educación escolar (Sarlo, 1998), es posible que en este argumento no se atienda debidamente el amplio tratamiento que médicos, pedagogos e higienistas dieran a las influencias del cine en las almas de los niños, jóvenes y adultos. Lo que estaba fuera contaba, en el sentido de que era necesario *estudiarlo como fenómeno para poder impugnarlo*, por no deseable, en relación a los fines que lo animaban.

El discurso pedagógico de la época va a ocuparse de la influencia del cinematógrafo, especialmente cuando se dirige al sujeto pedagógico por antonomasia: el niño[229]. ¿Qué miran los niños fuera de la escuela? ¿Qué efectos produce esta práctica? ¿Cómo se combina con la educación escolar? ¿Cómo ubica a la escuela frente a una sociedad que incorpora al cine como práctica cultural?

---

[229] "La fundación del sistema educativo nacional se produjo vinculada con la polémica acerca del lugar del niño en el nuevo orden." Esta afirmación de Carli puede resultar útil para enfatizar los modos en que discurso pedagógico y discursos sobre la infancia se entrelazan, imbricándose de tal modo que cada uno encuentra sus límites y sus posibilidades en el otro. Véase Carli, 2002: 59.

Si en el capítulo anterior trabajamos sobre los modos en que el discurso pedagógico tramitaba la novedad del cinematógrafo *dentro* del aula, lo haremos ahora sobre aquello que se enuncia acerca de su influencia en *el afuera*, en la vida cotidiana, en las prácticas de entretenimiento. Porque es justamente por otorgarle al cinematógrafo la capacidad de influenciar en la conducta de quien a él asiste que la pedagogía se va a ocupar de señalar sus peligros y de plantear la necesidad de su regulación y control en el medio social.

Quiénes, de qué edad, cuándo, cuánto, con quién

En la medida en que el cinematógrafo como entretenimiento crece y se convierte en una práctica cotidiana, el tiempo que los niños pasan en él no deja de ser una preocupación para los estudiosos de la infancia. A lo largo del tiempo, nos encontramos con diversos trabajos que citan encuestas, constataciones e investigaciones sobre este punto: qué proporción de niños hay entre el conjunto de los espectadores, si asisten solos o acompañados, cuántas veces asisten por semana, cuántas horas[230]. Más allá de los diversos resultados obtenidos, estas investigaciones coinciden en afirmar que los niños pasan *mucho tiempo* en el cine. En nuestro país, una encuesta realizada en 1926 presenta algunos datos, que se publican en *El Monitor de la Educación* con el título "Encuesta Escolar sobre el cinematógrafo"[231]. La encuesta, realizada "con el propósito de conocer la opinión de alumnos y maestros sobre una

---

[230] En los Estados Unidos, una comisión investigadora del estado de Nueva York relevó que hay días en que el 99% de los asistentes son niños. "Los peligros morales del cine". *El Monitor de la Educación* N° 720, diciembre de 1932.

[231] Natale, José. "Encuesta escolar sobre el cinematógrafo". *El Monitor de la Educación* N° 638, febrero de 1926: 63-97.

serie de cuestiones de carácter social, educativo y psíquico, relacionados con la influencia que el cinematógrafo ejerce sobre nosotros", por el Inspector José Natale[232], se tomó a niños de 2do a 6to grado de las escuelas de un distrito de la Capital. Presentaba el siguiente cuestionario:

1. *¿Usted asiste habitualmente al cinematógrafo?*
2. *¿Usted va solo?*
3. *¿Asiste a función entera?*
4. *Enumere algunas cintas vistas.*
5. *¿Cuál de esas cintas le ha llamado más la atención?*
6. *Describa usted, sucintamente, lo que ha visto en alguna cinta cinematográfica.*
7. *¿Usted alcanza a leer completamente todas las explicaciones que pasan por las cintas?*
8. *¿Usted prefiere las filas delanteras?*
9. *¿Sale usted impresionado?*
10. *¿Entiende usted con facilidad el desarrollo de las cintas?*
11. *¿Atiende usted siempre atentamente?*
12. *¿Sale usted molesto de la vista?*
13. *¿Durante las representaciones oye usted bien el piano o la orquesta?*
14. *¿Se cansa usted de oír música durante la representación?*
15. *¿Refiere usted lo que haya visto en el cinematógrafo?*
16. *¿Se interesan en su casa por el relato que Ud. hace?*
17. *¿Busca usted después la novela, el libro de cuentos, las láminas, donde se describen, representan y dramatizan las vistas?*
18. *¿Ha intentado usted constituir algún núcleo de niños con el objeto de representar las escenas cinematográficas?*
19. *¿Gusta usted de las vistas emocionales, de las sentimentales, de las instructivas, de actualidad, de las fantásticas, de las risueñas o de caricaturas?*
20. *¿Usted sueña después con lo que haya visto?*

---

[232] José Natale era, además de inspector, autor de libros escolares para el aprendizaje de la lectura, habiendo publicado *La Base. Libro primario infantil*, en 1915; *Madre: libro de lectura*, en 1920; *Padre mío: libro de lectura*, en 1925; y *Primavera: libro de lectura para segundo grado*, en 1935.

21. *¿Tiene usted presente muy a menudo algunos de los personajes de la cinta?*
22. *Exprésese usted con libertad sobre el cinematógrafo, su utilidad, sus perjuicios.*
23. *¿Son absolutamente suyas estas respuestas?*

La encuesta fue tomada por maestros que contaron precisiones ajustadas sobre el modo de hacerlo. Fue contestada por 3.651 niños, el mismo día a la misma hora. Los maestros encuestadores realizaron una primera valoración de las respuestas, bajo expresas indicaciones, y elevaron los resultados el día 16 de mayo de 1925, a los que podían acompañar con los siguientes comentarios:
1) Objeciones sobre la encuesta.
2) Objeciones sobre la manera de tomarla.
3) Sobre las respuestas de los alumnos.
4) Comentarios sobre la influencia del cinematógrafo.

De las respuestas de los alumnos, cabe destacar que la mayoría de los niños no manifiesta concurrir habitualmente al cinematógrafo, y que el 40% lo hace sin acompañamiento adulto[233]. La mayoría manifiesta comprender los argumentos de las películas, aunque tienen dificultades para retener nombres de películas o para leer los carteles. Por otro lado, un alto porcentaje de los niños comentan las películas en sus casas y/o las representan, un 33% manifiesta soñar respecto de lo que ha visto, y otro tanto salir del cine con molestias en los ojos.

El artículo presenta no sólo los resultados obtenidos por ella, sino los comentarios de los cuarenta y cuatro maestros que se ocuparon de tomarla. Los maestros no hacen objeciones al cuestionario ni al modo de tomarla, por el contrario, en su mayoría aplauden la decisión de investigar de modo sistemático lo que sucede por fuera de

---

[233] Nótese que estos datos no se corresponden con los aportados por Mercante en el capítulo anterior.

la escuela con esta práctica. Entre sus impresiones sobre el tema (punto 4 de los comentarios sugeridos), las respuestas comparten muchas perspectivas no sólo entre sí sino también con las posiciones más amplias que venimos señalando:
- la importancia del cinematógrafo como invento;
- el reconocimiento de su especial influencia sobre los niños, por ser un medio de entretenimiento atractivo, además de accesible y barato;
- la maleabilidad del alma infantil, la facilidad que el niño tiene de imitar, la falta de razón para distinguir lo bueno y lo malo, la alta capacidad imaginativa;
- la fuerza que lo que se ve posee por sobre lo que se lee o escucha, la capacidad de las imágenes de imprimirse en la mente infantil;
- la convicción de que, si no se emplea como factor de educación, es un medio *desmoralizador, posee influencia maléfica, es escuela de inmoralidad y perversión, es vehículo de toda clase de embustes, es escuela de mal ejemplo, es promotor de perniciosas inclinaciones, enferma la imaginación con ideas absurdas, hace apoteosis del mal*;
- la afirmación de que los locales y salas de cine no reúnes las condiciones de ventilación, higiene y seguridad necesarias para los niños.
- la necesidad de intervenir en las cintas que se proyectan, ya sea estableciendo salas de cinematógrafo especialmente infantiles, con películas especiales o días y/o funciones especiales para niños en las salas existentes, de modo que los niños no estén expuestos a películas perniciosas; o controlando el material que se proyecta y la edad de quienes asisten a cada función.

Unos años después, en 1932, se realiza una encuesta entre alrededor de 3.600 niños de la Capital Federal, que se encontraban cursando de 1er grado superior hasta 6to grado (de 6 a 14 años). Los niños contestaron en una hoja las siguientes preguntas escritas en el pizarrón: "¿Le gusta el cinematógrafo? ¿Cuántas veces va? ¿Qué cintas prefiere? En algunos casos se agregó ¿con quién va?, en reemplazo de la segunda pregunta, y en otros, se pidió los niños que describieran la cinta de su predilección"[234]. Los resultados obtenidos se analizaron en dos grupos, el primero correspondiente a los alumnos de 6 a 10 años (1.800 respuestas) y el segundo a los de 11 a 14 años (1.750 respuestas).

Las respuestas de cada grupo no difieren notablemente. En el primer grupo el 94% manifiesta su agrado por el cine, el 44% concurre mucho o muchísimo (una vez por semana o más), y sus preferencias más importantes se reparten entre el 38% por películas cómicas, 26% dramáticas y 20% de *cowboys*. En el segundo grupo el 82% manifiesta su agrado, el 50% va al cine mucho o muchísimo, y la preferencias se ordenan alrededor de las películas dramáticas (37%), cómicas (27%) y de *cowboys* (9%).

Lo que estos resultados constatan es algo que ya hemos planteado: la fuerte presencia en la cultura popular del cine como entretenimiento. Pero lo que nos interesa señalar es la preocupación que se abre para maestros y educadores frente a esas prácticas: que el niño vaya al cine con frecuencia y que se deleite con vistas e historias que no poseen finalidad más que "pasatista" o de entretenimiento pone en peligro las prácticas sistemáticas que sí las poseen. Atendamos el siguiente comentario, con el que se remata el artículo que presenta esta última encuesta:

---

[234] Cumora, M.L. "El cine y los niños". *El Monitor de la Educación* N° 753, setiembre de 1935. El artículo está escrito en primera persona del singular, y la autora manifiesta haber colaborado con una empresa de radiodifusión de la Capital para realizar la encuesta, por lo que ésta no habría sido iniciativa de actores del sistema educativo, como en la encuesta anterior.

"Para quienes nos sentimos maestras en cualquier parte donde haya un chico, es verdaderamente dolorosa la presencia del niño en cinematógrafos donde se exhiben películas con argumentos pasionales, de misterio o de crimen que excitan la imaginación y que le impresionan tan fuertemente que luego se ve asediado, perseguido por las visiones que desfilaron ante los ojos abiertos de asombro. ¿Saben los padres hasta qué extremos perduran y perturban las impresiones de la infancia? ¿Tienen conciencia de su enorme responsabilidad?
Ojalá que las reflexiones que sugieran estos interrogantes sirvan para crear un ambiente de comprensión que nos estimule a continuar en esta campaña impuesta por nuestra condición de educadoras ya que no es posible admitir que el cinematógrafo siga destruyendo lo que con tanta consagración y fatiga construye la escuela"[235].

Qué ver y qué no ver

Ya en 1920, Mercante había planteado que el cine constituía un peligro. En el trabajo citado presenta al cine como una fuerte amenaza a la tarea educativa encomendada por entonces básicamente a la institución escolar. Esta amenaza es fundamentalmente moral: Mercante enfatiza el peligro que el cine representa, al estar en manos de comerciantes que, por su "indigente imaginación científica o su poca capacidad didáctica" han hecho de lo que el cine ofrece "una escuela sin conceptos, sin ideales, vulgar, grosera, criminal y a menudo peligrosa" (Mercante, 1925: 110). Para demostrar esta hipótesis Mercante analiza lo que ofrece un "cine de familia", y señala que:
- el 50% de las vistas representan escenas crueles, actos de violencia, homicidios, robos, prisiones, etc.;
- el 30%, escenas eróticas, amores, fugas, besos y abrazos en profusión, "guiños picarescos, miradas quemadoras

---

[235] Ibid.: 81.

cuya media luz y mal disimulada inocencia sobreexcitan y preparan el corazón y los instintos las acometidas que la santa religión prohíbe";
- el 5%, fantásticas y sensacionales que desequilibran la imaginación;
- el porcentaje restante, geográficas, históricas, instructivas, sanas[236].

Por ello, para un Mercante preocupado por la formación del espíritu, el cine representa un peligroso antídoto de lo que la escuela y el proyecto educativo todo se propone para sus miembros. Aunque le reconoce valor pedagógico, capacidad de enseñar y de transmitir, lo que trae consigo no hace más que contrarrestar el orden y la moral que la escuela se empeña en construir. "Esta excelente escuela de criminalidad y perversión donde relucen dagas, puñales, revólveres, carabinas o a cada momento se trenzan sujetos en feroces explicaciones, imagináosla una escuela común" (1925: 112).

El tipo de imágenes que los niños ven, la cantidad de tiempo por día que insumen en ello, la opinión que se hacen de aquello que ven y los efectos que el cine tiene sobre ellos son preocupaciones que exceden largamente la figura de Mercante, y que encontramos tanto en maestros y pedagogos, como en médicos, psicólogos, abogados y jueces. El término "moral", que reiteradamente aparece ligado al control sobre las vistas cinematográficas, no es privativo del discurso pedagógico, sino que es parte de una especie de de "alianza" de la que éste es parte.

Los argumentos por los cuales se considera que el cinematógrafo es perjudicial estos discursos se entrelazan

---

[236] Mercante no es el único que realiza este tipo de "conteo". Véase el siguiente ejemplo: "De 500 representaciones que presenció un estadístico, marco 200 homicidios, 91 suicidios, 103 adulterios, 38 seducciones, 352 hurtos, 43 trampas. ¡Hermosa escuela! Y si pensáis que los jóvenes son los más asiduos al cine, ¡hermosa esperanza!" (Gentilini, 1925: 39).

y se combinan. Esto puede apreciarse cabalmente en el siguiente listado, que condensa mucho de los argumentos más comúnmente expuestos:
a) "porque los distrae de los deberes escolares;
b) porque los aleja de otros géneros de recreo más apropiados a su edad, como los juegos al aire libre, los paseos, las excursiones;
c) porque falsea su concepción de la vida representándosela de una manera artificiosa, tanto en sus aspectos exteriores como en sus aspectos íntimos, morales y sociales;
d) porque los distrae de sus trabajos domésticos y priva así a sus familias de la ayuda que podría tener con ellos;
e) porque sus repercusiones directas o indirectas, perjudica al espíritu y a la educación (perjuicios morales) y no lo es menos desde el punto de vista físico (oscuridad, salas cerradas, atmósfera viciada, promiscuidad, etc.);
f) porque los niños y jóvenes faltos de las necesarias facultades de autocrítica y de autodominio están expuestos a sufrir la sugestión de las escenas pasionales, de las escenas de violencia y de criminalidad presentadas en la pantalla cuya sugestión repercutiría en la vida corriente.
g) Porque de todas las maneras por todos los elementos ofrecidos por la técnica –luz, color, sonido–, por la vertiginosa sucesión de imágenes, etc., el cinematógrafo puede favorecer en los sujetos tarados, en los predispuestos a trastornos nerviosos, en los hipersensibles, los hiperestésicos, y de una manera general, en los deficientes psíquicos[237] o en los que tienen una

---

[237] La clasificación de la infancia según sus "debilidades" de tipo físicas y nerviosas tuvo amplia circulación en los discursos pedagógicos de la primera mitrad del siglo. Véase Puiggrós, 1994.

tendencia para el porvenir, el desarrollo de formas peligrosas de neurosis, producidas por impresiones psico-visuales o psico-sensoriales y que podrían ser la causa de fenómenos graves en el período mismo del desarrollo psíquico y mental del individuo"[238].

La respuesta que se formula para controlar estos perjuicios es el control, las prohibiciones por edades, la regulación del tiempo de las proyecciones, la producción de películas por segmentos de edades, el establecimiento de circuitos de censura. En *El Monitor de la Educación*, se presentan periódicamente ejemplos de cómo otros países y ciudades implementan estos mecanismos. Se relevan medidas de control y de prohibición[239], se inventan mecanismos de regulación de las productoras. El Instituto Internacional de Cinematografía Educativa de Roma concentra su atención en los criterios para la producción de películas infantiles para las salas de cine que sean entretenidos a la vez que de valor educativo[240].

---

[238] "Los peligros morales del cine". 1932. Op. Cit.

[239] "La moral y los cinematógrafos". 1913, Op. Cit., releva las medidas tomadas en Austria; "Cinematógrafo y censura", firmado por Carlos Lebeis Malgahaes, presenta las regulaciones y prohibiciones vigentes para niños y adolescentes en Brasil, Alemania, Austria, Suiza, Italia, Luxemburgo, Noruega, Suecia, Bélgica, Polonia y Suiza (*El Monitor de la Educación* N° 723, mayo de 1933). En 1953, un artículo publicado en la Revista *Cinedrama*, editada en Buenos Aires, releva el sistema de catalogación de películas por edades en Inglaterra (Mayer, J.P. "Los niños y el cine", en *Cinedrama*, diciembre de 1953).

[240] "La cinematografía para niños". Informe preliminar presentado por el Instituto de Cinematografía Educativa, de Roma, al Comité de Ginebra para la protección de la Infancia en 1931. Este informe presenta resultados de encuestas que confirman que la proyección de películas realizadas especialmente para niños (con finalidad educativa) en los cines públicos no tiene éxito, porque los niños prefieren ver el tipo de películas que también se dirige a un público adulto. Por ello, el documento establece criterios para distinguir las películas que, aunque pensadas para público en general con el fin de entretenimiento, no son perjudiciales para los niños. Por otro lado, propone orientar a la industria para combinar

Mercante ofrece un modelo de tratamiento pedagógico de estas preocupaciones. Su propuesta consiste, por un lado, en establecer cuatro "edades mentales"[241] para el acercamiento al cinematógrafo, que implican cuatro formas distintas de excitación y de influencia, por lo que aconseja para cada "edad mental" modalidades de exposición al cinematógrafo que regulan su uso y el contenido de lo que se puede mirar en esa edad:

1º- De 4 a 7 años. Las imágenes pertinentes a esta edad son a) escenas infantiles de cariño, piedad, juego, protección, ingenio, cuyos principales personajes sean los niños, los padres, los amigos, las ayas, los maestros; b) fábulas y cuentos; c) escenas cómicas; d) lugares geográficos circunscriptos, fenómenos de la naturaleza; e) anécdotas, todo acompañado de explicaciones orales. Las proyecciones serán dos veces por semana, de 5 a 7 de la tarde con recreo de media hora, en patios o espacios amplios e higiénicos.

2º- De 8 a 14 años. Con las mismas modalidades de proyección que la edad anterior, a esas imágenes se le podrán agregar proyecciones de lugares geográficos, biografías de hombres célebres, vida y costumbre de los pueblos, industrias y procesos de fabricación, historia natural, vida y costumbres de animales y plantas.

3º- De 14 a 19 años. A lo anterior se le agrega educación de los sentimientos estéticos.

4º- De 20 años en adelante. Igual que la suma de las tres anteriores.

En todos los casos, Mercante deja claramente establecido que están prohibidas las proyecciones con escenas de amor y crimen o vida mundana. Para regular esta práctica,

---

entretenimiento y educación en sus producciones. *El Monitor de la Educación* Nº 736, abril de 1934.

[241] En la división por edades ya se empiezan a ver las influencias de la psicología evolutiva, de incipiente desarrollo desde los inicios del siglo XX.

avanza y propone a las municipalidades argentinas un proyecto de ordenanza que regule las proyecciones del cinematógrafo y "detenga sus excesos". Este proyecto no sólo ordena los horarios, edades y cantidad de horas de proyección, sino que establece la conformación de una comisión que ordene el material disponible en las cuatro categorías antes mencionadas. Esta comisión –cuya conformación propuesta es de tres maestros de enseñanza primaria, tres catedráticos de enseñanza secundaria, tres padres de familia, un médico y un abogado– tendría, entre otras funciones, las de ordenar las proyecciones y clasificarlas, confeccionar y repartir programas y circulares para las familias donde se expliquen los espectáculos, contactar empresarios para aconsejar tipos de producciones y velar por el cumplimiento de la ordenanza. De lejos se ve en esta propuesta las marcas del discurso higienista, y las preocupaciones de positivismo normalista argentino (Dussel, 1999; Carli, 1999).

Mercante, de algún modo, lo que hace es "pasar" la forma y contenido del discurso cinematográfico por la lógica escolar, buscando moralizarlo y regularlo a la misma vez. Si retomamos los aportes de B. Bernstein acerca de la estructura del discurso pedagógico, la regla de secuencia se hace presente en la clasificación de las edades mentales, y entra en correspondencia con otras clasificaciones provenientes de la psicología acerca de cuándo aprender qué. Sostener otra regla de acceso al cine significaría atentar con el principio que ordena el aprendizaje en la escuela.

Quizá en este eje pueda pensarse la reacción del sistema educativo a la modernidad técnica que la sociedad presentaba a través del cine. Es justamente su capacidad de poner en jaque a la lógica que sostiene a toda la pedagogía escolar la que lo inhabilita de entrar y ser considerado en este espacio. Objeción moral y temor a la pérdida de las certezas que la escuela construyó para sí bien pueden constituir los argumentos que hicieron que los sistemas educativos se cerraran sobre sí mismos y filtraran el ingreso de fenómenos sociales tan importantes como los que el cine traía consigo.

Ver para creer: ladrones, maleantes y delincuentes

El fantasma que recorre las preocupaciones y discusiones sobre la influencia del cine es la delincuencia, el descontrol, la violencia, la liberación de los instintos, o, para usar un término que condensa en el fantasma de las políticas de disciplinamiento: la barbarie[242].

Si *ver es creer*[243], los efectos que los films de ladrones, maleantes, pícaros, prófugos, delincuentes comunes o asesinos, compiten con los dramas pasionales, los engaños y desengaños, el adulterio, las desgracias para *dar a ver* malos ejemplos, "antimodelos" de la moral y las buenas costumbres. Porque el cine es todopoderoso[244], abundan los ejemplos de niños y jóvenes que, en distintos lugares, no hacen más que reproducir en la vida real lo que han visto en la pantalla:

- dos jóvenes de 16 años, sugestionados por las vistas cinematográficas, abandonaron sus casas y

---

[242] Resulta sumamente ilustrativo el trabajo desarrollado por el uruguayo José Pedro Barrán en los dos primeros tomos de la Historia de la sensibilidad en el Uruguay: *La cultura "bárbara" (1800-1860)* y *El disciplinamiento (1860-1920)*, donde se enlazan discursos médicos, jurídicos y pedagógicos con regulaciones de los espectáculos y formas de entretenerse. Véase Barran, 1992a y 1992b.

[243] Mayer, J.P., Op. Cit.: 12.

[244] "No se puede vivir ignorándolo. Está en todas partes donde se encuentre el hombre y tiene sobre él una influencia a lo largo de toda su vida. Es todopoderoso. Y es sobre todo durante la infancia, durante esa fase esencial, específica y prodigiosa, que influye sobre nosotros."Costa, D. "La infancia y el cinematógrafo". *El Monitor de la Educación* N° 809, mayo de 1940.

enmascarados y armados de puñales y revólveres, se entregaron al robo, asaltando transeúntes en caminos campestres[245].
- Un niño fue asesinado del mismo modo que se veía en una película que estaban proyectando en la localidad donde se produjo el delito[246].
- Un "pequeño raterillo" de 11 años hablaba de sí mismo como de un héroe de película, y daba el nombre de actor que figuraba en la pantalla como su nombre, cuando hablaba de la fechoría fallada[247].
- Una niña en un reformatorio manifiesta haber llegado allí por perseguir el "indecible deseo" de divertirse tal como lo hacen damas distinguidas en las películas: con maravillosos trajes en locales suntuosos, bebiendo champagne y bailando[248].
- Niños de entre 10 y 12 años que rompieron la vidriera de una pastelería y que, al enfrentarse a un tribunal de menores, manifestaron haberlo visto en el cinematógrafo[249].
- Un niño de 8 años, habiendo visto un film de *cowboys*, apenas llegó a su casa, se apoderó de una pistola que pertenecía a su padre y, gritando frases que había escuchado en el cine, disparó e hirió gravemente a su hermanito de 3 años de edad[250].
- Un grupo de tres niñitas, de 9, 12 y 13 años llevaron adelante una serie de robos en casas ricas con gran

---

[245] Ponzo, M. "El cinematógrafo y la delincuencia infantil". *El Monitor de la Educación* N° 564, diciembre de 1919.
[246] Ibid.
[247] Hoffman, M. "El cinematógrafo y los menores". *El Monitor de la Educación* N° 722, febrero de 1933.
[248] Ibid.
[249] Ibid.
[250] Costa, D. Op. Cit.

habilidad. Al ser apresadas, declararon haber sido impulsadas por los films de *gangsters* y policiales[251].
En un registro similar, pero cuya fuente es la Sociedad Pediátrica Española, el ya citado trabajo de Bernardo Gentilini, *El cine ante la Pedagogía y la Medicina, ante la Moral y la Religión*[252], ofrece los siguientes ejemplos:

- una niña de 12 años que intentó suicidarse con ácido clorhídirico, consultada acerca de cómo había adquirido la noción de matarse en aquella forma y con aquella sustancia, contestó que lo aprendió en el cinematógrafo.
- Existen niños con "exaltación frenética", nombre que se le da a la obsesión por exaltación imaginativa de las impresiones cinematográficas. Este mal produce que no puede estar en la escuela o con su familia, y que sólo permanece inmóvil y tranquilo cuando está en el cine.
- Una niña de 13 años intentó envenenar a sus padres por haberla castigado por una falta de respeto. Consultada acerca de cómo se le había ocurrido, contestó que lo aprendió en el cine.
- Una niña de 13 años aprende a robar en el cine y lo pone en práctica, por lo que termina en un asilo de corrección.
- Un niña de 12 años, que concurre dos veces por semana al cine, se pervierte al despertársele precozmente su afectividad e instinto sexual, y crece "desequilibrada en sus afectos, impresionista, sexual, vehementemente apasionada por cuantas personas le producen halagüeña impresión" (Gentilini, 1925: 15).

---

[251] Costa, D. Op. Cit.
[252] Este texto, publicado en Madrid (s/e) en 1925, tiene en sus primeras páginas certificado de censura eclesiástica y orden de impresión. El abordaje rápidamente deja ver su pertenencia a la fe religiosa católica de su autor.

Y la lista podría aumentarse con pequeños o grandes ejemplos. Todos parecen concluir en lo mismo: "Es indudable que la criminalidad infantil es anterior al cinematógrafo, pero no es menos cierto que por una parte ha aumentado y que por otra parte ha tomado una forma más audaz, más peligrosa, más profesional, y se podría asegurar más científica desde que se ofrece el film *policial* a las ignorancias y a los malos instintos"[253]. "El cine es escuela de crimen" y "Universidad de la inequidad" (Gentilini, 1925: 28).

En un registro donde higienismo y criminalidad se confunden, la maleabilidad del alma infantil aparece como blanco fácil para la promoción del robo, el contrabando y el asesinato. Las películas dan a ver el modo de limar los barrotes de una cárcel con la malla de un reloj o de escalar un muro, "enseñan" a hacer el molde de una llave con un pedazo de cera o a evitar dejar huellas digitales usando guantes, convirtiéndose así en escuelas de delincuencia, especialmente para los más jóvenes.

Paralelmente a que se configurara la naturaleza de la infancia, se da la emergencia de la categoría de *menor*: a las alteraciones de psiquismo que producen, hay que sumar la vulnerabilidad que ciertos grupos de niños poseen para ser influenciados: "El niño normal sabe que el mundo del cinematógrafo no es real. Sabe distinguir entre la vida real y el mundo del cinematógrafo. Un parte de los menores, sin embargo, no posee esta elasticidad del alma, pero queda fuertemente impresionado después de haber visto la imagen en este mundo de sueños. Él se lo imagina como realidad, se coloca en él y sigue tejiendo los acontecimientos de la película"[254].

---

[253] de Laflotte, B. "El cinematógrafo desmoralizador de la infancia". *El Monitor de la Educación* N° 537, setiembre de 1917. El autor es abogado. Ver también "El cinema público y la infancia", de Maurice Roubroy. *El Monitor de la Educación* N° 686, febrero de 1930.

[254] El cinematógrafo y los menores".1933. Op. Cit. Nótese el uso del término *impresionado*, el que nos remite directamente a la postulación de la

Los menores, entonces, aunque por el Código Civil fueran aquellos niños o jóvenes con menos de 22 años, designan a quienes poseen situaciones de pobreza, marginalidad o abandono, siendo todavía más vulnerables a las influencias del cinematógrafo[255]. El señalamiento de cierta "debilidad" de los niños frente al cine y el reconocimiento de circunstancias sociales y/o biológicas que los hacen todavía más vulnerables lo hace parte de las clasificaciones con las que se "convierte" a los niños en menores[256].

Sluys, por su parte, afirmará que: "Todas las personas no son igualmente influenciadas por los espectáculos cinematográficos, en general, los niños lo son más que los adultos, las mujeres que los hombres, la gente de carácter sensible más que los intelectuales, los ignorantes más que las personas instruidas y habituadas a analizar sus estados de conciencia" (Sluys, 1925: 36). Para más adelante añadir: "La influencia es mayor en los espíritus que no están templados moralmente. La herencia biológica y los medios sociales miserables y corrompidos producen vicios (...). Todos los individuos eminentemente sugestionables son presa fácil de los ejemplos reales o en imágenes" (1925: 37).

---

educación como impresión, desarrollada en el Capítulo I. Sin embargo, aquí se pone en juego en relación a la debilidad o maleabilidad –el autor usa la expresión "elasticidad del alma"– del niño.

[255] Carli, 2002: 80. Allí se señala que: "Se era menor no sólo por la condición legal frente al adulto, sino *por carecer de familia regular y no estar incorporado a la escolaridad obligatoria*". Los subrayados del original destacan de qué modo discurso pedagógico y control social se entrelazan.

[256] "El concepto de *menor* es emblemático de sentidos que terminan constituyendo una zona opaca. Presente en las teorías del derecho y en la filosofía desde los comienzos de ambas construcciones teóricas, la noción da a ver y pone de manifiesto una significación móvil que transforma al *menor de edad*, categoría jurídica que concierne a todos los niños, con independencia de su origen, en un *menor*, noción que carga con las representaciones de una infancia adjetivada, que se ha podido leer, a lo largo de los tiempos, bajo distintos nombres que responden a un *orden clasificador*" (Frigerio, 2008: 20).

Estas hipótesis no sólo se sostienen desde las voces educativas. Es posible encontrar apartados dedicados a centros de distracción que incluyen al cinematógrafo en textos sobre minoridad, como el de J. Araya, "Asistencia social al menor"[257], donde se enfatiza la unanimidad de opiniones entre sociólogos, pedagogos y hombre de ley acerca de la influencia que cine y teatro poseen sobre el desarrollo psíquico infantil, prestándose fácilmente a la imitación.

El cinematógrafo y la cultura docente

¿Qué lugar ocupa el cine en el perfil cultural del docente de la época? Las pocas referencias explícitas encontradas en *El Monitor de la Educación*[258] centran la relación del maestro con la cultura desde la literatura y la prensa, el conocimiento de la ciencia, la especialización en la tarea que llevan adelante a través de la psicología y otros saberes. Si bien enfatizan que un maestro cultivado o educado va más allá de la instrucción que lo hace maestro, en ningún caso hay mención a la cultura audiovisual o al cine como parte de la formación cultural. El citado trabajo de B. Sarlo sobre Rosa del Río (1998) muestra cómo la educación escolar y normal traza una clara línea entre los elementos culturales valorables y los que no lo son, y cómo la identidad del magisterio representa en sí misma un conjunto de lecturas, ideologías y prácticas a los cuales adscribir, entre las que no se hace explícito al cine.

Las ausencias se hacen especialmente visibles frente a otro tipo de referencias y menciones dedicadas al cine en discursos pedagógicos no hegemónicos. Entre ellos, por

---

[257] Araya, José L. (1945): *Asistencia social al menor*. Editorial Rosario, Rosario.
[258] Nos referimos a los artículos de Romeo, L. "Integración cultural del maestro" en el Nº 482 de febrero de 1913: 93-97; y Ferré, A. "Los maestros y la cultural general", en el Nº 752, de agosto de 1935: 3-12.

ejemplo, las de H. Brumana[259], quien en 1932 le aconsejaba a una maestra: "Ande por la calle y mire viendo. (La calle es fuente de toda vida. Recórrala y aprenderá cosas que no están en los libros. Vaya al teatro, al cine, a oír conferencias, músicas, al circo)"[260]. Estos consejos, parte de una lista que incluía "cuide su físico y su manera de vestir", "cultive un arte", "lea" y "coquetee y tenga novio", pueden ser pensados como otra forma de procesar la modernidad propia de la sociedad argentina en las primeras décadas del siglo, muy distinta a la caracteriza al pensamiento de Mercante y del positivismo normalista argentino. Feminismo, progresismo político y crítica al nacionalismo que la escuela defendía eran banderas de Brumana y de otras mujeres que discutían los principios moralizadores que el discurso escolar desplegaba sobre la cultura (Masiello, 1997).

Otra referencia importante la constituye la experiencia de la "Escuela Serena" llevada adelante por las hermanas Olga y Leticia Cossettini entre los años 1935 y 1950 en la ciudad de Rosario, e interrumpida por una intervención del Gobierno Nacional. En el archivo de la experiencia, donado por ellas mismas a una institución pública, las referencias al cine son muy diferentes a las encontradas en *El Monitor de la Educación* o en las apreciaciones de Mercante. Allí no hay registros de que la escuela contara con reproductor, que los chicos hicieran cine, que en la escuela se pasaran películas de cine. No hay discusiones acerca de la conveniencia de incorporar al cine en las prácticas pedagógicas ni había consideraciones pedagógicas generales acerca del cine.

Entre lo encontrado se destacan las cinco cartas enviadas por el posteriormente cineasta Fernando Birri en el verano y septiembre de 1947, agosto de 1948 y 1952. Aunque pobladas

---

[259] Maestra y periodista socialista, que llevó adelante luchas feministas.
[260] Citado en Birgin (1999), p. 44.

de imágenes visuales, Birri todavía firma como "poeta y titiriloco", haciendo referencia a la actividad de titiritero en la que se encontraba ocupado. La última carta, fechada dos años después de la intervención que diera lugar al cese la experiencia en la escuela Carrasco, señala el comienzo de su condición de cineasta, a través de: "Tu carta era triste, y me puso triste todo este tiempo. Pero ahora basta Leticia, basta Leticia. El tiempo ha pasado. Estoy trabajando día y noche en el cine. Es nuestra última gran esperanza. La imagen de la vida aumentada en la medida de un gran ojo. La vida como un inmenso fresco en movimiento".

Esta carta deja traslucir un vínculo donde el arte y el magisterio se entrelazan alrededor no solo del presente sino también del futuro. En este sentido, cada vez que el cine aparece a través de alguna figura, como en el caso de Birri o de Manuel Villega López, lo hace dentro de una serie donde también hay otras figuras, no ligadas al cine, pero sí al arte o a la literatura: Gabriela Mistral, Juan Ramón Giménez, Hilarión Hernández Larguía, Javier Villafañe. Así como es posible encontrar una serie de educadores entre la correspondencia de Olga y Leticia (Luz Viera Méndez, Lorenzo Luzuriaga, Ricardo Nassif, Luis Iglesias, Jesualdo Sosa, Lombardo Radice, Herminia Brumana, Juan Mantovani, Fernando de Azevedo, etc.), es posible también armar series de nombres de personalidades de la cultura en la correspondencia recibida por la publicación de algunos de sus libros, o por la noticia de la cesantía: Ezequiel Martínez Estrada, Julio Cortázar, Jorge Luis Borges, Victoria Ocampo, Noé Jitrik, Gino Germani. La correspondencia que está presente en el archivo no sólo habla a través de sus destinatarios o remitentes, sino hace ver el tono con el que estas mujeres participaban de la vida cultural e intelectual de la época, donde sus voces se distinguen por su protagonismo. Tanto el tipo de diálogo que la correspondencia posee como el registro de escritura nos devuelven maestras poco convencionales, activas, desafiantes, donde su lugar en el coro de los circuitos culturales de la época no presenta ningún tipo de subordinación, sino una posición activa y absolutamente consciente de la envergadura teórica del proyecto que tienen entre manos[261].

Basta reconstruir los lugares donde son puestos estos "pares" en su relación con la experiencia. En ambos casos, Olga y Leticia, a través de su obra, dialogan en un plano de horizontalidad con hombres de la cultura, cultura que excedía notablemente la que la escuela hegemónica hacía para sí.

Otra referencia que puede resultar de interés tiene que ver con la compañía cinematográfica de Walt Disney. En el transcurso del año 1941 Olga realiza un viaje a Estados Unidos con el objeto de comunicar y enriquecer su experiencia[262]. Durante su ausencia se mantuvo en contacto permanente no sólo con su familia y colegas sino también con sus alumnos. El medio de comunicación empleado fue el habitual de la época: la correspondencia. La danza de cartas que iban y venían hicieron que tanto la viajera como quienes aguardaban su retorno se mantuvieran en

---

[261] Insiste la pregunta acerca del por qué estas cartas son seleccionadas por Leticia para ser parte de un archivo público, cuando algunas de ellas contienen un marcado tono íntimo, como las de Fernando Birri. Derrida plantea que "el archivo, como impresión, escritura, prótesis o técnica hipomnémica en general, no solamente es el lugar de almacenamiento y conservación de un contenido archivable pasado que existiría de todos modos sin él, tal y como aun se cree que fue o que habrá sido. No, la estructura técnica del archivo archivante determina asimismo la estructura del contenido archivable en su surgir mismo y en su relación con el porvenir. La archivación produce, tanto como registra el acontecimiento" (pág. 24). ¿Acaso en el gesto de ella de incluirlas, y en el nuestro de considerarlas, no se pone en juego una dimensión más amplia de la experiencia donde sus relaciones con las elites culturales necesitan ser tenidas en cuenta?

[262] A partir de la publicación de "El niño y su expresión" Olga recibe una beca de la Fundación Guggenheim para recorrer distintas ciudades de los Estados Unidos y promocionar su trabajo.

mutuo contacto. En una carta enviada a su familia desde Los Angeles, California, el 22 de febrero de 1941, Olga escribe:

> *"Ayer se me ocurrió escribirle a Disney, que vive cerca de Los Angeles, y le mandé el cuaderno de poemas de Beatriz y algunos dibujos (el de Ramón, esp. de la primavera) y otros. Le digo que tengo grandes deseos de visitar su 'Studio'. Sé que es muy difícil poder hacerlo pero los trabajos de los niños me han abierto todas las puertas y tengo alguna esperanza en Disney".*

El resto de las referencias encontradas rodean al cine desde otros lugares: la explicación del funcionamiento del cinematógrafo en el cuaderno de los alumnos; la existencia de pedazos de películas de cine que reflejan escenas de las "misiones culturales" o los dibujos sobre personajes de cine nos hacen aventurar que el cine como técnica tenía cierta presencia; registros docentes de la habitual práctica que la escuela promovía de salir a mirar la realidad a través de un pequeño marco de cartón rectangular, que los alumnos utilizaban para seleccionar "encuadres" y puntos de vista, para dibujar, describir o interrogar[263].

Como en el caso de la maestra Brumana, es posible inferir que en esta innovadora experiencia la relación entre cine y educación se da como parte de una fluida relación de la docencia y la escuela con la cultura, relación que discutía e interrogaba los estrechos límites construidos para la escuela por el normalismo. Para estas maestras, el cine en sí no constituía una amenaza, muy por el contrario, era una ventana al mundo, una experiencia estética no objetada para maestros ni alumnos. Quizá haya que incluir también aquí un clave de género para pensar el tratamiento del cine, ya que son los casos de las maestras

---

[263] Una escena de chicos alumnos de esta escuela usando el "marquito" de cartón ha sido recreada en el video "Querida Leticia", trabajo de ficción que narra esta experiencia pedagógica innovadora a través de la correspondencia de Fernado Birri a Leticia Cossettini.

que desafiaban el modelo femenino hegemónico los que muestran otra mirada sobre el cine y la cultura en general.

Pero también hay que considerar la respuesta que estas experiencias construyen sobre la otra amenaza, a la que hacía alusión Mercante: la amenaza a la gramática escolar que el sistema educativo había sistematizado. Es justamente la relación de la escuela con el afuera, con su exterior, lo que se discute en la disputa entre la gramática normalista y la crítica que le hace la Escuela nueva. En el caso de la experiencia Cossettini, era justamente esta relación lo que la oponía a otras experiencias pedagógicas, ya que la escuela se construía en diálogo con el mundo cultural. El cine era parte de ese exterior que un tipo de escuelas deja afuera y el otro incluye.

El lugar marginal que Brumana o las hermanas Olga y Leticia Cossettini ocupan en el interior de la historia de la educación argentina son indicios de que cine y educación caminaron por carriles diferentes. Al mismo tiempo, muestran que otro modo de pensar y poner en práctica esta relación era posible.

Sin embargo, ni siquiera aquellos que miraban con simpatía estas experiencias repararon en el cine. Es el caso del educador santafesino Juan Mantovani (1939, 1940), admirador de la experiencia de la Escuela Serena rosarina. Mantovani, en una serie de conferencias y discursos pronunciados entre 1939 y 1940, dedicados al estado del arte, la cultura y la enseñanza de las artes plásticas, no se encuentran menciones sobre el cine, salvo una que pareciera tomar las precauciones de Mercante: "el cinematógrafo, debidamente aplicado a las diversas enseñanzas, contribuiría también a esta escuela a acentuar un sano realismo en la educación objetiva de las artes plásticas" (Mantovani, 1940: 30-31). Para Mantovani, el cine no es arte y tampoco parte de la cultura, sólo un dispositivo técnico que se puede incluir con los cuidados necesarios.

Capítulo IV
El cine, un agente educativo más

"El film acaba de introducirse o, mejor dicho, de extenderse en las costumbres. No solamente arrincona viejos juguetes, sino que abre puertas y ventanas nuevas sobre la vida. Se mezcla a todos los esfuerzos, se asocia a todas las curiosidades, se pliega a las necesidades más diversas. Rapidez y lentitud, cadencia verdadera o arbitraria, fantasía o exactitud minuciosa capaz de igualar a la naturaleza en sus ritmos o de copiar a la imaginación del hombre, y a veces hacer que sea más verdadera que la realidad misma; el film cambia la forma, y se convierte en lo que se quiera: testigo, archivo, portavoz, explorador, anteojo astronómico... Mientras el cine prosigue en la plaza pública su carrera de saltimbanqui extraordinario e inspirado, una corriente vertiginosa empuja al film más allá de su función espectacular, mucho más lejos que las cuerdas de los trapecistas y los ruidos alegres de la pisa. Y todavía el film no ha hecho más que empezar."

Gilbert Cohen-Seat. Prólogo de
Cine, juego y sociedad, de E. Martínez.

"Muy lejos, en Sidney, alguien me preguntó hace poco, después de una presentación de París, Texas*:*
'¿Es una historia real?'
Le respondí: 'Ahora lo es.''

Wim Wenders. *El acto de ver.*

Nuestra hipótesis inicial marca un punto de inflexión a partir de la década del '50. En esta década la institución escolar comienza a perder centralidad como espacio de la transmisión de la cultura, frente a la emergencia de una serie de desarrollos tecnológicos que modifican el escenario donde la relación escuela/modernidad tenía lugar. El trabajo con las fuentes ratificó esta hipótesis, por lo menos hasta el fin de siglo: ni *El Monitor de la Educación* ni *La Obra* se ocupan del cine en los términos en que lo sostuvieron durante los primeros 50 años; por el contrario, las referencias directas al cine pasan a ser escasas, y su tratamiento toma otras formas. Si la escuela pasa a ser un agente educativo más entre otros, por la creciente presencia de los medios masivos de comunicación, el cine pasa a ser un medio más entre otros, por la emergencia de otras tecnologías que trabajan con la imagen en movimiento.

El cine y la emergencia de la televisión

Los '50 nos sorprenden con un invento que viene a modificar las prácticas de lectura de la imagen y a instalarlas como cotidianas: la televisión. Su emergencia hace configurar una nueva serie de discursos: sobre el papel de la imagen en la educación, sobre el valor pedagógico de la imagen en movimiento, sobre el papel de los medios en la formación de las identidades culturales. Estos se entrecruzan con los debates que los '60, fundamentalmente, introducirán sobre la dominación, material e ideológica que atraviesa el mundo, por un lado, y con aquellos que articulan innovación tecnológica y desarrollo, por otro.

Es así como el entramado de discursos, desarrollos tecnológicos y prácticas sociales que se referencian a la circulación y consumo de imágenes se amplía y complejiza, modificando sustancialmente la posición del cine. Éste, a su vez, sufre transformaciones importantes tanto en su dimensión de industria del espectáculo, de lenguaje o de práctica social.

El tratamiento del cine por parte de las ciencias sociales y de los debates pedagógicos no se escapa a este giro. Si las identidades se configuran a partir del lugar que se ocupa en un determinado campo, como plantea Bourdieu (1995), la emergencia de la televisión modifica sustancialmente muchos de los presupuestos con los que el cine trabajaba hasta el momento.

Lo que la TV trae en el manejo de la imagen

El desarrollo tecnológico que hizo posible la televisión es importante tanto como fenómeno comunicativo, en su capacidad de transportar imágenes en el espacio (Debray, 1997), como en los modos de producción y de transmisión de esas imágenes. La imagen televisiva es *otra* imagen, no sólo en su vínculo con el tiempo y el espacio, sino fundamentalmente, en su soporte material, en las diferencias que la cinta magnética (video) tiene con la película química (cine)[264]. Debray señala la diferencia de este modo:

> "En la foto y el cine, la imagen existe físicamente. Una película es una sucesión de fotogramas visibles al ojo desnudo en régimen continuo. En el vídeo, materialmente, no hay imagen, sino una señal eléctrica en sí misma invisible, que recorre veinticinco veces por segundo las líneas del monitor. Somos nosotros los que recomponemos la imagen. Todos los elementos de la imagen de cine son registrados instantáneamente y en bloque. Es un todo. La transposición de una imagen luminosa en señal eléctrica en un telecine (el procedimiento de un registro vídeo de un film de cine) se efectúa punto por punto. A continuación, el tubo anali-

---

[264] Si bien en los inicios de la televisión todavía se rodaba en 35 o 16 mm, la aparición del magnetoscopio en los '60 impone el vídeo en un principio en el estudio y posteriormente en exteriores, por sus ventajas en el manejo de la imagen: a) imagen y sonido en la misma pista; b) prescindencia del revelado químico en laboratorio; c) bajo coste del soporte; d) posibilidad de transmisión a distancia (Debray, 1994).

zador descompondrá la imagen vídeo mediante el análisis de los elementos por línea y trama, habida cuenta de que cada elemento o señal vídeo constituye una información. La imagen de vídeo ya no es una materia sino una señal. Para ser *vista*, la imagen debe ser *leída* por una cabezal registrador" (1994: 232, cursivas del autor).

Ya no es un *trazo de luz* el que conforma la imagen que vemos. La imagen no es atravesada por la luz y proyectada, sino que la luz es parte de sí misma.

Las consecuencias no son menores. La imagen de la televisión es en sí misma la transmisión, "una transmisión a distancia, en directo y demultiplicada" (Dubois, 2001: 16). La simultaneidad de la transmisión y su visualización hacen de la imagen televisiva una imagen sin pasado, que viaja, circula y se propaga donde quiera que vaya siempre en presente. El transporte en tiempo real modifica sustancialmente el estatuto del espectador: multiplica su anonimato, lo vuelve indiferenciado, lo convierte en cifra o *rating*. Además, la imagen de la TV es imagen del mundo en directo, y en duración real, por lo que el realismo de la simultaneidad se agrega al del movimiento para formar una imagen cada vez más cerca, aparentemente cada vez más "calcada" sobre lo real (Dubois, 2001: 21), cuando de ella es posible afirmar, al mismo tiempo, que es inmaterial, "es sólo una señal eléctrica codificada o punto de un barrido de una trama electrónica, es pura operación sin otra realidad objetal que pudiera transformarla en materia en el espacio de lo visible" (2001: 27-28).

Pero el hecho de que la imagen televisiva y la imagen cinematográfica no compartan ni la misma relación con el tiempo o con el espacio o la realidad que registran, no los hace necesariamente opuestos. No podemos ignorar que ambos son parte de las sociedades industriales y de masas que, comenzando con la prensa en el siglo XIX y posterior y progresivamente con la fotografía y la radiofonía constituyen los soportes tecnológicos que hicieron posible que en esas sociedad se inauguran otras formas de discursividad (Verón, 2001; Giovannini, 2005). Tal como lo formulara McLuhan, cada medio anida en el anterior, y en este sentido es claro que la TV lo hace en el cine (Mitchell, 2005). En términos estéticos, su "cercanía" como lenguaje deja entrever territorios de entrecruzamientos que muestran cómo se han alimentado uno de otro, llegando incluso a transformarse mutuamente (Dubois, P.; Mélon, M-E. y Dubois, C., 2001). Y en términos culturales, la televisión no sólo transforma el vínculo cotidiano con la imagen, sino que también lo extiende a conjuntos cada vez más importantes de espectadores, televidentes ahora, que a través de ella ven cine.

Con la emergencia de la televisión, el cine cobra otro alcance. Su transmisión, además de su proyección, lo modifica sustancialmente. Modifica su imagen, "re-escrita" en clave de señal televisiva para poder ser transmitida. Modifica la "elección" de lo que se ve, al sustraerse a las decisiones de los canales de TV, a sus criterios y horarios. Modifica también las condiciones en las que se ve: la oscuridad, el aislamiento colectivo propio de la sala de cine, los juegos de luces y sombras durante la proyección, la suspensión del yo, los enclaves temporales y espaciales de la mirada. Posteriormente, con la aparición de las videocaseteras hogareñas se modificarán aún más las prácticas de qué ver, cuándo, y en qué condiciones.

Algunos números dan cuenta de este fenómeno. En los EE.UU. había, en 1947, 4.680 millones de espectadores de cine y, en 1956, habían descendido a 2.470 millones[265]. En Inglaterra, en 1947, existían sólo 15.900 aparatos de televisión, y la cifra de los espectadores de cine ascendía a 1.462 millones; diez años más tarde el número de te-

---

[265] Gubern, Román: *Historia del cine*. Lumen, Barcelona, 2006: 336.

levisores había crecido a 7.100.000 y el de espectadores de cine había descendido a 915 millones[266]. En la década del '60, en Argentina había 8.579 habitantes por pantalla de cine, y 18 por asiento, destacándose entre otros países de Latinoamérica. En ese momento, Francia tenía 15,6 habitantes por asiento y España 12,8[267]. Investigaciones posteriores, en la medida en que miden la importancia de la televisión, marcan el progresivo cierre no sólo de salas de cine, sino también de teatro (Alvarez Gallego, 2003). Por la aparición de la televisión masiva, y posteriormente –ya en la década del '80– de las videocassetteras hogareñas, el cine pierde crecientemente su importancia dentro del consumo de entretenimiento –al menos el consumo que se hace en las salas de cine–. Una investigación de J. Martín-Barbero señala que entre 1982 y 1987, en Argentina se pasó de 45 a 22 millones de espectadores (2002: 359).

En el desarrollo de la industria cinematográfica, estas transformaciones no tienen un impacto menor. El veloz desarrollo de la televisión en los EE.UU. hizo que su industria respondiera, rápidamente, a los efectos de conservar el mercado que había conquistado, iniciativa que se imbrica con el desarrollo de las industrias en la 2da guerra mundial y luego de ella, donde los lenguajes visuales como la propaganda se combinan con la psicología de neto corte conductista y los estudios sobre la comunicación, ubicando a la sociedad y a sus integrantes como objetos maleables y a la comunicación como el instrumento para incidir sobre ellos (Gurpegui Vidal, 2007).

Así, se dan una serie de experimentos técnicos alrededor de su proyección (cine en relieve, *cinerama*,

---

[266] Ibid.: 390.
[267] Estas cifras provienen de una investigación realizada por UNESCO en el año 1956, donde se contrastan la cantidad de habitantes, la cantidad de salas de cine y la cantidad de entradas vendidas por habitante. Publicada en Martínez, E., 1961.

cinemascope, macropantallas, etc.) que, aunque resultan de poco impacto masivo, instalan una serie de debates acerca de los aspectos industriales y estéticos, e introducen un quiebre en la uniformidad técnica. Los caminos que toma la industria son dos. Por un lado, el de reducir el volumen de su producción pero aumentar su costo y espectacularidad, de modo de ofrecer al espectador aquello que no puede contemplar en la pantalla de su televisor, camino elegido por las grandes empresas. Por otro lado, se produce un significativo empuje al "cine de autor", de bajo costo y con independencia creadora, lo que da lugar a la aparición de diversos movimientos de cine independiente en distintos países, con producciones que se mueven en circuitos pequeños de proyección, filmotecas, festivales y circuitos no comerciales, capaces de incursionar y experimentar en el campo del lenguaje y de problemáticas existenciales, de un modo original. Es así como se afianza su importancia cultural y comienza a ser considerado como arte del siglo XX por parte de la filosofía, la sociología y la crítica de arte (Gubern, 2006). En la década del '50 comienza a editarse en Francia la revista *Cahiers du Cinema*[268] y en Inglaterra, en la década siguiente, *Screen*[269], ambas emblemáticas publicaciones dedicadas a la crítica cinematográfica, donde se hacía lugar a las vanguardias y al floreciente pensamiento sobre el cine.

Hay que señalar también que en el marco de la posguerra europea, las dificultades de la vida cotidiana hacen que la experiencia de ir al cine cobre significativa fuerza, por las posibilidades que ofrecía de sustraerse de realidades difíciles. La revista española *Archipiélago*, en un número

---

[268] El primer número sale en 1951, y su creador y director es André Bazin.
[269] Editada por la *Society of Film Teacher*, con el objetivo de promover el cine. Si bien el N° 1 de la revista *Screen* sale a la luz en 1968, en 1950 esa sociedad editaba la revista *The Film Teacher*, que en pocos años se convirtió en *Screen Education*, antecedente de *Screen*.

que le dedica al cine[270], publica el resultado de una consulta realizada a intelectuales, escritores, cineastas y críticos de reconocida trayectoria, donde se pregunta, entre otras cosas, qué ha significado para ellos el cine. Responden entre otros Félix de Azúa, Román Gubern y Agustín García Calvo. Todos otorgan un lugar central en su vida a la experiencia cinematográfica, retrotrayéndose a sus experiencias de la infancia y la juventud. En la misma línea se inscriben Bergala (2007), Walkerdine (1998), Derrida (2006a), y libros como el de Pablo Feinmann *Pasiones de celuloide, ensayos y variedades sobre cine* (2005) o *Cine o sardina* de Guillermo Cabrera Infante (1998). En el cruce entre cine y vida que aparece en ellos, puede leerse que las décadas del '50 y el '60 ofrecieron a las generaciones de niños y jóvenes una experiencia de vital fuerza, al permitir ampliar la mirada sobre el mundo a la vez que instalar imaginarios acerca de la posibilidad de un futuro distinto.

El giro de su tratamiento en las ciencias sociales

La rápida expansión de la TV abona y redimensiona la categoría "sociedad de masas", ya incorporada por la sociología, los estudios psicológicos sobre las multitudes, y los incipientes estudios sobre las comunicaciones. Los estudios sociales en general cobran especial impuso en las décadas del '50 y el '60, y en ellos ocupan un lugar cada vez más creciente los fenómenos de la cultura ligados a la comunicación masiva. Es así como las preocupaciones sobre los efectos de la imagen se redimensionan, cobrando central importancia el término "influencia", y dando lugar

---

[270] Nos referimos al N° 22, de otoño de 1995, cuyo Dossier lleva por nombre "El cine: de la barraca de feria al audiovisual". Escriben en él, entre otros, Paul Virilio, Gilles Deleuze, Víctor Erice, y Jean-Luc Godard.

a mediciones, estudios de campo y proyecciones. Pero la emergencia de la TV no hace perder de vista la importancia del cine. Si hasta el momento había sido objeto de reflexión fundamentalmente por artistas, cineastas e intelectuales, desde la segunda mitad del siglo es tomado en cuenta también tanto por la sociología como por la psicología, la filosofía y los estudios sobre las artes.

Entre el conjunto de las publicaciones de la época, se destaca una, frecuentemente citada, que bien puede ser vista como marco de emergencia de un tratamiento nuevo del cine por parte del pensamiento: se trata de *El cine o el hombre imaginario*, de Edgar Morin, publicado en 1956. En ese texto, el filósofo desarrollará, entre otras, una hipótesis que nos resulta central: la de la *metamorfosis del cinematógrafo en cine*. Morin sostiene que el desarrollo del lenguaje cinematográfico que se da a partir de G. Meliès, donde el cine incorpora la magia del trucaje y las metamorfosis que introduce en el tiempo y en el espacio con el montaje, y que tienen especial incidencia en el género fantástico, modifica sustancialmente la relación del hombre con la realidad[271], al dar lugar a dimensiones oníricas, imaginarias, proyectivas, identificatorias[272], o en definitiva, mágicas, como las llama Morin. Lo que el desarrollo de esta hipótesis pone sobre la mesa es un tratamiento del cine como lenguaje a la vez que como rasgo de la cultura que minimiza su dimensión técnica, para hacer resaltar su

---

[271] "... esta transformación no destruye el realismo y la objetividad del universo. *Pero el universo realista del cine ya no es el antiguo universo del cinematógrafo*" (Morin, 2001: 63, cursivas en el original).

[272] El las décadas del '50 y el '60 no sólo la psicología experimental o conductista tuvo importantes desarrollos, también debemos señalar la importancia que cobra la psicología del desarrollo piagetiana, por un lado, y el psicoanálisis por el otro, con especial influencia en los estudios sobre el cine como el trabajo de Christian Metz (2001), cuyos primeros ensayos datan de 1964.

importancia en las posibilidades que ofrece para explorar las preguntas sobre el hombre:

> "Cierto es que, desde su aparición en la tierra, el hombre ha alienado sus imágenes fijándolas en un hueso, marfil o en la pared de las cavernas. (...) *Pero nunca encarnados a este extremo en el propio mundo, nunca en lucha a este extremo con la realidad natural*. Por eso ha habido que esperar al cine para que los procesos imaginarios sean exteriorizados original y totalmente. Al fin podemos 'visualizar nuestros sueños' porque se han lanzado sobre la materia real.
> Al fin, por primera vez, mediante la máquina, a su semejanza, nuestros sueños son proyectados y objetivados. Son fabricados industrialmente, compartidos colectivamente. Vuelven sobre nuestra vida despertada para moldearla, nos enseñan a vivir o no vivir. Volvemos a asimilarlos, socializarlos, útiles, o bien se pierden en nosotros, o nos perdemos nosotros en ellos. Ahí están, ectoplasmas almacenados, cuerpos astrales que se nutren de nuestras personas y nos nutren, archivos del alma. Habrá que intentar interrogarlos; es decir, reintegrar lo imaginario en la realidad del hombre" (2001: 193, cursivas en el original).

Entre los trabajos que provienen de la sociología se destaca el de Gilbert Cohen-Seat, *Influencias del cine y la televisión*[273], donde el cine es analizado como fenómeno social, conjuntamente con la televisión, a través de tres dimensiones presentes en la sociedad del momento: *la información visual, las masas* y *las técnicas*. Allí se reconoce la capacidad de la acción visual de "imponer formas" y de producir identificaciones: "No son ya el cine y la televisión lo que hace pensar al mundo; en adelante es el mercado el que se ve en función de los temas y los esquemas de la información visual" (1967: 51). Por otro lado, el autor

---

[273] Editado en castellano por Fondo de Cultura Económica, México, 1967. Cohen-Seat es el director del Instituto de Filmografía de la Universidad de París. Aparece frecuentemente citado en otros textos o, como en el libro de Martínez (1962), es autor del prólogo.

plantea que hablar de masas implica reconocer la existencia de procesos en virtud de los cuales innumerables individuos se ven determinados o sobredeterminados en su estado y en la mayor parte de sus actividades y de modo de comportarse, adjudicándole al cine y la televisión mayor importancia en la participación de estos procesos que al mismo Estado.

La dimensión pedagógica presente en esta sociedad gobernada por la información audiovisual es crucial. El escenario que Cohen-Seat presenta es el de una nueva representación del mundo elaborada por la acción ejercida por la técnica de la información visual, representación que, cuando su despliegue escapa al control intelectual y práctico de aquellos que pretende controlarla, "cuando parece que la visión del mundo que se nos impone en esas condiciones nos forma más de lo que nosotros nos formamos, fuerza es reconocer que nuestra relación con el mundo se vuelve, a su vez, un vagabundeo" (1967: 125). La cuestión será, entonces, el control[274] de estas formas de representación[275].

Es que la importancia de la imagen en la vida cotidiana, presente tanto en el cine como en los medios de comunicación, era considerada una nueva página de la revolución

---

[274] Las preguntas que se formulan en la introducción y que ordenan el recorrido del texto hacen explícita esta "voluntad de dominio": "¿Cómo hacer que el hombre sea dueño de sus representaciones del mundo? ¿Cómo hacer que sea dueño de la acción que ejerce sobre él? ¿Qué visión del mundo debe captar, o darse a sí mismo, para tener tanto dominio como sea posible sobre su devenir?" (Cohen-Seat, 1967).

[275] Otros trabajos comparten estas preocupaciones acerca del poder del cine y de la imagen. El texto de Martínez, por ejemplo, plantea: "¿no se presenta en nuestro mundo, no se instala en nuestra vida, como una máquina capaz de introducir ideas con un ritmo mucho más rápido que todos los conocimientos hasta su llegada? (...). ¿No podríamos pensar que el mundo se ha modificado, después de este medio siglo de imágenes proyectadas en todas las pantallas del mundo?" (1962: 127).

técnica que el hombre vivía desde el nacimiento de la máquina a vapor (Keilhacker, 1972[276]). En los mediados del siglo, las consecuencias de las dos Guerras Mundiales dibujaban la configuración de un orden donde la dimensión "global" del mundo hacía su emergencia. En él, la imagen ocupaba un lugar central como "lengua internacional de un mundo cada vez más chico", donde "la convivencia de centenares de pueblos con otros de idiomas diferentes es cada vez más necesaria y urgente por muchas razones (económicas, técnicas, políticas)". Y aún dentro del mismo pueblo, "la imagen es el elemento más fácilmente comprensible para todos, ya que su interpretación no depende de los conocimientos de lectura y escritura ni de una lectura diferenciada" (Keilhacker, 1972: 140).

Distinguiendo entre el cine y la televisión, fácilmente se reconoce cómo el cine ha mantenido una cambiante relación con la sociedad, producto de los efectos de las guerras mundiales y de los avatares de la industria, donde fundamentalmente Hollywood respondió a las demandas del entretenimiento y luego de la 2da Guerra Mundial necesitó reubicarse y redefinir su papel (Ferró, 1960; Schikel, 1970). Pero ninguno de estos acontecimientos, aún cuando plantean crisis o agotamiento del papel de cine, discute su importancia. Por el contrario, el cine es recuperado y ponderado tanto por la reflexión filosófica como por los estudios sobre el arte.

Las preguntas acerca del papel que el cine cumple en el panorama general de las artes oscilan, en primer lugar, entre incluirlo o no (Lemâitre, 1959), entre ubicarlo como arte autónomo o resultado de otras artes, o bien pensarlo como un modo de expresión que sobrepasa las perspectivas artísticas existentes (Agel, 1962). Pero nunca el resultado de esta discusión hace perder de vista la importancia

---

[276] La primera edición es de 1964.

revolucionaria que tiene en cine en las prácticas ligadas al arte. Es así como se llega a afirmar que "El hombre moderno es cada vez más un espíritu *fílmico*, y con el paso de las generaciones, el tipo del hombre *afílmico* tiende a desaparecer" (Lemâitre, 1959: 68)[277].

Por su parte, en el panorama de las artes contemporáneas que despliega Jean Cassou (1961), se ubica al cine como un arte del espectáculo que ha revolucionado no sólo el campo del arte en su conjunto, sino la condición misma del hombre[278]. Cassou sostiene que

> "El hecho es cierto: una economía nueva se ha instituido en los distintos modos de expresión de hombre actual. La aparición preponderante del cine ha hecho variar el anterior equilibrio llevándose consigo todos los recursos y todos los empleos de la imaginación, obligando a las demás artes a trasmutarse para servir a otras facultades espirituales. Debido a ello, las artes plásticas se ve hoy dirigidas hacia destinos imprevisibles" (1961: 406).

---

[277] La inclusión del cine en las definiciones de humanidad muestra cómo la filosofía se abre a pensarlo. Cincuenta años después, Agamben planteará que "el hombre es un animal que va al cine" (citado por Liandrat-Guigues, Suzanne y Leutrat, Jean-Louis, 2003).

[278] "Hay en el hombre una apasionada necesidad que nada tiene de fútil, piensen lo que quieran los despreciadores del hombre, y es la de poseer la realidad. No es únicamente una necesidad individual, sino un deseo a cuya satisfacción tiende a asociar a todos los demás seres de su especie. Es una necesidad y una satisfacción que reclaman ser compartidas. Toda la tribu, en montón, comulgando en una misteriosa oscuridad, quiere gozar del placer de ver repetirse las cosas, de saber cómo son o cómo han sido, de asistir a la representación de la realidad en su evidencia y en su movimiento, y después en su color, y después en su resonancia y en su palabra. Esta posesión del mundo, global y vivida, es seguramente muy otra cosa de lo que los pintores llama realismo y que ha surgido *a fortiori* de esta relación donde se sitúan con respecto a una realidad de la que no toman más que algunos rasgos parciales y que no sirve más que como punto de partida para sus especulaciones plásticas" (Cassou, 1961: 401).

En su clave, la psicología también da cuenta en sus estudios de la importancia del cine y sus influencias. En 1951 se publica en castellano la investigación de Henri Stork, "El cine recreativo para espectadores juveniles", cita obligada de muchos estudios de la época, que reconoce la importancia que posee el cine entre los jóvenes. Esta investigación considera, por un lado, los rasgos psicológicos de los jóvenes, apoyándose fundamentalmente en los trabajos de Wallon, y por otro lado las dificultades de encontrar producciones cinematográficas del circuito comercial que contemplen esos rasgos etarios. Citando estudios experimentales, reconoce que las influencias del cine se dan especialmente sobre la sexualidad y la inmoralidad, sobre la delincuencia y sobre la angustia y el miedo en el público juvenil, desde donde plantea, en clave científica, la necesidad de regular el contenido del film con las características del público a quien va dirigido.

Por otro lado, en 1960 se publica la traducción de la investigación empírica de Albert Sicker, sobre la influencia del cine en la vida psíquica del niño[279], realizada en Suiza en 1954. En la introducción, el autor plantea:

> "Hoy en día se considera al cinematógrafo como una potencia mundial que ha planteado muchos y grandes problemas. Uno de los más importantes estriba en el interrogante sobre la influencia del cine en el psiquismo de los espectadores. Dado que entre ellos también se cuentan niños y jóvenes, es preciso que sobre todo los educadores conozcan los efectos causados por las imágenes vivas".

La investigación que presenta pretende dar respuesta a la pregunta *¿cuál es la influencia de la película sobre la vida psíquica del niño escolar?*, para lo cual considera que necesita aprehender la estructura psíquica del sujeto *antes* y *después* de la película, con los mismos medios. La investigación

---

[279] Sicker, Albert (1960): *El cine en la vida psíquica del niño*.

recurre a los métodos de observación libre, sistemática (test de Wiggle y observación psicológica-expresiva), y a cuestionarios y entrevista personal, y a través de ellos da cuenta de procesos de identificación, gustos, temores, y otros estados emotivos y cognitivos de niños entre 6 y 14 años, que ven películas de ficción en el cine.

Imagen y discurso pedagógico

Como se ve en lo textos citados, las fronteras que separa las reflexiones sobre el desarrollo de la imagen y el papel de la educación son muy lábiles, por lo que el auge de estos nuevos abordajes en la teoría social y en la psicología tiene un correlato casi automático en los estudios sobre la educación. En relación al tema que nos ocupa, los estudios sobre cultura visual y sobre influencia de los medios masivos, combinados con las investigaciones cuanti y cualitativas, abren preguntas alrededor del papel de la escuela, y producen respuestas de todo tipo[280].

En una época en que la pedagogía acogió en su seno posiciones muy radicalizadas acerca del vínculo escuela-sociedad, no sólo en términos de la teoría social crítica, sino también desde la tecnificación de la sociedad, existieron quienes directamente plantearon cierto agotamiento de la institución escolar frente a la "revolución" introducida por la sistemática presencia de imágenes en la vida cotidiana,

---

[280] Los EE.UU. son un escenario particular, dado que el desarrollo de la industria cinematográfica, por un lado, y los estudios sobre la influencia de los medios impulsados por la psicología experimental renuevan la apuesta por el cine producido para el circuito escolar, que había tenido importantes desarrollo en la primera mitad del siglo XX. Se dan allí experiencias como la relevada en el texto de Ken Smith *Mental Hygiene* (1999), donde se describe la experiencia de producir textos dirigidos a regular las conductas de los jóvenes que se proyectaban en las escuelas, entre 1945 y 1970.

como es el caso de Cohen-Seat. Este autor hace hincapié en que los sistemas educativos se han edificado alrededor del lenguaje verbal, instrumento privilegiado de la formación y la cultura. Al respecto, señala:

> "Y claro está que no es la introducción, así sea considerable, de lo que se ha llamado medios audiovisuales en la enseñanza –por deseable que resulte, por otra parte–, lo que bastaría para resolver el problema: todo lo contrario. No se trata de visualizar técnicamente la educación, sino de lograr que la educación adapte al hombre a las manifestaciones de la esfera audiovisual en la cual ha entrado" (Cohen-Seat, 1967: 84).

Muchos otros desarrollos se ocuparon directamente del vínculo entre educación y cine o, más ampliamente, entre educación y medios de comunicación, proponiendo la necesidad de una especie de "alianza" o trabajo conjunto que permita mantener cierto "control" sobre los efectos de la creciente presencia de la cultura audiovisual. Frente al reconocimiento de la existencia de un "segundo mundo", constituido fundamentalmente por la presencia en la sociedad y en la vida de los niños y los jóvenes del cine y la TV (Peters, 1961), esta "alianza" parte de la necesidad de regular o "tamizar" el contacto con ese mundo, especialmente entre los sujetos en edad escolar.

En el caso del citado trabajo de Albert Sicker, por ejemplo, se extraen consecuencias pedagógicas de los resultados de la investigación:

> "La influencia de la película es:
> 1) grande, si la acción fílmica se desarrolla sobre la misma línea que la educación diaria;
> 2) pequeña, si esa acción es opuesta, de vez en cuando, a la educación diaria;
> 3) victoriosa, si la misma es siempre opuesta a la educación y además se absorbe en grandes cantidades.
> De ello sigue:

1) Los niños bien educados no son perjudicados por las buenas películas, sino afirmados en su carácter, siempre y cuando la concurrencia al cine se utilice como medio de educación y entretenimiento, dentro de los límites razonables.
2) Los niños mal educados son influidos favorablemente por las buenas películas.
3) Los niños bien educados pueden ser perjudicados y expuestos a peligro por la concurrencia frecuente y psíquicamente eficaz a malas películas.
4) Las malas películas refuerzan tendencias negativas en los niños mal educados. Las malas disposiciones, en estado latente, pueden ser estimuladas y activadas.
5) Todo exceso y toda concurrencia descontrolada al cine deben considerarse como peligrosos.
6) La educación general es decisiva en cuanto a los efectos del cine.
7) Igual que la educación sexual, la educación para el cine es inseparable de la educación general" (1960: 144-145).

Si bien Sicker no se refiere explícitamente a la escuela, combina el posible alcance del cine con los modos en que se combine con la educación, posición que tiene cierto asidero también en otro tipo de discursos, que distinguen buenas y malas películas, sea en sentido estético, como ideológico o moral. Pero, a diferencia de las regulaciones hasta ahora planteadas, la tarea de la educación no tiene como única forma una acción negativa como la censura, sino que se comienzan a plantear acciones de tipo positivas frente al cine como fenómeno cultural que es imposible negar o evitar. Es así como surgen propuestas de "educación cinematográfica" (Peters, 1961), de "cine-debates" o de cine-clubes[281] (Iturralde Rúa, 1964) donde la pregunta del papel de la escuela queda en un segundo plano para ser central el despliegue de pensamiento crítico alrededor de aquello que se ve.

---

[281] Volveremos sobre ella más adelante.

La preocupación por la influencia del cine o de los medios de comunicación se responde no desde la prohibición o la exclusión a su acceso, sino desde el acompañamiento del adulto, en consonancia con la apertura del discurso psicológico y pedagógico a posiciones más libertarias[282].

En el caso del trabajo de Peters, "La educación cinematográfica", lo que se pone en el centro es la acción de doble sentido que se juega entre el espectador y la pantalla: esa participación afectiva a la que se nombra como proyección e identificación, que hace que, frente a la experiencia cinematográfica, el espectador por un lado se pierda en la historia que se cuenta en la pantalla y por otro lado incorpore ese mundo a su propia realidad. Dado que esos procesos son parte de la experiencia que niños y jóvenes poseen al ser parte de una generación en la que la cultura visual ocupa un lugar central, la educación cinematográfica propone un acompañamiento que introduzca formas de mirar "educadas". El objeto de esa mirada no serán películas educativas, sino el cine que se ofrece a la mirada en la vida cotidiana, al que se considera con valor estético, siempre y cuando pueda enfrentarse a un análisis de su sentido por parte del espectador. Los presupuestos que ordenan la educación cinematográfica son:

> "1. ayudar a los jóvenes a precaverse de las películas cuyo principal atractivo reside en la novedad técnica, una cartelera de muy famosos actores y otros elementos superficiales que tienen más que ver con la publicidad que con el arte

---

[282] Carli señala que en las décadas del '60 y '70 se configura un nuevo imaginario sobre la infancia, a partir de la divulgación de distintas corrientes psicológicas y psicoanalistas, de la pedagogía de la autogestión, la psicología genética, la pedagogía antiautoritaria y la literatura infantil. "La infancia es analizada por un conjunto de disciplinas frente a una sociedad que comienza a transformarse en forma acelerada desde el punto de vista social, cultural y político. Los niños se tornan objeto de mercado, de los medios masivos, de la publicidad, pero también de nuevas políticas" (Carli, 1999: 27).

cinematográfico propiamente dicho. En la medida de lo posible, hay que ofrecer al joven los medios que le permitan autoinmunizarse contra el poder de seducción de las películas de este tipo.
2. Contribuir a la formación estética. No vamos a analizar aquí la naturaleza de la educación artística; bastará recordar que el enriquecimiento artístico es un elemento casi indispensable para el desarrollo armónico de la personalidad. (...)
3. Explotar todas las posibilidades que ofrece el cine a la educación, es decir, que no deberá limitarse a los aspectos estéticos de las películas, sino que también deberá tenerse en cuenta sus aspectos sociales, morales y espirituales. A ese respecto puede considerarse que este 'segundo mundo' en el que entre el espectador de cine es una prolongación del mundo real, y que los jóvenes siempre que tengan discernimiento pueden adquirir, gracias al cine, nociones que les pueden ser muy provechosa en la vida.
4. Iniciar a los niños al lenguaje cinematográfico que nos brinda la oportunidad de añadir una nueva dimensión a nuestro espacio mental. Todavía no estamos habituados a ello: las ideas y las opiniones y las emociones hasta ahora nos eran transmitidos sólo a través del tamiz racional de lenguaje verbal, de manera que algunas veces nos sentimos desorientados frente a un medio de comunicación como al cine, que permite al mundo exterior penetrar sin ninguna adaptación previa. Sin embargo será preciso familiarizarnos con este proceso que nos da la facultad de pensar visualmente.
5. Por último, el profesor de educación cinematográfica deberá comprender que el constante crecimiento de los medios de información, y en particular de los medios de información visuales, exige atribuirles el lugar que le corresponde entre las actividades y temas de interés que influyen en el desarrollo de la personalidad de los jóvenes" (Peters, 1961: 20-21).

Para llevar adelante esta tarea, se propone *aprender a ver como se aprende a leer*, lo que incluye desde nociones del lenguaje cinematográfico hasta el despliegue de un pensamiento con operaciones particulares. Es así como se postula la necesidad de comprender, de preconizar una actitud activa: "penetrar el mundo del cineasta gracias al conocimiento del lenguaje cinematográfico", y asimilar razonadamente el texto fílmico, dando importancia tanto a la estética como al contenido ideológico. El resultado es un "espectador conciente", quien ha desarrollado un espíritu crítico que le permite enriquecer su vida personal con la experiencia cinematográfica[283] (1961: 57). Las operaciones de pensamiento que se proponen son las de "desembaucar y liberar": realizar un desapego afectivo o desilusión, "liberando a la juventud del enorme poder emocional del cine", a través del análisis crítico que contempla el contenido, el ambiente, los personajes, el medio donde se desenvuelve la película, las intenciones del director, etc., poniendo en evidencia aquello que no es explícito.

La iniciación de los niños en el lenguaje cinematográfico, y la postulación de un trabajo analítico que exceda el análisis de contenido, constituye toda una novedad en el tipo de prescripciones que el discurso pedagógico venía estableciendo. Hace visible cierta especificidad del cine, hasta ahora no contemplada. Este rasgo y "admisión" del cine de ficción en el territorio escolar dejan entrever cómo la apertura que hacen los discursos socio y psicológicos al cine permea al pensamiento pedagógico.

En nuestro país, estos desarrollos tienen no poca influencia, tanto en los ámbitos académicos como en los

---

[283] Palamidessi reconoce entre las décadas del '60 y '70 la producción de una serie de reconceptualizaciones en el discurso pedagógico que modifican las problematizaciones que se habían articulado alrededor del modelo más tradicional de la educación. Éstas redibujan, desde las preocupaciones por la libertad, la autonomía y la creatividad de los niños, el papel del docente, instalando nuevos mecanismos de control (Palamidessi, 2000, 2001).

pedagógicos. Para dar cuenta de ello, basta atender la importancia que adquieren, de 1950 en adelante, los estudios sociológicos en las universidades argentinas, hasta el momento muy poco desarrollados. Y, entre ellos, los estudios sobre las transformaciones culturales, la emergencia de la cultura industrial urbana y el surgimiento de la cultura de masas (Sarlo, 2001; Carli, 2003).

Pero a ese debate debemos sumarle el peso que tuvo, en nuestro contexto, el surgimiento de la problemática del desarrollo y su centralidad en el debate político y económico de la Argentina de la época. Por un lado, debemos poner en el horizonte el auge del debate desarrollista, el cual "remitía a un espíritu generalizado más que a un grupo ideológico particular" que excedía el ámbito nacional (Altamirano, 2001: 55), y contaba con la acción del estado como una voluntad clave en la posibilidad de crecimiento social. En clave argentina, el desarrollismo frondicista hace ver discursivamente las conexiones entre economía, estructura social y sistema educativo (Gagliano, 1995). Atendiendo a los importantes cambios tecnológicos y científicos que se producían en el mundo, se abonó una relación entre conocimiento y desarrollo. Se le atribuía a la educación el hecho de poseer la virtud de motorizar el desarrollo y el progreso a través de la formación de recursos humanos y de técnicos para el desarrollo (Puiggrós, 1994: 29). Carli señala que:

> "Más que identidades impuestas por una máquina estatal, la escuela pública comenzó a ser un espacio de constitución de sujetos educativos, de puesta en juego de innovaciones pedagógicas y tecnológicas y de producción de vínculos pedagógicos, en una década caracterizada en el mundo por una mayor renovación de los asuntos humanos, y en el caso argentino, por una importante modernización cultural y movilización social" (2003: 20).

Por otro lado, la creciente ampliación de la crítica marxista, presente tanto en el pensamiento social como en el pedagógico, incluye un tratamiento crítico tanto de las instituciones educativas como de los medios de comunicación de masas. Aunque cabe aclarar que, si bien la matriz del pensamiento revolucionario que atraviesa la década del '60 y del '70 deja su impronta en los discursos pedagógicos, apenas se ha visualizado una relación específica entre este tipo de abordajes (como se verán en el próximo apartado) y el uso de la tecnología en general o el cine en particular, al menos para las voces que se hacen escuchar en los ámbitos de la escolaridad básica y media.

En este período es en el ámbito universitario donde se hacen escuchar otras voces que articulan cine, educación de las masas y proyectos políticos liberadores, como parte de los movimientos de cine independiente (Gubern, 2006). Un ejemplo paradigmático lo constituye la Escuela Documental de Cine de Santa Fe, dependiente del Instituto de Cinematografía de la Universidad Nacional del Litoral. Creada en 1956 y dirigida por Fernando Birri, esta iniciativa condensa un particular modo de articular lenguaje cinematográfico, educación, cultura y política.

Retomando el realismo ruso y de los principios del documental social que se desarrollaron en las décadas del '20 y '30, a la vez que haciéndose eco del neorrealismo italiano desarrollado en la posguerra, el trabajo de Birri y de otros cineastas como F. Solanas y O. Gettino (Cine Liberación) y Raymundo Gleyzer (Cine de la Base) hacen hincapié en la dimensión social más que estética del cine (Sel, 2007)[284].

---

[284] Cabe señalar que esta línea de trabajo toma explícitamente el camino del documental. Sin embargo, recuperan del neorrealismo italiano una estética de la implicación: "el cine no podía ser indiferente a la situación política inmediata ni a la historia reciente, por lo que las películas debían ser el reflejo de su toma de conciencia" (Quintana, 2003: 200).

En los postulados de la experiencia de la Escuela de Santa Fe, el cine como fenómeno cultural es ubicado como parte de un contexto nacional e internacional donde se ubica el subdesarrollo latinoamericano, por lo que participa de las características generales de la "superestructura" de esa sociedad, y la expresa con todas las deformaciones. Birri plantea que el cine latinoamericano de la época da una imagen falsa de esa sociedad, de ese pueblo, escamotea al pueblo: no da una imagen del pueblo. Frente a ello recupera al cine documental como aquél que muestra cómo la realidad es y no puede darla de otra manera. Y al testimoniar cómo es esta realidad – "esta subrealidad, esta infelicidad", en palabras de Birri–, la niega, reniega de ella. La denuncia, la enjuicia, la critica, la desmonta. Porque muestra las cosas como son, irrefutablemente. "Como equilibrio a esta función de 'negación', el documental cumple otra de afirmación de los valores positivos de esa sociedad: de los valores del pueblo. Sus reservas de fuerzas, sus trabajos, sus alegrías, sus luchas, sus sueños." (Birri, 1964: 12) El documental social, entonces, produce una toma de conciencia de la realidad, realiza una problematización de la misma que opera un cambio: el de la "subvida" por la vida.

Es por ello que la creación de una escuela de cine representa la posibilidad de un semillero de jóvenes cineastas que contribuyan desde ella, y desde la Universidad[285], a la educación popular, a la liberación de una nación. En el prólogo de la publicación[286] que recupera esta experiencia, Birri plantea:

"Esta idea nace en medio de una cinematografía en desintegración, cultural e industrial. Y nace para afirmar un

---

[285] La Universidad argentina fue una de las instituciones del sistema educativo que, a la vez que se hizo masiva, fue sumamente permeable a los discursos políticos de la época (Carli: 2003).
[286] Birri, Fernando (1964): *La escuela documental de cine de Santa Fe*.

objetivo y un método. Este objetivo era una cinematografía realista. Este método, una formación teórico-práctica. Para ubicar históricamente este objetivo, recuérdese que en ese momento la característica dominante del cine argentino era su 'irrealismo', ya que en ambos extremos de la producción, tan 'irreal' y ajena a la imagen de nuestro país era la imagen cinematográfica que de ese país mostraban al público los pocos films intelectualizados, por evasiva. Cine popular y cine culto eran falsamente presentados así por esa industria como términos irreconciliables de un problema, cuando lo que se quería era decir, en verdad, cuando se decía cine 'popular', era cine 'comercial', y cuando se decía 'culto', era cine de 'elites'.
Superando tan interesado equívoco, el objetivo antedicho se integraba en nuestra posición, compartida por otros frentes extracinematógrafícos, con la aspiración de un arte popular y culto a la vez" (1964: 3).

El tono y la orientación de la relación entre cine, política y acción cultural presente en la experiencia de Santa Fe, si bien condensa un modo de articulación de esa relación, que además toma la específica forma de una institución educativa, por lo que nos ofrece especial interés, no es la única[287]. En relación a las vanguardias estéticas, el escenario no sólo nacional sino también internacional fue ámbito de debates, producciones y postulaciones que se articularon con los acontecimientos políticos y sociales de la época (Grüner, 2001). En el caso de las preguntas por la acción

---

[287] La discusión establecida por un grupo de cíticos, cineastas e intelectuales publicada en *Punto de Vista* N° 81 bajo el título "Cine documental: la objetividad en cuestión" hace visible cómo el documental no puede definirse sólo por la pretensión de un estrecho vínculo con la realidad, sino que su definición participa tanto de lógicas más "objetivas" de construcción del relato con la cámara como del conjunto de condiciones de veracidad de un relato. El trabajo permite complejizar las relaciones entre cine-realidad-verdad tal como se dieron en la década del '70, además de no reducir al relato documental a la producida en un momento histórico específico.

cultural del cine, las voces no fueron uniformes, e incluso llegaron a ser contrapuestas (Sarlo, 1998)[288]. Lo que se ponía en juego era la posibilidad de combinar la acción político-cultural revolucionaria no sólo en los contenidos, sino también en las formas.[289]

El marco más amplio de estas discusiones está dado también por la teoría crítica y los análisis marxistas sobre el funcionamiento de la superestructura y la base estructural de una sociedad, especialmente los referidos al papel de los medios de comunicación. La noción de *imperialismo cultural*, de amplia circulación en la época, puso sobre la mesa a la esfera de la cultura como un campo de batalla ideológico (Ortiz, 2005). Dentro de estos trabajos se destacará, en la década del '70, la publicación del emblemático texto *Para leer el Pato Donald* de Mattelart y Dorfman, de amplia circulación entre las voces educativas críticas, que abona una revisión de la narrativa cinematográfica hollywoodense en clave ideológica, y plantean el desenmascaramiento de la cultura de masas como condición necesaria para la transformación de la sociedad.

El hecho que los debates sociales y políticos críticos tuvieran un importante correlato en los discursos pedagógicos no significó necesariamente que se trasladaran,

---

[288] En su trabajo "La noche de las cámaras despiertas", que relata el conflicto entre distintos grupos de realizadores cinematográficos alrededor de las formas de entender la acción política del cine, Sarlo se pregunta: "¿cómo convertir a las imágenes del cine en actos de la política sin que dejen de ser, al mismo tiempo, imágenes de cine? ¿cómo intervenir en el campo político sin resignar la especificidad del discurso cinematográfico? ¿cómo realizar una acción cultural que no pierda su identidad y que, al mismo tiempo, sea una práctica política?" (Sarlo, 1998: 252).

[289] Grüner señala al respecto la posición de Godard, cineasta representante de las vanguardias de la época, acerca de la necesidad de deconstrucción o "destotalización" del cine, postulando que: "solo pueden someterse a una crítica los 'contenidos' de una cultura empezando por problematizar sus 'formas'" (Grüner, 2001: 172).

al menos en estas décadas, a introducir un tipo de trabajo específico al interior de la escuela[290]. Como se ha planteado, el tipo de pensamiento crítico que se postulaba alrededor del cine estaba dirigido a cuestiones morales o éticas, o era correlato de la apertura a posiciones más activas por parte del alumno. Los análisis en clave de imperialismo cultural, lucha de clases o colonialismo, tuvieron su influencia fundamentalmente en el ámbito universitario en nuestro país.

Sin embargo, el ejercicio de pensamiento crítico que se instala en el ámbito educativo alrededor del cine entre los '60 y los '70 será posteriormente retomado en la clave de hipótesis ideológica, al interior de la escuela, en la década del '80 (Cfr. Capítulo V).

La imagen en el discurso pedagógico de la época

En definitiva, de lo que el discurso pedagógico se hace cargo es de admitir sin discusiones la acción del cine, como de otros agentes, sobre sus espectadores, y a partir de allí reposicionar el papel de la escuela[291]. Estas posiciones se hacen presentes en la prensa para maestros propia de

---

[290] Esto no quiere decir que, analógicamente con los debates acerca de la estética y la política, las voces pedagógicas críticas no llegaran en algunos casos a cuestionar no sólo al contenido de la escuela sino también a la forma, en su participación en el sostenimiento de relaciones sociales de dominación. Pero, como se ha planteado a través del corpus empírico, estos debates quedan afuera de los discursos acerca del uso de la imagen en general y del cine en particular dentro de la escuela.

[291] Ocupan un lugar central en la época los desarrollos pedagógicos alrededor de la televisión y su influencia. Dotro (2003) releva investigaciones de tipo empíricas llevadas adelante en la década del '60 en las cuales, bajo la influencia de la psicología conductista, se busca medir la influencia de la TV en los niños. En la Argentina, encontramos un trabajo empírico realizado sobre 2000 niños, pero se corresponde a los inicios de la década del '80. Nos referimos a "La televisión ¿forma o deforma?" de Tatiana Merlo Flores de Ezcurra y Ana María Rey, publicado por Edi-

nuestro país, con algunos matices o variantes. Atendamos, por ejemplo, a la siguiente afirmación:

"Existe un hecho indiscutible: la asidua concurrencia de nuestros niños y adolescentes a las salas cinematográficas. No es posible que los educadores prescindan de la existencia del cinematógrafo como presencia real dentro del panorama de la vida actual. Su poder e influencia es demasiado grande para ser ignorado y ni siquiera indebidamente justipreciado"[292].

Este tipo de afirmaciones, como el reconocimiento de las reacciones emocionales que el cine produce y el trabajo que hace sobre el espíritu de los individuos[293], está en clara consonancia con la importancia adjudicada al cine en otros discursos. Allí se combinan la educación en sus fases estética, artística, moral o ética, como alternativamente se las llame, y se distingue tanto el *buen cine* como del *cine bueno*, haciendo alusión a la necesidad de tener en cuenta tanto belleza como contenido moral[294].

En la revista *La Obra*, se presenta al cine como fenómeno cultural ubicado en el universo más amplio de los **agentes de la educación**: "instrumentos y elementos que obran en esa operación de manera y en forma provocadas, directa y específicamente encaminadas hacia la finalidad educativa", conjuntamente con las escuelas y colegios, las iglesias, la

---

ciones Culturales Argentinas y Secretaría de Cultura de la Presidencia de la Nación, editada en marzo de 1983.

[292] "La educación y el cine". Revista *Cátedra y Vida. En torno a los problemas de la enseñanza media*. N° 2, Buenos Aires, octubre de 1956: 32. Esta revista, publicada entre 1956 y 1970, reúne a pensadores de raigambre católica, como Luis Zanotti y Gustavo Cirigliano.

[293] "Las artes y la función educadora". *La Obra*, Año XLII, N° 595, diciembre de 1962. Allí se ubica al cine, conjuntamente con el teatro, dentro de las *artes mayores*, conjuntamente con la pintura, la música, la escultura y la arquitectura, pero las primeras ocupan los primeros lugares "porque son, ambas, las artes que más pesan en el hacer educativo sobre el pueblo".

[294] "La educación y el cine". *Cátedra y Vida*. Op. Cit.

radio y la televisión, los diarios y revistas, el teatro, los libros, la música y las artes plásticas[295]. El reconocimiento de "acción educativa sobre las masas" por parte del cine, el teatro, la radio y la TV abre la preocupación por su contenido "malsano, mercantilizado, grosero, de mal gusto" que interfiere con los propósitos de la educación escolar. Todos estos agentes trabajan de modo paralelo, aunque no es tan sencillo uniformizar su acción. Al respecto, el articulista se pregunta:

> "En las sociedades nacionales, en los vecindarios, en las familias, en las escuelas y colegios, como en los cuadros y partituras musicales, en las pantallas del cinematógrafo y en los escenarios teatrales, en el periodismo como en las iglesias, y no se diga en la tele y la radio, ¿existe, acaso y por ventura, la misma línea de sapiencia, honorabilidad y gracia que sería menester concretar entre todos los agentes y factores de la educación para la verídica y eficiente formación del hombre culto, vale decir, de la persona que requiere la felicidad común de toda la colectividad humana?"

En el caso del público adolescente y joven, la revista *Cátedra y Vida* propone "la educación del sentido crítico y de la apreciación artística de los alumnos, a fin de que así se los capacite para juzgar con rectitud y por sí mismos el valor de las películas"[296].

La forma que este ejercicio del sentido crítico toma es el "Cine-debate", como medio concreto de apreciar las opiniones juveniles[297] con respecto al cine y poner de relieve los

---

[295] "Factores y agentes de la educación popular". *La Obra*, Año XLII, N° 589, 15 de mayo de 1962.
[296] "La educación y el cine". *Cátedra y Vida*. Op. Cit.
[297] Palamidessi señala que en este período la tendencia es que la conducta de los alumnos ya no se regule por la disciplina y la obediencia sino a través de actividades "libres", "por medio de técnicas de debate grupal o a través de la narración de los sucesos de la propia vida, sin hacer referencia a la narración moral-patriótica. El ambiente pedagógico se va liberando de los temas sagrados, de las conductas correctas, de la

aspectos positivos y negativos de la labor cinematográfica. Para ello, formula un esquema de trabajo que consiste en:

"1. Antes de la proyección: comentarios sobre el género, empresa productora y nacionalidad del film, época y circunstancias de realización, costos, artistas, críticas recibidas y resumen del film.
2. Después de la proyección: retrabajo del "director" del cine-debate acerca de:
   2.1. Breve síntesis de la historia argumental a través de las partes del film.
   2.2. Idea central o mensaje del film, en profundidad, en general y por secuencias.
   2.3. Análisis técnico: montaje, fotografía, secuencias, diálogo, música, ritmo, escenario (montaje, vestuario, etc.), colorido.
   2.4. Análisis artístico-literario: guión, libro, intérpretes.
   2.5. Moral cinematográfica: impresiones, valoración, análisis moral del mensaje.

A continuación, se presenta un DECÁLOGO del director de cine-debate:
- Simpatía natural
- Inteligencia rápida
- Buen conocedor de públicos
- No ha de ser extremoso o irascible
- Ha de saber de cine
- Prepararse antes de cada sesión
- No imponer juicios en las discusiones
- En las intervenciones ha de encontrar algo positivo
- Ha de partir del punto de que es imposible el acuerdo entre los espectadores
- Ha de vencer el desaliento"[298].

Cabe señalar que no aparecen elementos propios de una situación pedagógica ni en el esquema para el trabajo

---

observancia obsesiva de los códigos literarios, ortográficos o caligráficos" (2000: 239).

[298] "Para los cine-debates: esquema de una discusión". *Cátedra y Vida* Nº 3, noviembre de 1956.

ni en el decálogo. Sin embargo, se ve con claridad cómo este tipo de actividad y este perfil de "director" pretenden acompañar a los jóvenes en el análisis crítico del film, tarea que de acá en más encontraremos casi sistemáticamente en el uso del cine en la escuela[299].

Por otro lado, se destaca en el universo discursivo de la época un texto que toma otros caminos para el vínculo entre cine e infancia: nos referimos al libro *Qué ven, qué leen nuestros hijos*, de Víctor Iturralde Rúa[300], donde, a partir de de la pregunta por la relación imagen-niño desde la televisión, las historietas y el cine, concluye que éste último constituye un medio que en numerosas oportunidades no contempla la naturaleza del niño[301]. Para ello propone

---

[299] En las nuevas formas de regulación de la actividad docente que Palamidessi postula para la época, enfatiza que "La inquietud se concentra en ciertas formas que debe adquirir el proceso: disminuye el control sobre lo comunicado, la vigilancia se torna indirecta, mientras que la regulación de la conducta tiende a descentrarse de la figura del docente y desplazarse hacia el grupo de pares. El maestro es, a partir de entonces, un presentador de situaciones, un coordinador de ambientes, un planteador de problemas para la actividad de los alumnos" (2000: 232). Estos rasgos se ven en el decálogo, y los encontraremos también en los rasgos que Iturralde Rúa propone en los cineclubes para el lugar adulto.

[300] Editado por Eudeba, Buenos Aires, en 1964. Víctor Iturralde Rúa fue crítico, director, publicista y periodista. De ideología libertaria, impulsó la metodología del cineclub, que entre los '50 y los '60 eran espacios de movilización política y de debate. En el catálogo de un homenaje que se le hiciera en el Malba, en 2004, se señala: "Como buen librepensador, Iturralde privilegiaba aquellos films en los que la creación artística pura se demostraba tan posible como en la pintura o en la literatura, es decir, prescindente de las ataduras industriales y comerciales. Al mismo tiempo, enseñaba que el cine entendido de ese modo también era de realización accesible para cualquiera y apostaba al estímulo de la imaginación, la curiosidad, los valores humanistas, la comunicación. El arte y el conocimiento como caminos directos hacia una verdadera libertad individual".

[301] En la apelación a la naturaleza del niño y en el tipo de propuesta que este autor hace se ve la influencia de los discursos psicoanalíticos en la educación de los niños propios de la época (Carli, 1999).

la creación de seminarios de estudio del cine para niños y la creación de cineclubes infantiles. Señala que "es necesario y cada vez más urgente crear una conciencia en padres, maestros, autoridades, comerciantes sobre que es el verdadero cine para niños. Y ellos sólo se aprende viéndolo, haciéndolo, estando con los niños, estudiándolos y sacando conclusiones de una experiencia viva, contemporánea. Para ello, seminarios, cineclubes" (1964: 49). Mientras los seminarios permitirán hacer juicios realistas sobre el llamado cine para niños, el cineclub constituye un espacio para que los niños no miren solos, sino que se piensa desde el acompañamiento, tome éste la forma de una ambiente cuidado o de palabras. Los cineclubes plantean la posibilidad de elegir "lo que se pone a los ojos del niño", cuidándolo desde su naturaleza[302].

El común denominador de este tipo de posturas es el despliegue de un tipo de actividad de pensamiento, al que los autores denominan "crítico", alrededor de la experiencia de ver cine, pensamiento que incluye el conocimiento de ciertos rudimentos del lenguaje cinematográfico y que se despliega sobre **todo el cine**, en el sentido de trabajar con niños y jóvenes alrededor de lo que ven más allá de los límites de la escuela. Es así como el cine de ficción, producto de la industria cinematográfica, realiza un primer ingreso al ámbito educativo.

Sin embargo, el hecho de que estas preocupaciones den ingreso al cine de ficción al interior de la educación de los niños y jóvenes no implica necesariamente una "apertura" de lo que es dado a ver, un reposicionamiento de la posición de los adultos, padres o maestros o de la institución escolar misma. Por el contrario, lo que se hace presente tanto en los "cinedebates" como en los "cineclubes" es la presencia

---

[302] En un libro publicado veinte años después, profundizará la propuesta de los cineclubes. Véase Iturralde Rúa, Víctor, 1984.

y regulación de los mecanismos de control propios de la educación moderna: el ejercicio del mirar acompañado siempre de un adulto, educador, que cuide y opere sobre los límites de lo que se puede y no se puede *dar a ver*. En este sentido esa "apertura" no está exenta de participar de la tradición *iconoclasta*[303] para la que la proliferación de imágenes de nuestra cultura está llena de peligros para la formación de las audiencias, y especialmente para la educación de la infancia y la juventud (Gurpeguí Vidal, 2007). Lo que se ofrece para contrarrestarlo es la producción de una mirada controlada a través del ejercicio de acompañar, guiar, cuidar, regular, filtrar, criticar, analizar[304].

Los saberes desarrollados alrededor del cine educativo

La admisión, por parte de la pedagogía, de la centralidad y la influencia del cine como de otras prácticas ligadas a la cultura de la imagen en la vida humana, tuvo su impacto también en el desarrollo de saberes y prescripciones didácticas y pedagógicas, que introdujeron desplazamientos en el tratamiento histórico que de la introducción del cine al aula se venía haciendo. Pero no son debates que afectan únicamente al cine. En lo que se configurará como saberes propios de la Tecnología Educativa, desde los años '50 alrededor de esta área se agrupan los estudios sobre los medios como generadores de aprendizaje (Maggio, 2000)[305].

---

[303] El término *tradición iconoclasta*, así como *cultura iconoclasta* o *iconosfera*, son utilizados para designar la centralidad de la imagen en la cultura del presente. Su utilización es recurrente en la obra de Román Gubern.

[304] Acerca de los mecanismos de control que se ponen en juego en estas nuevas formas de regulación, existe una amplia producción en los estudios sobre el currículum (entre los cuales podemos mencionar a Popkewitz, 1994; y Apple y King, 1989), como sobre la formación de la subjetividad infantil (Walkerdine, 1995). Sobre cómo la configuración curricular de nuestro país es parte de estas regulaciones más amplias, véase Palamidessi, 2001.

[305] Puede ser útil distinguir que las historizaciones sobre la emergencia de la Tecnología Educativa como saber dan cuenta de la concepción aquí

Siempre ocupados por la utilización del cine educativo, y lejos todavía de incluir al cine de ficción en el ámbito escolar, estos saberes, sin embargo, alcanzaron nuevos niveles de desarrollo, y tuvieron especial impacto en las publicaciones de difusión masiva.

La profesionalización en los argumentos que las ciencias sociales proveen para describir la sociedad en la que la educación escolar tiene lugar, tuvo su correlato con cierta "profesionalización" de la pedagogía, abocada ahora a la búsqueda de un nuevo lugar de la escuela en una sociedad cambiante, lugar que admita la coexistencia con la cultura de la imagen, y, en todo caso, saque provecho de ella.

Tomando distancia de posiciones más moralizantes y echando mano de un lenguaje más técnico, nos encontramos con nuevas y más sofisticadas operaciones de introducción del cine al aula, con todo lo que eso conlleva.

Un claro ejemplo de las operaciones emergentes lo constituye la publicación, en 1956 por parte de la UNESCO[306], de un "Manual para la Evaluación de películas y películas fijas" (Allison, Jones y Schofield, 1956)[307], preparado con arreglo a las normas internacionales para la Catalogación de Películas y películas fijas de carácter educativo, cientí-

---

señalada, con fuerte influencia del desarrollo de artefactos tecnológicos específicos y medios de instrucción, en correspondencia con desarrollos de la psicología experimental. Por otro lado, señalan que sobre los finales de los '60 y en los '70 se consolida un abordaje más amplio que incluye como Tecnología Educativa al conjunto de procedimientos, principios y lógicas para atender los problemas de la educación, con fuerte influencia del abordaje sistémico. Para un abordaje histórico de la constitución del campo véase Maggio (2000) y Litwin (2000).

[306] La UNESCO funcionó en este período como un agente importante de impulso de nuevos modelos curriculares, de estímulo a la profesionalización del campo educativo y al desarrollo de públicos nacionales para los discursos modernizadores (Palamidessi, 2001).

[307] Sus autores son miembros de la *Educational Film Library Association* y del Departamento de Bibliotecas y Medios Audiovisuales del Comité de Educación de Newark (New Jersey).

fico y cultural. El objetivo de este manual es normalizar la existencia de Comités con criterios unificados que realicen una apreciación justa de las películas que existen, de modo de facilitar la selección en el campo educativo. El manual recoge métodos empleados por la *Educational Film Library Asssociation* en su Proyecto de Evaluación, iniciado en 1946 y que en la fecha cuenta con 70 comités de evaluación en todo el territorio de los E.U.A. Propone definiciones y principios generales, junto con recomendaciones concretas sobre procedimientos que deben emplearse, como una ficha tipo de evaluación, que comprende:

I. Datos generales (título, año de realización, realizador, tema, formato, etc.)
II. Contenido (pequeña sinopsis acerca del tema de la película).
III. Observaciones:
    1. Informe sobre exactitud y autenticidad de la película, actualización de los datos citados, parcialidad en la selección o presentación de los hechos.
    2. Apreciación sobre la forma de exposición, indicando: a) si la información (visual y verbal) se presenta con criterio sistemático; b) si se han incluido elementos no relacionados con el tema.
    3. Apreciación de la calidad técnica de la película: fotografía, gráficos, edición y sonido.
    4. Impresiones generales en las que se incluirán las observaciones que se estimen de interés para quien las use.
IV. Clasificación (realizada según un público determinado):
    Muy recomendable: excelente.
    Recomendable: buena.
    Apropiada
    Aceptable
    Dudosa

No recomendable: mediocre o inapropiada.

Además de presentar ejemplos de fichas, el Manual introduce una serie de criterios para la conformación y funcionamiento de los Comités de Evaluación, en que recomienda incluir: dos o más *especialistas en el tema* o temas de que trate la película; dos o más *especialistas audiovisuales*, que sean expertos en producción y utilización de películas; y dos o más *consejeros o especialistas en utilización de películas* en medios educativos, que conozcan los públicos (niños, padres, adolescentes, maestros, etc.), que evalúen valor pedagógico del material y aconsejen sobre su proyección.

Si bien nada indica que estos comités vayan a evaluar películas de ficción, sino que se trata de material que es parte de colecciones de material audiovisual a disposición de docentes o de instituciones educativas –cine educativo–, cabe señalar que estas recomendaciones abandonan apreciaciones morales sobre el material. Más bien, proponen un lenguaje técnico, para la evaluación del material, que valoraciones más allá de criterios pedagógicos y psicológicos garantizados por los especialistas, tomando distancia de los comités de censura ya mencionados.

Audiovisualismo

En el caso de las publicaciones dirigidas a instituciones educativas de todo tipo, lo que en este período se visualiza es una ampliación de las preocupaciones por la incorporación tecnológica que excede al cine, y se centra en la utilización en el aula de grabadores, magnetófonos, y de un conjunto de equipos centrados en la imagen: proyectores de diapositivas, epidiascopios, didactoscopios, proyectores para microscopia, que se suman a los proyectores sonoros de 16 mm y 8 mm, y posteriormente las videocintas, que en su conjunto recibe la denominación de material didáctico[308] (Winam, 1973; Warner, 1974; Winslow, 1974). El mismo desarrollo de estas tecnologías pareciera provenir directamente de las preocupaciones didácticas de incorporar los avances de la tecnología en el manejo de imágenes a la enseñanza, ya que es llamativo cómo su circulación en el espacio escolar viene de la mano de la oferta de series de diapositivas, *slides*, películas, láminas, animales embalsamados, preparaciones entomológicas, aparatos de física, etc[309]. El cinematógrafo, uno más en la larga lista de "adelantos" posibles de incorporar al aula, pierde visibilidad en su especificidad como tecnología, y todavía no la adquiere en relación a las producciones de la industria.

Sin embargo, la bibliografía pedagógica distingue, dentro del conjunto de iniciativas "modernizadoras" de la educación escolar, a aquéllas que combinan imagen y sonido: todo aquello que se nombra con el término "audiovisual", sean "medios audiovisuales"[310], "didáctica audiovisual", "cultura audiovisual", "material audiovisual", "enseñanza audiovisual", "técnicas audiovisuales", "ayudas audiovisuales", o directamente, "audiovisualismo" (Cirigliano, 1966; Porcher, 1976; Kemp, 1973; Cromberg, 1971; Scuorzo, 1970; Lennon de Errandónea, 1968; Bullaude, 1962, 1970; Tickton, 1974)[311].

---

[308] Dependiendo de las fechas de edición de los textos, los listados de estos materiales incluyen grupos diferenciados de objetos, dado que son década de continuas innovaciones en el desarrollo de tecnología de distinto tipo. En algunos casos, en el mismo índice los autores plantean que entre la escritura y la publicación se han modificado las tecnologías que se hacen disponibles para el aula (Kemp, 1973; Briggs, Campeau, Gagné y May, 1973), pero aclaran que de cualquier modo siguen siendo importantes las consideraciones alrededor del uso.

[309] A lo largo de la década del '60 los diferentes números de la revista *La Obra* contienen importantes cantidades de avisos publicitarios que ofrecen equipamiento tecnológico y didáctico de este tipo.

[310] En *La Obra*, nombrados directamente con la sigla MAV.

[311] Si bien la bibliografía pedagógica que se ordena alrededor de la preocupación "audiovisual" excede largamente la aquí citada, se ha seleccio-

Con matices en los enfoques y en ocasiones diferenciando el hincapié (sea en la dimensión didáctica, pedagógica, o simplemente técnica), estos trabajos comparten una serie de rasgos que pueden resumirse en:

a) Se establece como punto de partida la necesidad de que la educación escolar **brinde elementos** a los estudiantes **para enfrentar la sociedad en la que viven,** por un lado, pero a la vez se reconoce la deficitaria formación docente para hacer del uso de los medios audiovisuales en pos de la renovación de la enseñanza[312]. De este modo, se establecen un conjunto de saberes ligados al uso pedagógico de los medios audiovisuales, que va desde los conocimientos técnicos necesarios para su utilización en el aula hasta la producción de materiales audiovisuales.

Dentro de estos saberes, abundan las clasificaciones de los medios audiovisuales, y las propiedades y ventajas de cada uno, fundamentalmente en clave técnica: energía, luz, necesidades específicas de espacio, facilidades en su operación, etc. (Porcher, 1976; Kemp, 1973; Scuorzo, 1970; Lennon de Errandónea, 1968; Bullaude, 1970), o directamente las indicaciones técnicas de manejo, cuidado de las cintas, mantenimiento de proyectores, tipo de película (Winam, 1973). En reación con el cine, se señala sistemáticamente la importancia que, para la incorporación al aula, significa el desarrollo de cámaras y proyectores de 8 y 16 mm, accesibles tanto en las posibilidades de manejo como en el precio.

---

nado la que distingue al cine de modo específico dentro de los medios o técnicas audiovisuales. Cabe mencionar también que muchos de los textos aquí citados, que fueron publicados en la década del '70 en castellano, poseen edición original en la década del '60.

[312] Se destaca entre el material revisado el texto de Briggs, Campeau, Gagné y May (1973), que se ordena alrededor del establecimiento de un "procedimiento", con detallados pasos a seguir, para elegir y aplicar el medio, según los objetivos de la enseñanza en cuestión, de neto corte tecnicista.

b) Dentro del **abordaje conceptual** que se hace del uso de medios audiovisuales, sobresale la apelación a las teorías de la comunicación como marco de introducción del medio audiovisual al espacio escolar, así como la necesidad de atender a estudios de la percepción en las teorías del aprendizaje. Cromberg, por ejemplo (1971), plantea que toda enseñanza está basada en un sistema de comunicación que puede plantearse desde el modelo que incluye: medio-codificador-emisor-*mensaje*-receptor-decodificador-mensaje.

Si bien reconoce que este esquema se complejiza en el ámbito educativo, porque "la educación intenta por medio de una serie de mensajes que envía el profesor a sus alumnos hacerles modificar a éstos ciertas actitudes sin lo cual la educación no existe", y porque "la educación audiovisual emplea un medio particular de codificación que permite ser recibido al mismo tiempo por un número mayor de receptores que la enseñanza tradicional de grupos pequeños o individual, y con una proporción menor de 'ruido' o interferencias" (Cromberg, 1971: 18), la enseñanza de la época se enfrenta a una verdadera revolución, al ser parte de una sociedad donde la cultura visual y auditiva desafían la tradicional cultura verbalista.

En el caso específico de la presentación del cine como medio audiovisual, se plantean los clásicos procedimientos de producción cinematográfica: montaje, guión, utilización de *storyboard* para las construcciones de relatos, nociones de semiología en la construcción de los encuadres y para la narración con imágenes. En este sentido, nos encontramos tanto con el cine como herramienta o instrumento como con el cine como lenguaje, configurándose como un saber específico y necesario para la tarea de los docentes (Kemp, 1973; Cromberg, 1971; Scuorzo, 1970).

c) Dentro del **tratamiento didáctico** de los medios en general y del cine en particular, los modelos o ejemplos que se proponen conservan al docente en el lugar central de la escena, sea en la toma de decisiones, en la operación del equipamiento o en las articulaciones con las asignaturas específicas u objetivos de enseñanza[313]. Por otro lado, se postula la importancia de conservar al aula como lugar de proyección o exhibición (Cromberg, 1971; Scuorzo, 1970), y se ofrecen una serie de sugerencias para su utilización (Scurozo, 1970: 48):

"1. Ver el film con anterioridad a la representación frente a los alumnos.
2. Presentar sólo aquellos films que tienen relación con los trabajos de la clase.
3. Preparar a los alumnos para ver el film. Antes de la función analizar con la clase algunos puntos que se esperan aprender.
4. Mostrar solamente lo que es necesario que los niños vean.
5. Detener la proyección cuantas veces sea necesario.
6. Evaluar el film después de haberlo proyectado. Si los alumnos no han aprendido con él, la proyección ha sido simplemente una pérdida de tiempo"[314].

Con respecto a las elecciones de films, se sostiene la necesidad de tener en cuenta las características de los estudiantes, adecuando los distintos conocimientos o contenidos que proponen en relación a las características psicológicas y de aprendizaje de los estudiantes[315] según

---

[313] El docente se ubica en el lugar de *profesional reflexivo*, regulándose de modo más autónomo, pero a la vez, más especializado (Palamidessi, 2001).
[314] Este último punto, ligado a la evaluación, hace evidente cómo, aún habiendo tomando distancia de los modelos tradicionales de educación, el parámetro para incluir otras estrategias didácticas –como las que incluyen al cine– está supeditado a las posibilidades de poder controlar lo que se aprende. La evaluación, como parte de la gramática escolar, parece insoslayable, y su presencia atraviesa todas las prácticas escolares (Eliezer, 2005).
[315] La influencia de la psicología evolutiva de corte piagetiano se ve aquí, con alcances para regular no sólo las decisiones en torno al aprendizaje, sino también a los intereses de los niños (Palamidessi, 2001).

su edad (Briggs, Campeau, Gagné y May, 1973; Bullaude, 1970), no sólo en cuanto alumnos sino también como público de edad particular[316], en la misma línea en que, más allá del audiovisualismo, venía apareciendo en aquellos textos que planteaban preocupaciones por la influencia (Storck, 1951; Peters, 1961).

d) En relación al **abordaje pedagógico**, la herencia de las diferencias entre pedagogías activas y tradicionales no queda afuera de las consideraciones sobre el uso de medios audiovisuales. El trabajo de Gustavo Cirigliano, "Aprendizaje y medios audiovisuales, ¿ayuda o conflicto?"[317] introduce la discusión acerca de la necesidad de revisar los presupuestos teóricos que ordenan el uso de medios audiovisuales (nombrados como MAV en este trabajo), tomando como eje el presupuesto de la *actividad* o *activismo* que desarrollan pedagogos como Piaget, Dewey o Claparède. Cirigliano denuncia que el común uso de los MAV no produce actividad por parte del sujeto, sino que funcionan como "reforzadores de los sentidos", en la misma clave que la didáctica tradicional basada en la intuición sensible y con una psicología senso-empirista del aprendizaje en sus presupuestos psicológicos. Distinguiendo al cine por sus posibilidades de ser "suscitador de problemas" y por exigir una actividad psicológica mayor, plantea:

> "Diríamos lo siguiente: el mejor audiovisual no sería aquel que dé todo claro, más diferido (que es lo que se pretende habitualmente) sino aquel que obliga a operar, que fuerza a construir, que exige participación y respuesta, que demanda colocar algo en lo que se ofrece, que requiere completar la proyección de objetivación, que permite *producir actividad con él*. Las mejores películas son aquellas en que yo inter-

---

[316] En el caso de Kemp (1973), el texto utiliza como sinónimos los términos *audiencias* y *alumnado*.
[317] En *Cátedra y Vida* Nº 60, mayo-junio de 1966.

vengo para darle sentido y no simplemente las más claras y masticadas y obvias" (Cirigliano, 1966).

La posición de Cirigliano, claramente ubicable en presupuestos constructivistas, críticos de lo que denomina "educación tradicional", y a la que le opone "educación moderna", si bien se encolumna en una serie de pedagogos críticos al modelo tradicional, con fuerte presencia entre las voces de la época, no parece haber alcanzado mayores efectos ni en los discursos ni en las prácticas escolares más comunes. Sin embargo, muestra un principio de quiebre del escenario pedagógico no ya por la introducción de un "afuera" –tecnología, lectura de imágenes, innovación, etc.– al que la escuela debería atender, sino por la puesta en duda de los supuestos pedagógicos que ordenaron la introducción de imágenes en el aula desde los comienzos del siglo[318].

Bullaude (1970), por su parte, abre todavía más los enfoques pedagógicos de utilización de los medios audiovisuales, ordenándolos en cuatro posiciones:
1. Sensorialista: cuando la enseñanza audiovisual tiene valor por su capacidad de impactar en los sentidos del educando, impacto que en relación a la proyección de imágenes tiene el efecto de fascinación, fundamentalmente.

---

[318] En trabajos recientes, encontramos a este autor inscrito en una serie de nombres como los de E. Ander-Egg, Gustavo Gutiérrez y Paulo Freire, todos ellos pensadores latinoamericanos que abrevarán a la vez en el pensamiento marxista, la filosofía existencialista y la teología de la liberación, y postularán una crítica a los modelos tradicionales de educación y a un trabajo con los medios de comunicación en clave emancipatoria (Huergo, 2001). Pero todavía esta perspectiva no aparece explícita en este trabajo. El trabajo de Freire ¿*Extensión o comunicación*?, central en la configuración de esta perspectiva, se publica por primera vez en 1970, y en 1973 en castellano.

2. Documentalista: se apoya en la capacidad de los medios audiovisuales de traer documentos al aula, convirtiéndose en una extensión del mundo hacia el espacio escolar.
3. Experimentalista: apoyado básicamente en las pedagogías activas, lo que importa no es la incorporación de medios audiovisuales sino el modo en que se usan.
4. Tecnológico: buscan que la revolución tecnológica llegue al campo de la educación, aún cuando pone en duda los supuestos que ordenan la educación escolar hasta el momento, como en el caso de la *mecanización* de la instrucción o la *enseñanza programada* a través de la tecnología.

Se hace evidente que el camino que propone el autor que presenta esta clasificación es el que promete la revolución de la enseñanza a través de los desarrollos tecnológicos y se abre a considerar las ventajas de la tecnificación de la enseñanza a través de la instrucción programada, camino que posteriormente se incluirá en lo que conocemos como tecnocracia (Guizpeguí Vidal, 2007). Pero cabe señalar que este principio de clasificación puede bien operar como un resumen de las posiciones relevadas de uso del cine en el aula, fundamentalmente del cine educativo. Ellas comparten la regulación de la mirada a través del dispositivo pedagógico, regulación que tiene al control en el centro al supeditar las posibilidades de las imágenes a los fines y objetivos educativos.

e) Por último, en relación al **tipo de material cinematográfico**, la perspectiva audiovisualista, a pesar de afirmar la centralidad de las imágenes en la cultura contemporánea, contempla fundamentalmente la utilización o producción de cinematografía educativa, sin tener en cuenta el cine producido por la industria del espectáculo.

El audiovisualismo en la revista *La Obra*

Es significativa en este sentido la publicación en el año 1970 de una serie de ocho fascículos internos en la revista *La Obra*, denominada "Audiovisualismo", y que consiste en un "curso de medios audiovisuales para maestros"[319]. Esta serie tiene por objetivo capacitar al docente en la confección de audiovisuales, desde la construcción del relato hasta la composición de las imágenes.

En la presentación del curso que se realiza en el fascículo Nº 1, se afirma de entrada que paralelamente a la revolución tecnológica que "nos alcanza, (...) asistimos a un cambio total de las ideas educativas" y que "la introducción de novedades técnicas no equivale en modo alguno a una renovación de los métodos de enseñanza. Las ideas educativas más arcaicas pueden disfrazarse con un engañoso ropaje de modernidad". El curso, teórico-práctico, que incluye una prueba de evaluación sobre el final para entregar la certificación, constituye "una programación y un desarrollo único en su género, por la feliz y eficaz reunión de los aspectos técnicos y didácticos".

A continuación, y en el fascículo siguiente, se plantea que el éxito o el fracaso en la utilización de medios audiovisuales pasa fundamentalmente por el modo en que, a través de ella, se pone en juego un proceso de comunicación. "Una serie audiovisual inteligentemente realizada es un segundo emisor en el aula. La imagen provee una comunicación directa de altísimo valor. La conversación que los niños entablan espontáneamente con la maestra asegura una transmisión total a través de mecanismo de realimentación (feed-back)". Es así como los términos emisor, receptores, mensaje, feed-back, "ruidos", captación, guión, interferencia, interlocutor, son parte del escenario del

---

[319] Revista *La Obra* Nº 658 a 666, marzo a noviembre de 1970.

maestro a la hora de explicar o enseñar. Luego de presentar "Las tres reglas de oro de la comunicación audiovisual", se plantea que el primer paso para la ordenar la acción del maestro, a través de un medio audiovisual, es responder a las siguientes preguntas:

cómo y qué cosas escribir en el guión;
qué queremos comunicar;
a quién lo comunicaremos;
en qué circunstancias haremos esa comunicación;
qué saben ya sobre el tema nuestros alumnos;
qué efectos esperamos de la comunicación que vamos a hacer[320].

En las respuestas van apareciendo y se van acomodando los elementos propios de la situación escolar: la cantidad de alumnos, su "nivel intelectual", las condiciones materiales del aula, los saberes previos, los objetivos a seguir, etc., apoyándose en la serie "Sarmiento, ese gran desconocido", el ejemplo que la revista obsequia, ya realizado. La presentación de estas ideas está acompañada por gráficos e ilustraciones, que en muchos casos presentan situaciones de enseñanza con carteles de SÍ y NO, para hacer explícito lo que se debe y lo que no se debe. En el texto, se destacan párrafos que expresan posiciones y modos de configurar la enseñanza, como el siguiente:

> "Cuando usted piense serie AV, para presentar sus propias clases (o en su escuela), tenga en cuenta siempre las condiciones materiales y emocionales concretas que se dan en esos ámbitos. Vamos a explicarlo un poco más:
> Pocos niños, de homogéneo nivel intelectual, y con una buena relación con la maestra, en un aula cómoda, aislada acústicamente y bien iluminada, es muy probable que

---

[320] La insistencia en ordenar los objetivos de la enseñanza desde el verbo *comunicar* que se ve en esos principios organizativos, además de la recurrencia constante al diálogo, muestra cómo la escena escolar se permea de la lógica comunicativa.

aprovechen satisfactoriamente una serie de diapositivas, aunque ésta sea larga y compleja.
Pero la situación típica es, lamentablemente muy distinta. Nosotros pensamos fundamentalmente en un aula tipo, donde de 30 a 40 niños, de rendimiento muy desparejo y conducta problemática, se apretujan en un recinto incómodo, a menudo insalubre, e invadido por los ruidos de la calle. Para esas condiciones, la serie audiovisual no debería exceder de 12 diapositivas, que presenten cuatro o cinco ideas claras, fáciles de aprehender. Y que no contengan detalles capaces de perturbar su correcta captación".

Los fascículos siguientes alternan explicaciones técnicas con apreciaciones pedagógicas: presentación de la serie sobre Sarmiento (N° 3), cómo usar una cámara fotográfica sencilla (N° 4), cómo diseñar un buen arte (N° 5), la simbología: la línea, el color y la forma (N° 6), cómo se utiliza una serie audiovisual, cómo se evalúan sus resultados (N° 7), propuesta de pruebas finales de evaluación (N° 8). En el fascículo 6 se presenta el equipamiento para llevar adelante la confección de las series audiovisuales: el reproductor gráfico "Visualmaker", que la editorial *La Obra* vende a los maestros interesados. Consiste en una valija que contiene una cámara fotográfica, soportes metálicos para la toma de imágenes fijas en detalle, rollos de fotos, flash, etc.

Más allá de las consignas declamatorias acerca de la revolución tecnológica y la enseñanza, los elementos de la escena pedagógica no presentan grandes variaciones a las clásicas funciones de docente, alumno y conocimiento, con el agregado de la mención a contextos de dificultad que, parecería, afectan hasta el manejo de la tecnología. Lo que se presenta, sí, es un docente *aggiornado* a un lenguaje y unos instrumentos técnicos, que promete una renovación en las estrategias de enseñanza, que, en todo caso, se hace eco de las tendencias de la época en relación a las regulaciones de la actividad del docente y del alumno.

Otro claro ejemplo de la recuperación de ciertos elementos del cine, en este caso de ficción, por parte de la escuela, que de por sí tiene otros objetivos al mero entretenimiento, es el trabajo con películas que recrean la épica de los héroes nacionales. *La Obra* incluye en sus portadas fotogramas de escenas de "El Santo de la Espada", "La Tierra en armas", etc., y anuncia la próxima aparición de una serie educativa con los mejores fotogramas de estas películas, editadas por *La Obra Audiovisual*[321]. En realidad, el resultado de estas series son revistas que combinan el formato historieta sobre la base del relato de las películas, pero llama la atención el rescate que hace del cine nacional que se ocupa de las figuras de la historia.

Cabe señalar que las referencias propias de *La Obra* se dan en el marco de referencias al uso de otros medios tecnológicos o audiovisuales, como la fotografía[322], y posteriormente, fundamentalmente en la década del '80 y el '90, al uso de la televisión en la escuela.

---

[321] En *La Obra* N° 658, de marzo de 1970, se anuncia bajo el epígrafe de "Nuestra tapa": "Fotograma de 'El Santo de la Espada', película próxima a ser estrenada. Alfredo Alcón da nueva vida a un San Martín antológico, recibiendo la ofrenda de las damas mendocinas". En *La Obra* N° 668, abril de 1971, hay un anuncio bajo el epígrafe "Nuestra tapa", donde se reproduce al personaje de Martín de Güemes en una escena de "La tierra en armas". En el N° 670, de junio de 1971, se hace mención a una película nacional sobre Manuel Belgrano, interpretado por Nacho Quirós.

[322] En el año 1972 se publica de marzo a noviembre una sección denominada "La fotografía recurso didáctico". Acerca de la televisión, hacemos referencia a la publicación que hace la revista del desarrollo de clases para seguir la programación de "Telescuela primaria argentina", transmitida por Canal 13. Además véase Moncada, José Alberto: "Noticiero de televisión", en *La Obra* N° 737, junio de 1980; "El niño y la TV" en *La Obra* N° 836, de enero de 1991; Gagliardo, María Rosa: "Imaginemos distinta nuestra escuela" en *La Obra* N° 838, marzo de 1991; Palumbo, Francisco, Blumberg; Perla y Gramigna, Susana: "Una experiencia integradora a partir del dibujo animado de la TV" en *La Obra* N° 859, diciembre de 1992.

En el caso de *El Monitor de la Educación* la única referencia importante es un artículo de José Settecasi titulado "El cine, el niño y la escuela"[323], donde, comenzando por el señalamiento de la importancia del cine en el mismo registro que ya señalamos más arriba[324], el articulista se ocupa de sus consecuencias pedagógicas:

> "la reversibilidad y la repetición de la proyección cinematográfica permiten el regreso de la operación perceptiva, la exploración guiada progresiva, y la revisión por la percepción controlada, acciones todas que se oponen a la fugacidad de otros medios de comunicación como la radio o la televisión, en los cuales las imágenes –visuales y auditivas– se desvanecen inmediatamente después de producidas, obligando al maestro y a los niños a trabajar tan sólo con el recuerdo de tales imágenes y no ya directamente con ellas".

Enfatizando su importancia para el proceso de enseñanza y aprendizaje por su combinación de imagen, sonido y movimiento, se postulan las operaciones que sobre él deben realizarse: "especializar el cine en función de una actividad educativa dará como resultado elaborar esquemas de enseñanza que sepan distinguir más claramente entre acciones informativas y las operaciones de promoción, entre la toma de conciencia de un dato global (que puede ser colectivo) y el ejercicio analítico y crítico (que debe personalizarse)". Es por ello que presenta la tarea de la Comisión de Cine del Consejo Federal de Educación y transcribe, a modo de ejemplo, una de las fichas elaboradas por esta para la catalogación del material que tiene a disposición para las escuelas:

---

[323] En *El Monitor de la Educación* N° 944, del año 1975.
[324] "El cine, en la escuela actual, representa un auxiliar valiosísimo de la moderna tecnología audiovisual, y del que no puede prescindir la enseñanza de hoy. Si en sus principios, y hasta no hace mucho tiempo, el cine constituía un elemento de atracción de feria o de salón, hoy ha llegado a convertirse en un factor fundamental de la relación del hombre de nuestra civilización con el mundo en el que habita." Ibíd.

Ficha Nº 1 Procedencia: Japón
Titulo: "Juego de niños"
Color: Blanco y Negro. Muy Bueno
Sonido. Muy Bueno
Estado de la película: Bueno.
Temática: Con buen colorido y fotografía, y fondo musical, se muestra su aspecto familiar y social de la vida en el Japón. Se exhiben estaciones del año y sus características, teniendo como protagonistas a niños que desarrollan diversos juegos, algunos clásicos y otros propios o típicos de Japón.
Nivel: Puede emplearse para la observación analítica costumbres y como comparación de otros países.
Para niños de 5º, 6º y 7º grado.
Para alumnos de los demás grados (1º a 4º) como documental recreativo.

La similitud de la ficha presentada con la catalogación propuesta por UNESCO veinte años antes es grande, a la vez que se enfatiza el uso de cine educativo, más que de obras de ficción. Esta línea de "continuidad" hace ver cómo el modo en que la pedagogía procesó la influencia de la tecnología mantiene a la prescripción didáctica en el centro del problema. Los criterios en la clasificación del material, la secuenciación presente en el establecimiento de edades para verlo, y la disposición de diferentes usos según la edad abona la idea de un discurso que mantiene ciertas regularidades estructurales a lo largo del tiempo.

Las iniciativas del Estado y el contexto social

Entre 1950 y 1980 volvemos a encontrarnos con una serie de iniciativas del Estado donde puede observarse la voluntad de proveer estrategias para el manejo de recursos audiovisuales, específicamente del cine. Los avatares de los procesos políticos en ese período en nuestro país y la irregularidad de las publicaciones periódicas han hecho difícil la reconstrucción de estas iniciativas de modo

sistemático. Pero de las diferentes fuentes pueden extraerse la siguiente cronología:
- En 1957 se dictaban cursos sobre educación cinematográfica, los que por su contenido estaban más cerca de ser cursos para docentes realizadores[325]. Uno de ellos, realizado en el Colegio Nacional Nº 3 Mariano Moreno de la Capital Federal, es inaugurado por el Ministro de Educación y Justicia, Acdeel Ernesto Salas.
- En 1961 existía un Departamento de Enseñanza Audiovisual, que producía materiales educativos dependiente de la Subsecretaría de Estado de Cultura y Educación[326]. En 1967 este Departamento publicaba un boletín denominado DAV, que tenía por objetivo divulgar, del modo más sencillo posible, algunos elementos orientadores para el trabajo de los docentes en relación con las técnicas audiovisuales[327]. Para esa fecha, esta entidad contaría con 84 films producidos por ella misma sobre Geografía, Historia, Ciencias Naturales, Geología, Anatomía y temas recreativos, producidas por el propio departamento[328].

---

[325] Los temas del curso eran: Estética cinematográfica; Breve historia del cine; Técnica de la adaptación y encuadre; Técnica y práctica de la dirección; Interpretación cinematográfica; Nociones sobre fotografía; Cámara, luz y sonido; Proceso de elaboración de un film; Posibilidades artísticas y técnicas del cine; Práctica del cine-debate. Entre sus docentes estaba Leopoldo Torre Nilsson. "Curso de Cinematografía" en *Cátedra y Vida*, nov-dic. de 1957, Sección "De aquí y de allá".
[326] Lennon de Errandónea (1968) plantea que ese es el año de creación de este Departamento, y cita que su antecedente fue la creación de la Comisión Nacional de Radioenseñanza y Cinematografía en el año 1948.
[327] Boletín DAV de agosto-setiembre de 1967, Subsecretaría de Estado de Cultura y Educación. Este ejemplar contaba en su contenido lo siguientes artículos: "Perceptiva de la imagen visual educativa", "La proyección fija", "Tableros. Técnica de producción y uso" y "Organización de gabinetes audiovisuales".
[328] Dato citado en Lennon de Errandónea, Op. Cit.

- En la década del 60 se crean Institutos de Cinematografía en las Universidades Nacionales del Litoral, de Tucumán y de San Luis, que producen material educativo[329].
- En 1969 se crea un Centro Nacional de Tecnología Educativa, como cede del proyecto multinacional de tecnología educativa impulsado por la Organización de los Estados Americanos (Nackache y Mundo, 2003).
- En 1975, existía una Comisión de Cine en la División de Complementación Educativa del Consejo Federal de Educación. Esta comisión evalúa permanentemente películas de todo tipo –largos y cortometrajes– y determinaba una calificación y una clasificación tendiente a determinar el nivel de enseñanza al que corresponde. Por su parte, un Equipo de Cine escolar concurría a las escuelas para efectuar proyecciones de esas películas a fin de proporcionar en forma racionalizada un material complementario de la tarea del docente[330].

Por otra parte, es en la década del '60 cuando muchos establecimientos escolares privados invierten en equipamiento tecnológico para las escuelas. En el caso de las escuelas de la congregación salesiana[331], presentes en todo el país, por ejemplo, los salones de actos incorporan pantallas y se invierte en proyectores de cine, al hacerse eco de la necesidad de renovar la enseñanza con los desarrollos de la tecnología[332].

---

[329] Ibíd.
[330] Settecasi, J. "El cine, el niño y la escuela". *El Monitor de la Educación* N° 944, del año 1975.
[331] Pla Vall plantea que en España, además de los salesianos, los jesuitas, marianistas y maristas ofrecían proyecciones de cine los sábados con el objetivo de evitar que sus alumnos y muchachos del barrio dirigiesen sus pasos a otro tipo de salones de ocio, de peor reputación moral, o a los cines que ofrecían películas sospechadas moralmente (2007).
[332] En el libro de Crónicas Diarias de la Escuela salesiana Maria Auxiliadora de Rosario se registra, desde 1966, la proyección de películas como "La

Tanto estas acciones del Estado como los rasgos presentados acerca de la forma que el vínculo entre cine y educación toma desde la década del '50 hasta mediados de los '70, necesitan ser situadas en un contexto social y político de difícil aprehensión. Convulsionada tanto en el campo de las ideas como en la arena política, la Argentina de este período constituye un complejo y heterogéneo entramado donde con facilidad se esfuma la posibilidad de ubicar la relación que nos ocupa. Sin embargo, pareciera que la existencia de estas iniciativas estatales, vistas en perspectiva con las señaladas entre las décadas del '30 y el '50, dan cuenta de cómo el sistema educativo está constantemente interpelado a dar respuestas a los procesos de modernización técnica y cultural. Más allá de la particular posición que el cine ocupe dentro de estas iniciativas, lo cierto es que lo ocurrido en estas décadas se concentra fundamentalmente alrededor de las imágenes como parte de la cultura masiva, ligada a los medios de comunicación y al desarrollo como variables centrales.

El cine, uno más entre tantos

Para este período, es importante el reconocimiento de los cambios en la cultura y en las prácticas cotidianas, ligados a la lectura de la imagen, y su importancia en el la configuración de la vida humana. Pareciera que el discurso

---

vuelta al mundo", "Il posto", "El ídolo caído", "Hermano sol, hermana luna", "El hombre de dos mundos", "Sarmiento en tierra firme", con la metodología de cine-debate, luego de que la comunidad educativa trabajara en diversas iniciativas para juntar fondos para la compra del proyector. Las Crónicas también registran la realización de charlas con especialistas en medios de comunicación sobre la técnica del cine-debate y sobre el modo de usar el cine como elemento educativo. Libros de Crónicas Diarias de 1966 a 1970, Colegio María Auxiliadora de Rosario.

pedagógico le da otro lugar a los vínculos con lo que sucede "afuera" y profundiza cierta actitud autorreflexiva en cuanto a las respuestas que debe ofrecer, parte de las regulaciones de la actividad de alumno y del docente que la época inaugura. Aquí hay que ubicar la importancia otorgada en la educación escolar al manejo de tecnologías ligadas a los medios audiovisuales, como medio no sólo de actualizar e innovar en las estrategias de enseñanza sino también como medio de educar tomando en cuenta las innovaciones y requerimientos propios de la sociedad donde los estudiantes van a insertarse. Lo que queda atrás es el modelo de escuela de espaldas a la sociedad, a la vez que el cuestionamiento del discurso pedagógico como moralizador de la cultura que se da por fuera de la escuela. Palamidessi lo plantea de este modo:

> "Atravesada por los nuevos ordenamientos del saber, era posible entonces recrear el ideal de una escuela que contribuya al mejoramiento y redención de la sociedad y de los individuos. Doble movimiento: de reencuentro de la sociedad *expulsada*, por el cual lo social se postula como un remedio contra la artificialidad de la escuela; de reformulación del orden escolar como una sociedad moralizada. Liberadas de la propia escuela y de las limitaciones sociales, las actividades morales o regeneradoras (*investigar, expresarse, jugar, opinar, reflexionar, cooperar*) encontrarán ahora su lugar en la escuela" (Palamidessi, 2001: 33).

Si volvemos a centrarnos en el vínculo entre discurso pedagógico y cine, cabe enfatizar que sobre el fondo de las operaciones hasta aquí presentadas, a partir de los '50 comienzan a visualizarse el desarrollo de dos elementos nuevos: el cine como lenguaje y el cine como relato a leer críticamente, en un primer momento desde la necesidad de delimitar sus implicancias morales, y posteriormente desde la lectura ideológica. El análisis crítico de lo que se ve se postula como una operación privilegiada para acompañar a los estudiantes en la cultura en que viven.

Los desplazamientos en el discurso con que se materializan estas propuestas, ligados al abandono de posiciones morales o escatológicas que plateaban peligros en el uso de medios, adoptan un tono más "técnico" o "profesional", donde los argumentos que sostienen el uso del cine u otras tecnologías se apoyan en criterios disciplinarios, estudios probados provenientes de los desarrollos científicos o necesidades de modernización.

Capítulo V
Usos del cine en el escenario educativo actual

> *"Se ha convertido ya en un tópico afirmar que el hombre vive hoy inmerso en el seno de una 'civilización de la imagen.' Y esta realidad cultural, esta densa capa envolvente de imágenes que le rodean en su vida cotidiana y que forman parte indisoluble del paisaje urbano y del paisaje doméstico, han sido posibles gracias al centenario invento de los hermanos Lumière. El cine se ha constituido, en efecto, en la matriz fundacional y genética de todos los lenguajes audiovisuales que se han desarrollado posteriormente a lo largo del presente siglo, tanto los que han surgido sobre soporte electrónico (como la televisión y el video), como sobre soporte informático (como la infografía o imagen sintetizada del ordenador)."*
>
> Román Gubern. *Historia del cine.*

Presentar un panorama de las articulaciones entre cine y educación en las dos últimas décadas del siglo XX no resulta una tarea sencilla. La proximidad con el presente, la dificultad de realizar una mirada "global" por la discontinuidad de las publicaciones periódicas, la permanencia y coexistencia a lo largo de estos tiempos de enfoques múltiples y diferentes, son todas condiciones que hacen que un posible "mapa" pueda no dar cuenta del estado del debate, aún a sabiendas de que el mejor mapa siempre será inacabado[333].

---

[333] La decisión de interrogar el presente no desde las voces de los actores sino desde las formaciones discursivas que sostienen prescripciones y experiencias se sostuvo en la posibilidad de abonar al corpus más

Con estas salvedades, y para intentar conjurarlas, en este capítulo presentamos un "estado actual" de la relación en dos niveles: los discursos y prescripciones pedagógicas que la toman como punto de reflexión, y los programas, políticas o propuestas que la ponen en juego en el específico territorio de la educación escolar y la formación. En éste se verá cómo los '80 recuperan algunos de los discursos propios de los '70, muchos de ellos interrumpidos drásticamente en el período de la dictadura, e inscriben sobre ellos nuevas articulaciones. Se verá también cómo el escenario educativo del período que nos ocupa fue un escenario convulsionado, cargado de debates y nueva prescripciones, y sacudido por las transformaciones culturales ligadas a los adelantos tecnológicos y a la expansión de la cultura de la imagen. El presente se completará con el próximo capítulo, donde se abordará de modo particular cómo se articulan cine y educación en la trasnmisión de la memoria

Antes de ello, algunas notas sobre el escenario donde estos discursos y estas regulaciones tienen lugar.

El escenario

La constatación de que las imágenes ocupan un lugar central en la vida cotidiana se ha vuelto una certeza indiscutida. Sociedad del espectáculo (Debord), civilización de la imagen (Gubern), mundo-imagen (Buck-Morss), vídeosfera (Debray), son algunos de los nombres a los que se recurre para designar el presente en que vivimos, conformado por un conjunto cada vez más amplio de prácticas en las que tecnología e imagen se combinan, en distintos órdenes de la vida. Pero no es sólo la amplitud de

---

amplio que se conformó con el conjunto del siglo, con documentos del mismo estatuto.

prácticas o su capacidad de impactar en el hacer cotidiano lo que se nombra. Lo que se pone en juego es una "vuelta de página" en la producción, utilización, circulación y consumo de imágenes, que modifica sustancialmente el vínculo entre técnica, cultura y formas de vida, como si el régimen escópico del que es parte tanto la escuela moderna como el cine se enfrentara a una nueva fase.

"En la historia de la imagen, el paso de lo analógico a lo numérico instaura una ruptura equivalente en su principio al arma atómica en la historia de los armamentos o a la manipulación genética en la biología" (Debray, 1994: 237). La posibilidad de generar imágenes a partir de la vía informática modifica las relaciones de la imagen con lo real, y a la vez implica una revolución en la mirada. Con la imagen informática, información cuantificada, algoritmo, matriz de número modificable a voluntad y al infinito por una operación de cálculo, transforma sustancialmente el estatuto de la "realidad" que representa,

> "entidad intrínseca que captaba la camera del pintor, que inscribía la química fotográfica, y que más tarde el cine y la televisión podían proyectar o transmitir. No más necesidad de tales útiles, de captación y de reproducción, puesto que a partir de ahora el mismo Objeto 'a representar' forma parte del orden de las máquinas. Es generado por el programa, no existe por fuera de él, es el programa quien lo crea, lo moldea, lo modela a su gusto" (Dubois, 2001: 18).

La desaparición del referente en este proceso de "representación" –término que parece ya no hacer sentido en este contexto– y la emergencia de procesos de simulación desplazan y vuelven inútiles las disputas acerca de la naturaleza del vínculo entre la imagen y lo que ella muestra: ya no cuenta si es reflejo, calco, copia, imitación, sustitución, deformación o ilusión. Pero no es sólo la relación con el referente lo que se modifica. La maquinísitica también avanza en la posibilidad de tomar imágenes que prescindan del ojo: "¿No se habla de una nueva disciplina técnica, la «visiónica», de la posibilidad de obtener una *visión sin mirada*, donde la video-cámara se serviría del ordenador que asume para la máquina, y no ya para un telespectador, la capacidad de análisis del medio ambiente, la interpretación automática del sentido de los acontecimientos, en los dominios de la producción industrial, de la gestión de *stocks* o, también, en los de la robótica militar?" (Virilio, 1989).

Imagen sin objeto, mirada sin sujeto, el escenario presente parece sumar nuevas formas de ver que no desplazan sino que trabajan sobre el régimen escópico que tiene por herencia, interviniendo constantemente sobre él. La coexistencia de la proyección, la transmisión y la simulación de la realidad a través de las imágenes abre todo un campo de interrogación donde se pone en juego su poder real, los efectos sobre la experiencia de ver en una sociedad saturada por imágenes, su poder de subjetivación y sus posibilidades de afectar (Sontag, 2003; Arfuch, 2006; Richard, 2006). En un orden no sólo cultural sino económico globalizado, la producción y circulación de imágenes participa de estrategias de poder a través de las industrias culturales, de medios de comunicación y de desarrollo tecnológico que nos remiten a la misma organización estructural de la sociedad, donde la imagen en general y el arte en particular (en nuestro caso, el arte cinematográfico) participan en su sostenimiento (Bhabha, 1994; Martín-Barbero, 2002; Jameson; 1995; Grüner, 2001).[334]

---

[334] Frederic Jameson propone en su trabajo una articulación entre cine y política en una sociedad global desde el andamiaje teórico del marxismo, planteando que en el presente, en una sociedad "posmoderna", la producción cultural está totalmente integrada a la producción económica, y el cine es su arte por excelencia, al ofrecerse como mercancía (Jameson, 1995). Grüner, por su parte, propone al cine como "el lugar de encuentro entre el fetichismo de la mercancía y el proceso primario del Inconciente" (Grüner, 2002: 226). Para ambos, el cine constituye a la vez un *producto* de un tipo de orden social (globalizado, moderno y

La posibilidad de pensar este presente ha reeditado disputas teóricas alrededor de la imagen con base en la historia del arte, en los estudios sobre estética y en los saberes ligados a la comunicación o a la sociología de la cultura[335]. Pero también ha hecho emerger nuevas configuraciones de saber, como lo son los Estudios Visuales (Brea, 2005), que reconocen su objeto en la *producción de significado cultural a través de la visualidad*, y plantean una reconfiguración epistemológica al situarse más allá de los medios específicos (arte, televisión, cine, fotografía, etc.) y trabajar sobre "el carácter necesariamente condicionado, construido y *cultural* –y por lo tanto, políticamente connotado– de los *actos de ver*: no sólo el más activo de mirar y cobrar conocimiento y adquisición cognitiva de lo visionado, sino todo el amplio repertorio de *modos de hacer* relacionados con el ver y ser visto, el mirar y ser mirado, el vigilar y ser vigilado, el producir imágenes y diseminarlas o el contemplarlas y percibirlas (...), y la articulación de relaciones de poder, dominación, privilegio, sometimiento, control (...) que todo ello conlleva" (Brea, 2005: 9)[336]. Este renovado interés por los regímenes visuales ha contribuido a poder construir una mirada del siglo XX con nuevas preguntas.

En relación al cine específicamente, ninguno de los pronosticados "ocasos" se han cumplido (Debray, 1994),

---

capitalista) y un *campo de batalla* desde donde conocerlo, criticarlo e intervenirlo. Desde otra perspectiva, el trabajo de Homi Bhabha ubica a la producción cultural en general, y al cine en particular, tanto como superficie de significación como espacio de intervención política que excede a las fuerzas de control económico y social y por ello mismo, también es campo de batalla (Bhabha, 1994).

[335] Como son los trabajos de Debray, 1994; Berger, 2002, 2006a, 200b; Dubois, 2001; Didi-Huberman, 2006, entre otros.

[336] La perspectiva de los Estudios Visuales señala incluso que estamos en tiempos donde el régimen escópico propio de la modernidad está en retirada, frente a un nuevo régimen ligado a la producción y circulación de la imagen producida electrónicamente. Véase Brea, 2007.

lo que no significa que no acuse recibo de estos cambios. En el plano de la producción, la calidad que los formatos digitales introducen hacen pensar que lo que queda de los procesos químicos tiene los días contados. A su vez, las posibilidades de generar imágenes no referenciadas a un "exterior" o realidad, y a la vez las posibilidades de hacerse de imágenes de calidad con equipamiento y sistemas muy baratos y accesibles modifica los parámetros con los que se pensó y produjo el cine a lo largo del siglo[337]. Por otra parte, el cine crece como objeto de reflexión, como experiencia para mirar al mundo y como modo de narrar[338].

En el plano de la experiencia cotidiana, la introducción de los formatos digitales en los hogares trajo consigo cierta apertura para revisitar grandes obras del cine y los procesos de mundialización de la cultura permitieron acceder a producciones de otros circuitos. Introdujo también la posibilidad de visionar fragmentos[339], de "rebobinar", de mirar una y otra vez, de producir imágenes y de manipularlas. Las prácticas que hacen al régimen escópico en el que estamos inmersos se amplían, acercan, incorporan y se hacen cada vez más cotidianas, combinando las herencias propias de la matriz ocularcéntrica que presentamos desde el Capítulo I con las nuevas configuraciones de la

---

[337] Lejos de rechazar los nuevos formatos, directores como Wim Wenders revalorizan las posibilidades que éstos ofrecen tanto técnica como estéticamente. Véase Wenders, 2005.

[338] Hemos señalado ya la importancia que la filosofía viene otorgando al cine en sus reflexiones. Queremos destacar los trabajos de Deleuze (1993, 1994), de amplia influencia en el pensamiento contemporáneo.

[339] Entre los teóricos del cine, se plantea el problema de cómo afecta a la experiencia cinematográfica el hecho de ver cine en el living de la casa, o de fragmentar la visión de una película con el control remoto. Si bien las posiciones no son únicas, se insiste frecuentemente en la oscuridad y la proyección pública como condiciones de la experiencia cinematográfica. Esta discusión puede verse, entre otros, en Vauday, 2008; Bergala, 2007; Guerín y Escudero, 1995; de Azúa, 1995.

representación, circulación y consumo. El escenario del presente es vasto y complejo, y, aunque presenta novedades, no niega el camino recorrido.

Pedagogía, tecnología e imagen: el debate en cuestión

El reconocimiento de las transformaciones sociales, ligado tanto al desarrollo tecnológico como a la creciente importancia de la imagen, ha estado en el centro de las preocupaciones pedagógicas de las últimas décadas, observándose desarrollos de la teoría que van desde la más estricta adecuación didáctica de las innovaciones tecnológicas hasta la impugnación de las estrategias modernas de transmisión de la cultura y de la institución que las concentra: la escuela.

En general, no hay dudas de que las prácticas de acceso a la información o de lectura de imágenes que se configuran a partir de estos desarrollos tecnológicos no sólo tienen directo impacto en los modos de acceder a la cultura a través de a escolarización, sino que representan en sí mismas nuevas configuraciones educativas, en cuanto de por sí producen subjetividad, modifican los vínculos entre los sujetos y entre éstos y la cultura en la que se inscriben.

El panorama de las posiciones pedagógicas que acusan recibo de estas transformaciones es amplio y complejo, y el cine en ocasiones adquiere una visibilidad central, y en otras está totalmente subsumido a estrategias de manejo de la imagen, sin establecer distinciones entre soportes, prácticas de producción y/o de percepción. Dado que habitualmente se reconoce que las transformaciones ligadas a la tecnología se apoyan fundamentalmente en, por un lado, los desarrollos informáticos y sus implicancias tanto en el manejo de la información como en las posibilidades de generación de entornos virtuales, y por otro en la proliferación, circulación y consumo de imágenes, ligados a la masividad de los medios de comunicación, las reflexiones pedagógicas se disparan para uno u otro lado, o para ambos. Por otra parte, en las últimas décadas el campo del discurso pedagógico ha estado atravesado por diagnósticos de crisis funcionales y/u orgánicas (Puiggrós, 1995), crisis que incluso han presentado al desarrollo tecnológico de la sociedad como causa (Alvarez Gallego, 2003; Puiggrós, 1995), por lo que estas discusiones cobran un sentido adicional al discutir, en ocasiones, directamente su vínculo con la crisis de lo escolar.

A continuación, presentaremos sucintamente cómo se ordenan estas reflexiones, para luego detenernos específicamente en el modo en que articulan cine y educación al interior de ellas.

1. Por un lado está el amplio conjunto de trabajos ligados a las NTICs (Nuevas Tecnologías de la Información y la Comunicación), amplitud que no significa necesariamente homogeneidad, pero que comparte, como punto de partida, la necesidad de abrir las puertas de la escuela a estas innovaciones tecnológicas, dinamizando la gramática escolar a través de una incorporación de las tecnologías informáticas y audiovisuales desde "nuevos" desarrollos de la didáctica, de las estrategias de enseñanza y aprendizaje o de metodología de trabajo áulico. Con posiciones más o menos críticas de la cultura mediática y/o de las prácticas de acceso a la información de reciente configuración, los trabajos que proponen la adecuación de la escuela al medio a través de la incorporación de la tecnología sostienen al espacio escolar como regulador, al ser superficie de inscripción de estas "innovaciones"[340]. Desconociendo que el

---

[340] El trabajo de E. Litwin y otros colegas *Tecnología educativa. Política, historia, propuestas* (2000) bien puede ser un ejemplo de esta posición.

vínculo entre técnica y cultura se juega desde hace muchos siglos en nuestra sociedad, y que en el sistema educativo este debate tiene larga tradición en relación tanto al cine, como a la TV y a la radiofonía (Nakache y Mundo, 2003; Alvarez Gallego, 2003), la idea de "nuevo" parece traer una promesa de solución a las dificultades que la gramática escolar tiene para legitimarse. La "incorporación" de desarrollos tecnológicos se postula como parte de la solución y no del problema (Téllez, 2000).

2. Por otro lado, y a modo casi "inverso", están quienes anuncian el poder de los desarrollos tecnológicos de reemplazar el espacio escolar por propuestas que se asientan sobre las posibilidades de editar vínculos entre los sujetos y los conocimientos no presenciales, como aulas virtuales, *e-learning*, campus virtual, tutores virtuales, etc., en el caso de la incorporación informática, o experiencias como las de las "telescuelas", aulas radiales con teleproyecciones, etc., e incluso el creciente fenómeno de las *home schools,* que en algunas experiencias se apoya fuertemente en la informática. Sin embargo, es evidente que sólo en las definiciones ya puede observarse que no dejan de poner en juego las clásicas coordenadas de la educación escolar, salvo, claro está, el espacio físico de encierro compartido. En un corpus que se ha denunciado como "tecnopedagogía", estos desarrollos, partiendo del descrédito por las formas escolares y sobrevalorando las competencias en lectura de imágenes que poseen las jóvenes generaciones en desmedro del oral y escrito sobre el que se apoyó la cultura escolar, apuntan a la recuperación de la hegemonía de la

---

En el Prólogo, Litwin plantea: "Una buena práctica de la enseñanza incorpora lo que los alumnos saben, los mensajes de los medios, el trabajo con todos los sentidos y, si es posible, el último desarrollo de la informática".

imagen y de los flujos incesantes de la información que circula por las redes (San Martín, 1996).

3. Están también quienes enfatizan la importancia de pensar como educativas esas transformaciones masivas, que dan lugar a denominaciones como "sociedades de la información", más allá de sus relaciones con la escuela, por lo que formulan un horizonte de "sociedades educativas" (Martín-Barbero, 2003), o "sociedades educadoras" (Alvarez Gallego, 2003), que ponen en duda la continuidad de las instituciones escolares tal como las conocemos y anuncian su caducidad[341]. Las preguntas que se despliegan aquí apuntan a la capacidad de ciertos fenómenos sociales masivos ligados al desarrollo tecnológico y de los medios de comunicación de configurar identidades, gustos, estilos de vida, formas de consumo, pertenencias, etc., además de informar, transmitir conocimientos u otros contenidos de la cultura. Sin mayores referencias explícitas al cine pero con las suficientes como para saber que lo incluyen, se perfila un escenario teórico diferente donde la educación se define por sus vínculos y articulaciones con la comunicación (Huergo, 2001; Martín-Barbero, 2002, 2003)[342].

Llama la atención cómo en todos los casos alrededor de la idea de desarrollo tecnológico se presentan juntos y reciben el mismo tratamiento los medios de comunicación

---

[341] "... la educación ya no es pensable desde un *modelo escolar* que se haya rebasado tanto espacial como temporalmente por concepciones y procesos de *formación* correspondientes a las demandas de la *sociedad-red*, esa segunda modernidad que nos introduce en la era *informacional*. (...) Estamos pasando de una sociedad con sistema educativo a una *sociedad educativa*, esto es, cuya red educativa lo atraviesa todo: el trabajo y el ocio, la oficina y el hogar, la salud y la vejez" (Martín-Barbero, Jesús, 2003: 12).

[342] En otra línea de tratamiento, el trabajo de G. Giovannini *Del pedernal al silicio. Historia de los medios de comunicación de masas* no incluye al cine entre los medios de comunicación, aunque lo incluye como un antecedente de la televisión (Giovannini, 2005).

y los desarrollos ligados a la informática, como se ve en lo que significa la nomenclatura TIC, donde el elemento ligado a la *información* es el vector común entre prácticas tan diferentes como el uso de computadoras y el ver televisión. Es más, la formulación del término *alfabetismo* (McLaren, 1992) parecería indicar una especie de código común entre lectura de imágenes presente en el cine y la TV y la cultura informática. En este tipo de construcciones conceptuales no es sencillo "aislar" al cine: hay clasificaciones que lo incluyen entre los medios masivos de comunicación; en ocasiones, por la masividad del video y el DVD, es parte de los medios audiovisuales (MAV); en ocasiones adquiere visibilidad como una práctica específica, y en ocasiones ni siquiera se lo nombra[343].

A continuación, proponemos detenernos en dos propuestas que incluyen al cine. Aunque ambas comparten raíces comunes, en el primer conjunto hemos agrupado posiciones que se alinean detrás de la incorporación tecnológica a la enseñanza, y por otro lado, aquellas que abordan al cine desde una mirada frontal, haciendo alusión a las posiciones que se detienen en la cultura contemporánea y revisan sus vínculos con la educación.

1. Escuelas y pedagogías que se abren al cine

Desde el jardín de infantes a la educación universitaria, como actividades del aula o institucionales, el equipamiento de las escuelas con sistemas de reproducción, y hasta el montaje de salas de video, ha hecho que de formas más o menos formales el cine –aunque no ya acompañado por el cinematógrafo– se hiciera presente como un elemento más en la enseñanza.

---

[343] En la construcción del corpus referencial hemos privilegiado los debates que lo incluyen directamente o que al menos lo mencionan.

A este respecto es importante retomar lo que señalamos en el capítulo anterior: que desde los '60 en adelante se produce la entrada del cine de ficción en el escenario pedagógico. En la educación preescolar, el sistema educativo primario o medio, en la educación superior o en diversos espacios de formación más o menos institucionalizados, el recurso de incluir películas de cine es cada vez más familiar[344], ya sea en el transcurso de la clase, como parte de una evaluación, como entretenimiento en los días de lluvia, o como "Filmografía" o "Videografía" que acompaña la Bibliografía sugerida para abordar algún tema[345]. Abandonadas ya las pretensiones de que el campo pedagógico genere sus propios textos fílmicos, acordes con el currículo, las características de los educandos o los imperativos de la planificación didáctica, el cine entra a la escuela sin desligarse de su condición de objeto de entretenimiento producido en un circuito comercial y dirigido a la práctica de consumo en salas especiales o en el cómodo sillón de un living.

Lo que la pedagogía pondrá en juego, entonces, tendrá que ver con los modos en que articula gramática, tiempo y espacio escolar con industria cultural. En esa articulación,

---

[344] Las primeras indagaciones realizadas informalmente, cuando el proyecto de trabajo de esta tesis recién estaba tomando forma, arrojaron como resultado que la inclusión más o menos formal de películas de cine en la práctica cotidiana de docentes es sumamente común; así como lo es su inclusión en programas de cursos o de materias universitarias. Por otro lado, Paladino (2006) señala que si bien no existen mayores datos acerca de cuántos docentes utilizan el cine y cómo lo hacen, la proyección de películas está social e institucionalmente aceptada en las escuelas.

[345] Cruder (1999) propone bajo el concepto de *imagen cinemática* atender procesos que ya no pueden llamarse cine, TV y/o video en sentido estricto, sino que son, a la vez, la misma cosa. Si bien la presente investigación se ha centrado en el cine específicamente, cabe reconocer que la emergencia del formato video ha sido central para pensar su inclusión en la escuela.

existen variaciones, que muestran cómo la lógica pedagógica se ajusta, reordena, mimetiza, amplía, resignifica o transforma, según el caso.

Aislamos, en primer lugar, un conjunto de posiciones que se ordenan alrededor de partir de la idea de que el cine, de por sí, posee una dimensión educativa o formativa, ya que interviene sobre la comprensión del mundo de los espectadores, impacta, proporciona goce estético, emociona, etc., en la línea de la influencia que a lo largo del siglo se le ha otorgado, en consonancia con lo planteado en el capítulo anterior. El desplazamiento se produce en el tipo de operaciones pedagógicas que se prescriben para operar sobre esa influencia, que pareciera puede ser modificada, aprovechada, manejada o regulada si se la incluye como parte del trabajo educativo, donde un "plus" se hace presente:

> "Reclamamos el derecho de ver en el cine una dimensión formadora. Esto es, como vehículo o estrategia para producir cambios en los conocimientos, habilidades y actitudes de quienes lo ven" (de la Torre, 1996a: 10).

O, como se ve en la siguiente cita:

> "Hacer del cine nada más que un pasatiempo es desperdiciar una magnífica oportunidad de utilizar un producto artístico cultural para entender la compleja realidad que nos rodea" (Dallera, 1989: 5).

Ese *algo más* que el trabajo educativo introduce está en el centro de las operaciones didácticas que luego se desplegarán (Krasny Brown, 1991; Nuin, 1995; Molina, 1990, Romea, 1996), y que apunta a abandonar la desconfianza o el rechazo para abrir el trabajo de la escuela a lo que sucede fuera de ella (Morduchowicz, 1997). Estas operaciones tienen muchos nombres: *descodificar* (de la Torre, 1996) *seleccionar* (Arguimbau y Masoliver, 1996) *criticar, desacralizar, desmitificar, desidealizar* (Morduchowicz,

1997), *discernir* (Flores Jaramillo, 1982), y la lista podría continuarse con aquellos verbos que hacen referencia a procesos reflexivos por parte del alumno- espectador, reforzando y ampliando la emergencia de la actividad del alumno, ya señalada en las décadas anteriores. En todos los casos, el proceso de reflexión es **intencional** (de la Torre, 1996a; Tort i Raventós, 1996), y se produce a partir de:

a) La postulación de un **receptor crítico** (Morduchowicz, 1997; Quiróz, 1993; Nuin, 1995; Ander Egg, 1992; Dallera, 1989; Arguimbau y Masoliver, 1996). Este rasgo, que se hace presente sistemáticamente no sólo frente al cine sino también en general alrededor de otros medios de comunicación, tiene sintonía con los debates de la pedagogía en general que impugnan la centralidad del docente en las formas de la transmisión escolar y postulan la importancia del protagonismo de quien aprende. Al mismo tiempo, se alinea detrás de las preocupaciones alrededor de los procesos de aprendizaje más que de la enseñanza, atendiendo los aportes de la psicología y la sociología del espectador, que dan lugar a afirmaciones como ésta: "El carácter formativo de cine está más en el espectador que en el contenido que relata, en la reflexión para descifrar sus significados y mensaje que en el argumento. En suma, está en cómo se utilice el cine" (de la Torre, 1996a: 18), o que apelan a la comunicación horizontal que apunta a la participación (Ander Egg, 1992), o a la lectura crítica, entendida como aquella que lucha contra la univocidad y el monolitismo en la interpretación, que no acepta la pretendida transparencia del mensaje y se cuestiona en cambio su influencia en la mediación, es decir, el punto de vista del emisor (Morduchowicz, 1997).

b) La **tarea del docente** como el que **acompaña, propone, propicia, guía**, a partir de un marco de contenidos y de procedimientos. "El cine es un lenguaje, y en la actual sociedad de la imagen, se hace imprescindible contar con *personas que estén preparadas para enseñar a leer las imágenes que vehiculan las historias que se explican, que sepan reflexionar sobre éstas, y que sepan promover, frente a ellas, una autonomía crítica."* (Tort i Raventós, 1996: 32, cursivas en el original.) Sean maestros, profesores o padres, parece indispensable la presencia de un adulto que sea parte de la "lectura" para asegurar ese "plus", ese "adicional" al entretenimiento para que aquélla sea educativa o formativa, asumiendo que la posibilidad de guiar de modo formativo es parte de su condición de adultos[346].

c) La introducción de ciertos **elementos básicos** propios del **lenguaje cinematográfico**, que se presentan como importantes para poder leerlo. Con mayor o menor profundidad, suelen presentarse los elementos básicos de la narrativa cinematográfica (planos, relaciones entre imagen y sonido, guión, etc.) y de los procesos que pone en juego, como los de identificación (Dallera, 1989; Ander-Egg, 1992; Vilches, 1997; Romanguera i Ramió, 1991). Además, se suelen introducir a los géneros cinematográficos, en ocasiones ajustados a los usos que la escuela pueda hacer de ellos[347]. "Leer un film, de alguna manera, es leer pun-

---

[346] Nótese que en la postulación de un docente o de un padre con capacidad de promover una actitud crítica no se pone en juego la posición del docente como espectador o consumidor de cine, sino que es una competencia ligada a su papel de educador. G. Cruder, como resultado de una investigación sobre el consumo cultural de los docentes, señala que "Aquellos bienes culturales y simbólicos que los docentes degustan como parte de su tiempo libre aparecen en franca contradicción con ciertas representaciones en torno de lo correcto/incorrecto, permitido/ no permitido, educativo/no educativo, en relación con el universo escolar y el rol que juegan en él; lo que quizá se encuentra entroncado con representaciones fuertemente consolidadas en torno de lo que se manifiesta como culto en oposición a lo popular" (Cruder, 1999).

[347] Véase, por ejemplo, la clasificación de géneros desde un criterio formativo que propone de la Torre (1996a: 22): género didáctico (por ejemplo, documentales), género cultural (películas que traten temas históricos, artísticos, biográficos, científicos), películas comerciales

tualmente el cine, una muestra del mismo. Para ello se requiere, en primer lugar, prestarle atención y luego tener algunos conocimientos mínimos que nos permitan sacarle provecho a dicha lectura" (Romanguera i Ramió, 1991: 12).

d) La creciente **visualización** y aprovechamiento de rasgos propios del cine que no se encuadran dentro de los clásicos parámetros de la gramática escolar, como **el impacto visual y la emotividad**. Aparecen términos como "sentirpensar" (sic) (de la Torre, 2005) o apelaciones a que la movilización emotiva o motivación que produce el cine sea "aprovechado" en el aprendizaje escolar (Marks Greenfield, 1985; Krasny Brown, 1991). De la Torre y Rajadell teorizan sobre el impacto que produce el cine y sus posibilidades educativas:

> "El impacto nos introduce en una nueva teoría de la enseñanza, según la cual los cambios más profundos y duraderos de las personas tienen su origen en estímulos holísticos, cargados de energía, que remueven nuestros esquemas de forma contundente (...). *El impacto es el arte de hacer consciente lo inconsciente, visible lo invisible, relevante lo irrelevante, valioso lo común, posible lo imaginario*" (2005: 124, cursivas en el original).

El impacto así entendido comporta elementos socioafectivos, posee "efecto sorpresa", genera cambios y deja huellas, pudiendo ser emocional, cognitivo, social, publicitario o didáctico. El cine, por sus características, contribuye al aprendizaje por impacto, por lo que su utilización desde esta perspectiva abre nuevas dimensiones en el trabajo educativo[348].

---

con mensajes constructivos (películas que portan valores), películas de difícil justificación formativa (predominan las escuelas y los mensajes de contravalor, hacen apología del sexo sin componente afectivo, de la violencia sin justificación alguna, del individualismo, del abuso de poder, de la maldad sin justificación, de la incitación a las pasiones en instintos).

[348] Cabe señalar aquí cómo este tipo de discurso pedagógico se empeña tanto en controlar la producción y regulación de una experiencia visual con el cine como de reconvertir sus efectos desde un objetivo preesta-

e) La postulación de unos **criterios para la selección de los títulos,** donde el contenido del film se abordará en función de una disciplina o asignatura escolar (de la Torre, 1996a; Pujals y Romea, 2001) de su ideología (Dallera, 1989), o de los criterios formativos que tome el docente, donde predomina la perspectiva de valores (de la Torre, 1996a, 2005; Ortigosa López, 2002). En este sentido, son comunes en las perspectivas revisadas las listas o cuadros de títulos clasificados por el problema o contenido desde el que puede abordárselos.

f) Un despliegue de **estrategias didácticas** que, aún reconociendo la potencia del cine como lenguaje en sí, condensan las operaciones a las que no dejará de someterlo para encuadrarlo en el marco de la pedagogía escolar[349]. Echando mano a distintos nombres, técnicas[350] o esquemas de análisis[351], con mayor o menor grado de desagregación, la ubicación del cine en un esquema didáctico más o menos

---

blecido. Atiéndase a la siguiente afirmación donde pueden leerse hasta resabios rousseaunianos: "El aprendizaje por impacto está sembrado de *aaaaaahhh*, en los que el propio sujeto se considera autor del descubrimiento" (De la Torre y Rajadell, 2005: 129, cursivas en el original).

[349] Las operaciones didácticas sobre la utilización de la imagen van más allá del cine. En el trabajo *El desafío educativo de la televisión. Para comprender y usar el medio*, de José Manuel Pérez Tornero, llama la atención que si bien se cuestiona el modelo escolar, al afirmar que "La educación institucionalizada vino a derivar en la forma 'escuela': un espacio físico-jurídico que impuso la hegemonía del discurso verbal y colocó caulquier otro instrumento o lenguaje en condición de inferioridad" (1994: 39), su propuesta sobre el uso educativo de la TV se organiza incluyendo elementos como objetivos, contenidos, rol docente, evaluación, competencias, etc., así como a las operaciones de pensamiento crítico y analítico (Pérez Tornero, 1994).

[350] De la Torre apela al esquema ORA: Observar, Reflexionar y Aplicar, y ofrece un modelo de fichas de trabajo para ver las películas, y una buena cantidad de fichas aplicadas a ejemplos concretos de películas (1996b); Molina (1990) despliega modalidades de uso pedagógico-didácticas; Krasny Brown (1991) propone actividades lúdicas y donde interviene el cuerpo.

[351] Dallera (1989) despliega operaciones para revisar lo que en el cine aparece como *visible*, *ideológico* y *verosímil*; Ander Egg (1992) propone

tradicional pasa a ser la que garantiza, en última instancia, no sólo el aprovechamiento de sus posibilidades, sino la "dinamización" del clásico repertorio de respuestas que ofrece la didáctica.

He aquí un primer texto que condensa algunas operaciones. Está extraído del artículo "La educación en valores a través del cine y las artes"[352] y constituye un ejemplo más de los muchos que circulan en las reflexiones sobre el uso escolar del cine. Cabe mencionar que en la primera parte del artículo se introducen una serie de consideraciones acerca de la ética y la estética, el papel del arte, la experiencia sensible y la educación, haciendo especial énfasis en el registro audiovisual. Luego de este tratamiento, el autor propone para el trabajo en el aula con el cine las siguientes indicaciones:

> "En nuestra opinión, el trabajo del profesor deberá consistir en:
> - Visionar por su cuenta dos o tres veces el film que vaya a proyectar.
> - Elaborar un cuestionario amplio.
> - Elegir una película con estas características: nivel intelectual serio; cercanía con la vida real y amenidad; cercanía con el temario; cercanía con los problemas éticos de la vida cotidiana; trasfondo denso en el planteamiento de los problemas éticos.
>
> El modo práctico de llevar a cabo la sesión de clase en la que se proyecte la película es:
> - Haber explicado el significado de los contenidos conceptuales mínimos.
> - Exponer a los alumnos la importancia de atender al argumento y a los aspectos estético-formales de la película.

---

el esquema de trabajo de Rambaud, que incluye análisis de la trama, dramático, cinematográfico, de género y de contenido.

[352] Ortigosa López, Santiago (2002): "La educación en valores a través del cine y las artes". *Revista Iberoamericana de Educación* N° 29, Ediciones OEI, mayo-agosto de 2002.

- Insistir en que el uso de la película se considera «trabajo de clase»; exigir la presentación de un mínimo de tres a seis folios como desarrollo del trabajo.
- Antes de comenzar la proyección, dejar leer las preguntas a los alumnos; resolver las dudas en torno al cuestionario; explicar que las preguntas van apareciendo en orden sucesivo simultáneo al desarrollo del argumento en el film.
- Proyectar con algunas luces encendidas para que se puedan tomar notas.
- Los alumnos deberán tener cuatro o cinco folios en los que ir anotando las respuestas para su posterior elaboración.
- Tras la proyección, habrá un debate que tomará como motivo las preguntas del cuestionario" (Ortigosa López, 2002).

Lo que aquí puede visualizarse es una operación por la cual, si bien un docente decide utilizar una película de cine, no hay "experiencia cinematográfica": no hay sala oscuras, ni butacas, ni suspensión del yo, ni ninguna de las condiciones que hacen a esa experiencia (Barthes, 2002a[353]). Lo que hay es **un aula**, con todo lo que la acompaña: una prescripción ajustada sobre la organización del tiempo y el espacio de la clase, que esta vez incluye la vista de una película, pero que bien podría ser un dibujo, una conferencia, una clase magistral, un texto escrito. Pareciera que nada de lo que el cine es como tal logra *desestabilizar* un formato universalizado y naturalizado de abordaje, aún cuando se lo reconoce en su especificidad. Esta operación, muchas veces denostada con el nombre de *escolarización* (del cine o de quien se cruce en su camino), reduce no sólo al cine sino fundamentalmente a la pedagogía al control de todo lo que cae en sus manos.

Los rasgos hasta aquí presentados se inscriben en la línea de lo que las décadas del '60 y '70 habían perfilado. La mayor familiaridad en las posibilidades del manejo

---

[353] Nos referimos al escrito "Salir del cine", publicado en esa obra.

de la tecnología y la ampliación de los repertorios didácticos constituyen pequeñas innovaciones, entre las que se destaca la apertura de la lectura crítica a los enclaves ideológicos de los textos en algunos autores, y la puesta en juego de la emotividad de las imágenes en la situación educativa. Pero cabe mencionar también las semejanzas que este tipo de modelos prescriptivos guardan con los formulados en el Capítulo II. La fuerza de una gramática escolar que se sostiene en el tiempo, con poca capacidad de alterarse, se hace evidente en formulaciones como la del ejemplo presentado.

2. Pedagogía e identidades que miran cine

Quisiéramos dedicarle especial atención a los aportes en el trabajo con el cine que provienen de la desde la llamada "Pedagogía crítica"[354]. Por la importancia que este abordaje tuvo en nuestro país y por la especial atención otorgada al cine, nos centraremos en el trabajo específico de Henry Giroux. Este autor recorre y formaliza un camino particular de introducción del discurso pedagógico en el cine. Si bien Giroux comparte supuestos sobre el papel de la crítica en la educación con otros pedagogos contemporáneos, su trabajo plantea una característica particular en la visibilidad que ofrece sobre el cine: lo mira "de frente", indagándolo como objeto del territorio de la pedagogía,

---

[354] El término "pedagogía crítica" o la denominación de "pedagogos críticos" ha sido utilizado, en la década del '80, por un grupo de académicos norteamericanos entre los que se destacan Henry Giroux y Peter McLaren para designar las posiciones teórico-políticas que ellos sustentaban, donde el pensamiento pedagógico crítico de base marxista era revisitado y articulado con la pedagogía freireana y algunos aportes de los Estudios Culturales. Sin embargo, por pedagogías críticas también suelen nombrarse al conjunto de posiciones pedagógicas que nacen de la teoría crítica (Freire, Bourdieu, Baudelot y Establet, en sus producciones de la década del '70); por lo que el término suele prestarse a confusión. Véase da Silva,1999; Dussel,1999b; Alves García, 2001.

y para ello parte de una redefinición de su campo que da lugar a la entrada no sólo del cine sino del conjunto de manifestaciones de la cultura que son parte de la conformación de las identidades de los sujetos. En el prólogo del libro *Placeres inquietantes* (1996), que comienza con una breve historia que hace el autor acerca de sus orígenes, de la cultura de su barrio y su clase social y de la conflictiva relación que la escuela en primer lugar y, posteriormente, la universidad establecieron con ella, Giroux señala:

> "Durante años, creí que la pedagogía era una disciplina desarrollada en torno a los estrechos imperativos de la escolarización pública. Y, sin embargo, mi identidad se ha forjado en gran medida fuera de la escuela. Películas, libros, periódicos, vídeos y música, de formas diferentes e importantes, contribuyeron a la configuración de mi política y mi vida más que mi educación formal, que siempre parecía relacionarse con los sueños de otros".

Para, más adelante, agregar:

> Ya no creo que la pedagogía sea una disciplina. Por el contrario, durante estos últimos años he sostenido que la pedagogía se refiere a la creación de una esfera pública, que reúne a la gente en sitios diversos para hablar, intercambiar información, escuchar, sentir deseos y dilatar sus capacidades para la alegría, el amor, la solidaridad y la lucha. Aunque no deseo idealizar la cultura popular, es precisamente en sus diversos espacios y esferas donde está teniendo lugar, a escala mundial, la mayor parte de la educación que tiene importancia. Los medios electrónicos de comunicación, la red de imágenes que se multiplican enormemente, y se graban cada día en nosotros, y los sonidos híbridos de nuevas tecnologías, culturas y formas de vida han alterado radicalmente el modo en que se configuran las identidades, se construyen los deseos y se realizan los sueños"[355]

---

[355] La cita corresponde al Prefacio del libro *Placeres inquietantes. Aprendiendo la cultura popular* (Paidós, 1996).

Esta definición, que responde a lo que Tomaz Tadeu da Silva denomina "giro culturalista" en su estudio sobre las teorías del currículum (2001: 173), constituye una respuesta diferente a los modos de entender la pedagogía que él mismo sostuvo por años, en la que la escolaridad jugaba un lugar central. Giroux sostiene que si la pedagogía tiene algo que decir acerca de quiénes somos y cómo llegamos a ser los que somos, o de responder a la pregunta *¿de qué estamos hechos?* será dando cuenta de todos aquellos procesos que se ocupan de la configuración de nuestras identidades, aún más allá de los procesos escolares.

El desplazamiento en la definición del campo del saber pedagógico –que hará posible la entrada de los estudios sobre cine en el escenario educativo– responde a la revisión y el cuestionamiento que el pensamiento crítico de base marxista recibe por parte del pos-estructuralismo, de los estudios culturales y de los estudios feministas y poscolonialistas (Giroux, 1997) y no sólo atraviesa concepciones y supuestos pedagógicos, sino que se extiende al conjunto de la teoría social. Discutiendo sistemáticamente el papel de las posiciones críticas en el contexto del debate pedagógico norteamericano y señalando su aislamiento de los desarrollos de otros saberes, Giroux está interesado por desarrollar una noción de pedagogía capaz de cuestionar las formas dominantes de la producción simbólica, territorio al que le adjudica un lugar central en la configuración de lo que somos, y que excede largamente a las prácticas escolares[356].

---

[356] "... la pedagogía no versa tanto sobre la provisión de un conjunto universalizado de prescripciones, cuanto sobre una refundición de la relación entre teoría y práctica como forma de política cultural. (...) La teoría pedagógica no es un sucedáneo de las prácticas particulares emprendidas por sujetos históricamente específicos que actúan en contextos sociales, políticos y culturales concretos. Al contrario, es una práctica discursiva, un lenguaje inacabado, repleto de posibilidades que nace de compromisos y diálogos particulares. Ofrece nuevas categorías, ejemplos e intuiciones para que los profesores, entre otros, afronten y repiensen

Apoyado en los desarrollos de los estudios culturales, especialmente en la deconstrucción que realizan de la subjetividad, el lenguaje y la diferencia, postula que presentan claros aportes para la reformulación del campo pedagógico, en cuanto:
- ofrecen "la base para crear nuevas formas de conocimiento al convertir el lenguaje en constitutivo de las condiciones para producir significado en el marco de la relación entre conocimiento y poder" (1997: 193). La afirmación de la indeterminación del lenguaje y la postulación de su construcción histórica y social lo posiciona como territorio de acción política y de lucha, desde donde no sólo cuestionar y revisar significados dados, sino también postular nuevas órdenes;
- al definir a la cultura como terreno de lucha, la posiciona como discurso político y pedagógico, y ofrece a los educadores la posibilidad de ir más allá, de poner al descubierto formas de subordinación o lógicas de dominación, combinando el lenguaje de la crítica con el de la posibilidad (1997: 194);
- ofrecen la oportunidad de reconsiderar la cuestión de la diferencia, sea ya desde la perspectiva de las subjetividades o desde la mirada sobre los grupos sociales, y habilitar así la posibilidad de pensar la acción tanto individual como social (1997: 194).
- "Los estudios culturales sientan las bases para entender la pedagogía como una forma de producción cultural, en vez de cómo la transmisión de una particular destreza, cuerpo de conocimiento o conjunto de valores" (1997: 195).

---

todo, desde el propósito y significado de la escolarización, al papel que los educadores podrían desempeñar como trabajadores culturales. Su especificidad y valor estriba en su éxito a la hora de proporcionar un lenguaje que rompa la relación acostumbrada entre teoría y práctica, pedagogía y enseñanza, escuelas y culturas públicas críticas." (1997: 16)

De este modo la práctica pedagógica es pensada como política cultural, al ser ejercida desde todas aquellas prácticas que proponen órdenes de representación, y los educadores, como trabajadores culturales, donde la dimensión pedagógica hace referencia al proceso de crear representaciones simbólicas y a las prácticas dentro de las cuales son asumidas. "Esto incluye una particular inquietud por el análisis de representaciones textuales, auditivas y visuales y por el modo en que dichas representaciones se organizan y regulan dentro de disposiciones institucionales particulares. También aborda el modo en que personas diversas afrontan tales representaciones en la práctica del análisis y la comprensión" (2007: 18).

Si bien la postulación de la cultura como campo de lucha es asumida por un amplio conjunto de autores, no sólo del ámbito de la reflexión pedagógica como de los estudios culturales en general (Hall, 1997; da Silva, 1995, 2000a; Curran, Morley y Walkerdine, 1998; Donald, 1989, 1996), el trabajo de Giroux se distingue por su preocupación por los vínculos entre cine y pedagogía, y su producción específica alrededor del tema. Su trabajo comienza reconociendo en la industria hollywoodense un "algo más" que el entretenimiento o artículos de consumo unidimensionales:

> "ofrecen posiciones al sujeto, movilizan deseos, nos influyen inconscientemente y nos ayudan a construir un fresco de la cultura norteamericana. Profundamente ligadas a las relaciones materiales y simbólicas del poder, las películas producen e incorporan ideologías que representan el resultado de luchas que marcaron las realidades históricas del poder y las angustias de los tiempos; también son un despliegue de poder en el sentido de que desempeñan un papel que conecta la producción del placer y el significado de los mecanismos y la práctica de máquinas poderosamente pedagógicas. Dicho simple y brevemente: las películas entretienen y enseñan a la vez" (Giroux, 2003: 15).

Si bien reconoce que en el tratamiento pedagógico del cine la tendencia –suya y de otros teóricos– ha sido convertir al film en un objeto formalizado de análisis académico, a los efectos de revisarlo críticamente en sus implicaciones con la producción de ideología, el cine posee una dimensión pedagógica *per se*, al producir imágenes, ideas e ideologías que conforman tanto las identidades individuales como las nacionales. Esto lo lleva a considerarlo como una forma de pedagogía pública, "una tecnología visual que funciona como poderosa maquinaria pedagógica que intenta deliberadamente influir en la producción de significados, las posiciones de sujeto, las identidades y la experiencia", de considerable importancia para el emplazamiento de la cultura política. Por ello, más allá de constituir algún tipo de "método" o estrategia para la enseñanza, las películas "representan una nueva forma de texto pedagógico –que no sólo refleja la cultura sino que la construye realmente- que señala la necesidad de una perspectiva radicalmente distinta acerca de la alfabetización y la relación existente entre los textos fílmicos y la sociedad" (2003: 19).

Partiendo de la filmografía hollywoodense para abarcar un amplio espectro de textos que son parte de la cultura popular norteamericana, este autor propone estudiar las complejas relaciones entre los textos, los discursos, la vida diaria y las estructuras de poder, atendiendo tanto a las lógicas de clase, como a las de raza y género[357]. El resultado es una serie de trabajos en los que, a partir de uno o más textos fílmicos[358],

---

[357] Los ensayos de Henry Giroux sobre filmes de cine se remontan a 1976. Puede seguirse su recorrido en el libro *Cine y entretenimiento. Elementos para una crítica política del film*. Paidós, 2003. (Nótese un detalle menor que puede no carecer de importancia: si bien mucha de la obra de Giroux fue editada por la editorial Paidós en la colección Paidós Educador, éste título se publica en la colección Paidós Comunicación).

[358] Si bien las películas sobre las que Giroux trabaja corresponden a la cultura popular norteamericana, muchas de ellas han tenido amplia difusión internacional, y hasta han llegado a ser parte de los consumos

se desbrozan las posiciones de género, las luchas raciales, los estereotipos sociales, las relaciones de clase, el funcionamiento del capitalismo, las fantasías y los sueños del *american way of life*, las representaciones sobre los adolescentes, la violencia social, el funcionamiento de la industria, la masculinidad y el machismo, los vínculos entre las diversas identidades en sociedades multiculturales. H. Giroux presenta él mismo una serie de frescos de la cultura norteamericana, desarmándolos y mostrando el funcionamiento del poder en cada uno de ellos. De este modo, los textos fílmicos son abordados como parte de la prácticas de consumo cultural propias de una sociedad, y como tales son revisados, analizados, y criticados. El trabajo que Giroux propone con ellos –y que no es privativo de este autor, sino que es posible encontrarlo en otros trabajos[359]– es la tarea deconstructiva, que si bien recurre a la crítica cinematográfica y al funcionamiento del lenguaje fílmico, se centra especialmente en el cuestionamiento ideológico y en el señalamiento de los emplazamientos políticos que estas películas producen, poniendo énfasis en los mecanismos de identificación que apuntan a la producción de identidades de clase, de raza y de género.

---

culturales masivos en países como el nuestro. Nos referimos a *Norma Rae* (*Normae Rae*, Martin Ritt, 1978), *Juegos de Guerra* (*War Games*, John Badham, 1983), *La sociedad de los poetas muertos* (*Dead Poets Society*, Peter Weir, 1989), *Mentes peligrosas* (*Dangerous Minds*, John N. Smith, 1995); *Kids* (*Kids*, Larry Clark, 1995); *Pulp Fiction* (*Pulp Fiction*, Quentin Tarantino, 1994), *El club de la pelea* (*Fight Club*, David Fincher, 1999), *Mujer Bonita* (*Pretty Woman*, Garry Marshall, 1990), *Buenos Días Vietnam* (*Good Morning, Vietnam*, Barry Levinson, 1987) y los films de dibujos animados de la Disney Company *La Sirenita, La Bella y la Bestia, Pocahontas, Mulan* y *El rey León*.

[359] En la línea de encuentro entre la pedagogía y los Estudios Culturales, muchos otros autores toman este mismo camino para pensar el cine. Véase, por ejemplo, Duarte, 1997, 2002; Dalton, 1996; Walkerdine, 1998; McLaren y Leonardo, 1998.

El pensamiento crítico en el centro de la escena

La constatación de la proliferación de experiencias educativas que incluyen cine no significa necesariamente que el abordaje sea homogéneo. Por el contrario, revisar las justificaciones o las decisiones pedagógicas que la acompañan es encontrarnos con que coexisten discursos de neto corte didáctico con posiciones que nacen de revisiones y críticas de la pedagogía, pero que terminan ofreciendo estrategias similares, y que en última instancia apelan a la puesta en juego de pensamiento crítico.

Dentro del primer grupo de autores citados, se puede distinguir, por un lado, una línea de trabajo proveniente de España. Pla Vall señala que en este país, en las décadas del '70 y '80, tuvieron mucha influencia entre los pedagogos experiencias escolares de incorporación del cine de otros países, como Francia, especialmente en el campo de la enseñanza media y de la didáctica. Este desarrollo ha hecho que el tema se haya extendido desde esos tiempos al presente en casi todos los ámbitos escolares, donde es posible encontrar programas relacionados con la formación de valores, la prevención de riesgos, la alfabetización audiovisual, la educación en el consumo responsable o la ilustración de materias a través del cine (Pla Vall, 2007: 47). Dada la influencia que los desarrollos de la pedagogía y la didáctica española han tenido en nuestro país, es probable que esta haya sido la vía de entrada de estas propuestas enmarcadas directamente en los saberes pedagógicos.

Además del marco didáctico donde encuadrar el cine, cabe pensar también que estos trabajos se encuadran en los debates críticos a la educación tradicional, y por ello se referencian tan homogéneamente al pensamiento crítico, a estrategias didácticas más "horizontales", a la figura del docente como guía, a la atención de componentes afectivos en la educación, etc., en la línea que presentamos ya en el capítulo anterior.

Por otro lado, destacamos entre los autores mencionados la presencia de Ander-Egg. Este autor, inscrito en la recuperación del pensamiento de Paulo Freire desde una lectura de su obra que pone en el centro el trabajo crítico del pensamiento y el vínculo "dialógico" entre educador y educando, muestra cierta configuración de la pedagogía latinoamericana, atravesada fundamentalmente por la educación popular freireana y por su encuentro con los discursos propios de la comunicación. La posibilidad de postular una educación centrada en el "diálogo" que hiciera Freire en su obra y su inscripción en una perspectiva emancipadora han llevado a postular una redefinición de las fronteras disciplinares de la educación combinadas con las de la comunicación, como lo hace Huergo[360] (2001), en una configuración discursiva donde el pensamiento crítico latinoamericano de raíz marxista y el horizonte político de emancipación se combinan, y ubican la crítica, la resistencia frente a la manipulación y el develamiento de la opresión en el centro de la propuesta.

Los desarrollos como los de Ander-Egg, si bien en muchas ocasiones no tienen una preocupación explícita por lo que sucede en el aula escolar, no han dejado de tener su impacto, especialmente por hacerse eco de posiciones no directivas y "antiautoritarias", tan en boga en la década del '80 (Pierella, 2005).

---

[360] J. Huergo postula el término "Comunicación/Educación", como nombre de ese nuevo pensamiento que combinaría los aportes de cierta pedagogía (Freinet, Saúl Taborda, Cirigliano, Ander Egg, Freire, McLaren) con ciertos desarrollos de la teoría comunicacional crítica (Gutiérrez, Prieto Castillo, Mattelart, Martín Barbero), dando por resultado un perspectiva capaz de ofrecer respuestas que resignifican la educación escolar postulando una ciudadanía crítica, acorde a la sociedad mediatizada en la que vivimos (Huergo, 2001).

Este tipo de configuración discursiva en muchas ocasiones se referencia con autores de la pedagogía crítica, como Giroux y McLaren, fundamentalmente por compartir la recuperación del pensamiento de Paulo Freire. Sin embargo, la perspectiva de trabajo que presenta Giroux merece algunos señalamientos.

Por un lado, Giroux despliega un pensamiento en clave pedagógica de tipo analítico sobre el texto fílmico como texto cultural. Si bien las reflexiones acerca del poder educador de la cultura masiva en general y del cine en particular tienen una amplia y larga tradición, lo que Giroux hace es colocar esa preocupación como centro de la reflexión pedagógica. Nótese que hasta ahora, las preocupaciones habían pasado por, al reconocer el poder del cine, introducirlos en los dispositivos pedagógicos y operar sobre ellos en la lógica de la gramática escolar. Si hasta ahora la pedagogía frente al cine se preocupaba por seleccionar lo que daba a ver, la operación de este tipo de trabajo no pasa por lo que *se debe o no se debe dar a ver*, sino por el *proporcionar nuevas lecturas* sobre lo que habitualmente se ve. En todo caso, lo que Giroux da a ver no es ésta o aquélla película, sino un análisis de lo que tenemos frente a nuestros ojos. En la introducción del libro *Cine y entretenimiento* (2003), este autor hace hincapié sobre el modo en que el texto fílmico opera sobre nosotros, sobre nuestras creencias, sentimientos, identificaciones y construcciones del mundo. En sus palabras, es necesario ver a través de lo que sucede en las pantallas.

El resultado de lo que se propone en esta línea no se aleja mucho de lo que Bergala (2007) llamará el abordaje del cine como *vector de ideología*, es decir como un texto que plantea un modo de ordenar el mundo, frente al cual la tarea de la pedagogía será desarrollar el pensamiento crítico. Si bien Giroux está atento este riesgo, y manifiesta su intención de no decir lo que se debe pensar, de hecho lo que su trabajo con las películas resulta es un despliegue teórico acerca de cómo ciertas películas que son parte de la cultura popular, desde cierta supuesta "inocencia" que posee el arte del entretenimiento, producen y reproducen el mundo que en vivimos. El gesto de la crítica que se pone en juego en estos análisis no se escapa de la perspectiva emancipatoria, propia de toda pedagogía radical (radical pedagogy), a la que Giroux adscribe. Nótese, a este respecto, la semejanza que guarda con la siguiente apreciación de F. Jameson, también sobre el cine como industria del espectáculo:

> "En la actual coyuntura, a veces denominada el comienzo de la postmodernidad o capitalismo tardío, uno tiene la impresión de que nuestra tarea más urgente será denunciar incansablemente las formas económicas que, por el momento, han llegado a reinar de forma absoluta e indiscutida. Esto quiere decir, por ejemplo, que al fin seguramente se va a hacer justicia a aquellas doctrinas de la cosificación y mercantilización que desempeñaron un papel secundario en la herencia marxiana tradicional o clásica y que se van a convertir en instrumento dominantes de análisis y de lucha" (Jameson, 1994: 244).

En todo caso lo que Giroux introduce con su perspectiva es cierta demarcación de posiciones didácticas u organizativas del espacio áulico, al otorgar al cine otra visibilidad.

Sin embargo, en todas las perspectivas aquí trabajadas se hace presente cierta matriz del pensamiento moderno. A la serie de verbos mencionados en el abordaje didáctico, *criticar, desacralizar, desmitificar, desidealizar, discernir*, podrían sumársele en la misma línea *denunciar, develar* y *desocultar*, describiendo todavía más las características de un tipo de ejercicio del pensamiento, e incorporándole, especialmente con los dos últimos, una dimensión *visual*. Es Brea quien articula régimen escópico y pensamiento moderno, al señalar que:

"Como es bien sabido, Heidegger plantea el trabajo de la desocultación como tarea fundamental del pensamiento reflexionante, del 'pensar' en su arquitectura y misión más densa y profunda, como camino a través del cual el hombre puede aproximarse a su destino en la custodia del verdadero sentido del ser y, en cierta forma, liberarse en ello del 'olvido' en el que le habría sumido secularmente el imperio de la metafísica occidental como administradora de un conocimiento exclusivamente regulado bajo la perspectiva mermadora del 'logos', de la palabra, si se quiere. La idea de la desocultación, '*aletheia*', que es el término que Heidegger elige para articular su idea de verdad, tiene mucho precisamente que ver con una lógica de visibilización de lo no visible, con un cierto traer a la luz aquello que permanecía oculto" (2007: 149).

Si bien este autor está pensando en el territorio del arte[361], la cita permite situar la tarea de la reflexión crítica propia de la pedagogía como parte, o "envés", del modo en que conocer-ver se articulan, donde la "distancia" entre la

---

[361] En ese territorio particular, Brea señala que "En el caso de Heidegger, además, cabe decir que este proceso de visibilización –de visión en lo ciego– no es baladí, sino que vinculado a él se afirma nada menos que el propio trabajo profundo del *pensar reflexionante* como destino del hombre en la custodia de la verdad del ser en cuanto desocultación: o lo que es lo mismo, una tarea de auténtica envergadura, que asigna a la obra de arte un potencial de importancia crucial: *el propio desvelamiento de la verdad* profunda de lo que es. Me permitiré llamar a esta expectativa desorbitada y magnífica, a esta atribución desmedida de importancia al *trabajo del arte* y la dinámica de *desocultación* que en su curso se produce, la característica '*ideología estética*' –uso el término de Paul de Man, como es bien sabido– propia del alto *modernismo* y su particular 'episteme escópica'. Una para la cual en el trabajo de desocultación característico de esos modos particulares de ordenación de lo visible que llamamos obra de arte vendría a 'expresarse' y desocultarse incluso la misma '*verdad del ser*'" (Brea, 2007: 150). Sin pretender afirmar que el funcionamiento se da del mismo modo en los vínculos entre ver y saber propios del pensamiento pedagógico, se abre aquí un camino para pensar cómo en estos particulares gestos de *dar a ver* éste implica *poner a la vista algo que no se ve*.

imagen que representa y el objeto representado guardan una relación, ya no de mimetismo, sino de "arbitrariedad" que necesita ser indagada en sus dimensiones morales, valorativas o ideológicas.

El cine y las políticas educativas

Así como es posible encontrar muchas de las discusiones teóricas aquí planteadas de modo explícito o implícito en las diferentes y múltiples experiencias que se nutren del cine, algunas de ellas han tomado forma más orgánica en políticas públicas. Nos referimos a las iniciativas que el Estado ha llevado adelante como políticas educativas, que colocan en el centro esta relación. Proponemos revisar detenidamente dos de ellas, diferentes entre sí, atendiendo especialmente al modo en que se construye el vínculo que nos ocupa. Ellas son "La escuela al cine", parte del programa La Escuela y Los Medios de la Secretaría de Educación de la Ciudad de Buenos Aires entre los años 2001 y 2003, y el ciclo "Cine y Formación Docente", desarrollado por la Dirección de Nacional de Gestión Curricular y Formación Docente, dependiente del Ministerio de Educación de la Nación, los años 2005, 2006 y 2007.

1. "La escuela al cine"

"La escuela al cine" es un programa desarrollado originalmente por la Secretaría de Educación del Gobierno de la Ciudad de Buenos Aires, conjuntamente con el INCAA, que posteriormente pasará al ámbito del Ministerio de Educación Nacional, pudiendo llegar a varias provincias. Propone que alumnos, acompañados por sus docentes, concurran al cine a ver largometrajes nacionales de reciente estreno, y cuenten con la posibilidad de dialogar con algunos de los profesionales que participaron en la producción de ese film. Su objetivo es "facilitar el acceso al cine de los alumnos que viven en las zonas menos favorecidas de la ciudad. También promover la formación de una mirada crítica frente a los mensajes entre el público adolescente"[362].

Es la coordinación del programa quien selecciona los títulos, ajusta horarios y lugar de proyecciones entre la sala y la escuela, programa los intercambios con actores, directores o productores. La visita va acompañada de un material didáctico elaborado especialmente: *El placer de pensar el cine* I y II[363], con orientaciones teóricas y metodológicas para trabajar el cine en la escuela.

En la Introducción y en algunos artículos de estas publicaciones se ofrecen a los docentes algunas definiciones acerca del encuadre teórico-político del programa. Allí se sitúa la importancia de la imagen en nuestra civilización, la emergencia del cine, su potencia narrativa y su capacidad para producir emociones. "El cine es una expresión cultural que nos produce un enorme placer. Es fuente de emoción, risa, lágrimas ... y aprendizaje. Sentir el filme, sí, pero también pensarlo. Explorarlo, entenderlo, descubrirlo"[364]. Así se presenta al cine y se anticipa el papel de la escuela, que más adelante, se explicita directamente: "El gran reto de la

---

[362] Extraído de la presentación del programa en la Sección La escuela y los Medios de la página oficial de la Secretaría de Educación de la Ciudad Autónoma de Buenos Aires (www.buenosaires.gov.ar/educacion, consulta 26-11-03). El programa comenzó en el año 2001 en la ciudad de Buenos Aires, y estaba dirigido a alumnos de 1ro y 2do año de escuelas medias públicas de las regiones II y V junto con sus docentes de Lengua y Literatura, Formación Ética y Ciudadana o Historia. Posteriormente, se amplió al ámbito nacional.
[363] Publicaciones con formato de revista de circulación interna en el programa, editadas por el INCAA y la Secretaría de Educación del Gobierno de la Ciudad de Buenos Aires, en 2001 y 2002.
[364] *El placer de pensar el cine* I, Introducción, pág. 3.

escuela en relación a la cultura visual es, por ello, enseñar a pensar a partir de la emoción".

La operación que la escuela es invitada a hacer no se reduce al cine, pero sí lo introduce como novedad:

> "Analizar críticamente la realidad significa explorar las múltiples formas en que esa realidad aparece representada. En la escuela, el libro de texto, el documento histórico, el mapa y las láminas escolares constituyen formas de representación habitualmente legitimadas. Analizar el lenguaje del cine es tomar contacto con otra forma de representar la realidad, con otro modo de ver y de leer, de aprender y de conocer. (...) Se trata de iniciar un camino hacia el descubrimiento y legitimación de otras formas de conocimiento, hacia la revalorización de la experiencia cultural que se vive más allá de la escuela. Porque es desde esa experiencia que los alumnos resignifican el saber escolar. Los estudiantes tienen recuerdo, familias, religiones, sentimientos, lenguajes y culturas que les dan una voz. Podemos asumir esa experiencia críticamente e ir más allá de la ella, Pero no podemos negarla (Giroux, 1997)"[365].

Posteriormente, la publicación pasará por reflexiones acerca de la representación cinematográfica, y del "Qué contar" (argumento, el tiempo, el espacio, los personajes, los géneros) y "Cómo contarlo" (formas de expresión, la cámara, los encuadres, puntos de vista, el sonido, el montaje)[366]. Y luego presentará las fichas técnicas de las películas a proyectar, y las entrevistas realizadas a miembros de los respectivos equipos[367].

Por último, se ofrecen una serie de indicaciones y sugerencias para docentes para, más allá del programa, incluir

---

[365] Ibíd.
[366] Ibíd., "Historias paran sentir", págs. 7-11.
[367] Las películas que se exhibieron en 2001 fueron *Cabeza de Tigre* (Etcheverry, 2001), *Sólo gente* (Maioco, 1999) y *Nueve Reinas* (Bielinsky, 2000). En 2002, fueron *Taxi, un encuentro* (David, 2001), *El hijo de la novia* (Campanella, 2001) y *Herencia* (Paula Fernández, 2001).

al cine en la escuela y poder analizarlo: cómo seleccionar el film y cómo analizarlo. Siempre se parte de la idea de que enfrentarse a una película de cine nos remite a dos dimensiones de trabajo: la historia narrada y la manera en que esa historia es narrada, dimensiones que serán retomadas para ordenar la tarea del docente, desde dos operaciones: la de describir e interpretar. En el abordaje que se propone, se combinan elementos de la reflexión propia de la teoría comunicativa y/o semiológica, con provenientes de la pedagogía, como se observa en el siguiente párrafo:

> "Convertir una película en objeto de estudio significa descubrir la manera en que fue construida. Equivale a develar las formas que se utilizaron en su realización para producir aquello que finalmente vemos en la sala de cine. Significa también, suspender por un instante las emociones y sentimientos que nos provoca la película, para ir más allá de ella y explorar el proceso de su construcción. Implica identificar los códigos y las estrategias utilizadas para representar el tema al que alude y preguntarse por la intención de sus realizadores.
> Analizar una película supone, en suma, formar a los alumnos como receptores críticos. La recepción crítica es la comprensión reflexiva del filme. Una comprensión que necesariamente estará asociada a la experiencia cotidiana de cada uno"[368].

Desde del año 2002, el programa irá cobrando cada vez más fuerza, nuevas películas, propondrá actividades especiales para chicos de otros años de la escuela secundaria[369],

---

[368] "La escuela al cine. Una propuesta para analizar películas en la clase" en *El placer de pensar el cine*. INCAA/Secretaría de Educación - Programa "La escuela al cine" - Gobierno de la Ciudad de Buenos Aires, marzo de 2001: 25.

[369] En junio de 2002 se invita a 350 estudiantes de los dos últimos años de la escuela secundaria a ver películas de cine europeo pertenecientes al ciclo "Primera Semana de Cine Europeo para Jóvenes", organizado por la Secretaría de Educación, Hoyts General Cinema y las embajadas de Francia, Alemania, Italia, Inglaterra y España. Posteriormente, y asesorados por personalidades del mundo del cine, los estudiantes debían

e irá ampliando la oferta de películas y actividades propuestas, desde la página web del Programa. Estas actividades, organizadas con *Objetivos*, *Materiales* y *Desarrollo*, toman su forma de la didáctica, al regular cada momento del trabajo con los films, con indicaciones del tipo de proponer a los alumnos una situación imaginaria, dividirlos en grupos para que resuelvan una guía de preguntas, realizar una puesta en común, debatir, construir argumentaciones, analizar, etc., que podrán aplicarse a los filmes que el docente y/o los alumnos elijan[370]. Pero más allá de lo que el programa desplegó para la utilización del cine en el aula, su mayor impacto se referenció a su perfil inclusivo, en cuanto a las puertas que abrió para que aquellos estudiantes que nunca habían asistido al cine pudieran hacerlo por primera vez, desde la escuela[371].

A lo largo del desarrollo del programa se recogieron las expectativas previas y las impresiones posteriores de los adolescentes y jóvenes que participaron. Plasmadas en un video[372] y presentadas en una publicación, *Yo nunca fui al cine. Lo que dicen, piensan y sienten los adolescentes que descubren la pantalla grande*, de autoría de la coordinadora del programa Roxana Morduchowicz (2002), estas expresiones reflejan para la autora la envergadura de la

---

escribir una crítica de las películas vistas. Ranzani, Oscar: "Una clase hecha de imágenes", *Página 12*, 11-06-02.

[370] www.buenosaires.gov.ar/educacion/prorgramas/Escuelaymedios/actividades, donde se presentan las actividades: "El Ganador es...", "Guionistas y directores", "Personaje Favorito". Consulta: 26-11-03.

[371] Una encuesta realizada por la Secretaría de Educación en marzo de 2001, antes de lanzar el programa, en las escuelas de Lugano, Villa Soldati y Pompeya detectó que el 75 por ciento de los chicos de 13 y 14 años nunca fue al cine. Véase Morduchowicz, 2002 y Carbajal, Mariana: "Tan cerca y tan lejos de la pantalla", *Página12*, 07-09-01.

[372] "La película de todos", realizada por Eduardo Mignona, donde se recogen testimonios tanto de los adolescentes como de los trabajadores del cine y actores y acompañaron la experiencia.

experiencia cinematográfica, en gente que no está fuera del consumo cotidiano de la televisión. Lo que se hace visible claramente es lo que el programa significó como salto de un sector de la sociedad que no tiene posibilidades de acceso a ciertos consumos culturales, a través de la escuela. La publicación mencionada presenta pequeñas historias de los adolescentes que luego pasarán por el cine, señalando sus hábitos cotidianos, sus vínculos afectivos y el tipo de relación que establecen con el afuera de sus casas y de la experiencia escolar. El impacto y la emoción que el cine producirá sobre el fondo de esos relatos hace que el programa tome su fuerza del hecho de acortar distancias entre estos chicos y los que habitualmente van al cine. "Acercarles el cine. Acercarlos al cine" (Morduchwicz, 2002: 24).

En este sentido, podría decirse que este programa establece su centro en la "provisión", desde la escuela, de la experiencia cinematográfica, en sus condiciones específicas: la sala obscura, la cómoda butaca, la pantalla gigante, el sonido envolvente, las clásicas golosinas, la necesidad de trasladarse hasta la sala[373]. El relato de la experiencia recupera las primeras proyecciones de cine en 1895, cuando los espectadores descubrían un mundo, se maravillaban y a la vez se asustaban de lo que lo que se proyectaba en la pantalla. De algún modo, se hace presente en este programa la intención de poner en juego la sorpresa y las emociones que la sociedad ha incorporado ya hace un siglo, pero de la que estos chicos se han quedado afuera por vivir en "un mundo aparte" (2002: 25-33). A la vez, la autora toma distancia de las posiciones que sitúan a los

---

[373] Las películas se proyectaron en el Hoyts General Cinema, en horarios de la mañana, y micros especiales llevaron los chicos desde la escuela hasta los cines de la cadena mencionada. La empresa donó golosinas para la proyección. Muchos de los testimonios de los chicos se refieren a su curiosidad por el espacio de la sala y sus condiciones. Véase Morduchowicz, 2002.

medios de comunicación en general, y al cine y a la TV en particular como manipuladores ideológicos o nocivos para la infancia y la juventud. Por el contrario, enfatiza, recuperando a Giroux, el papel que la cultura popular, "entendida como aquella que construyen los medios", cumple en la formación de su propia identidad:

> "La cultura popular desempeña un papel central en la vida de los chicos y los jóvenes. Afecta e influye sobre la manera en que perciben la realidad e interactúan con el mundo. Las identidades de los jóvenes se trazan en la intersección del texto escrito, la imagen electrónica y la cultura popular. Los centros comerciales, los cafés, la televisión, el cine, los recitales de música y las Nuevas Tecnologías modifican la percepción que los chicos tienen de la realidad, su actitud ante el conocimiento y el modo en que conciben al mundo" (2002: 41).

Si la cultura tiene esta importancia, la exclusión a su acceso no es menor. Para poder otorgar a los jóvenes el estatuto de productores culturales, capaces de leer y producir diferentes textos, Morduchowicz considera que se necesita facilitar el acceso a las más diversas expresiones de la cultura. "Nada afecta más a la niñez que la privación y la exclusión. *La infancia está más amenazada por la exclusión de la cultura que por su exposición a ella*" (2002: 43, cursivas en el original).

Aún cuando las escuelas donde van estos chicos puedan estar equipadas con tecnología, como televisores y reproductores de video o DVD, que acerquen al cine en formato de pantalla chica, la decisión no es llevar el cine a la escuela, sino la escuela al cine. Allí radica la "originalidad" del programa[374]. Sin embargo cabe señalar lo que trae el

---

[374] Las comillas responden a que, si nos remitimos a los inicios del siglo, allí ya había experiencias de llevar a los niños a la salas de cine. Sin embargo, no deja de ser original en relación al contexto de época, donde el camino suele ser el equipamiento tecnológico de las escuelas y, muchos casos, la emergencia de salas de video en el espacio escolar.

nombre del programa: no sólo son los jóvenes los que van, sino *la escuela*: los chicos van en el horario de clase con los compañeros y los profesores, quien no sólo acompañan en la visita, sino que van provistos de herramientas didácticas de trabajo con el texto fílmico. El programa no sólo plantea propiciar el placer de ver cine, sino también el placer de pensarlo. Dentro de esas herramientas, todas al servicio del trabajo educativo, las clásicas actividades propuestas para describir e interpretar se combinan con reflexiones sobre los mecanismos de la producción y el lenguaje cinematográfico de patrimonio de la reflexión propia de la teoría comunicativa y/o semiológica, y estas operaciones conducen a la reflexión desde la "recepción crítica".

Tal como lo enfatiza la autora y quienes se detienen en este programa, su sentido está sostenido sobre la provisión de una experiencia que se considera central en nuestros tiempos, de la que estos adolescentes y jóvenes, por su condición socioeconómica están excluidos[375]. Diferenciándose prácticamente de todas las posturas hasta ahora revisadas, no es una crítica a la falta de modernización de la escuela ni una adecuación de ésta a la "civilización de la imagen" lo que los sostiene, sino la de acercar una práctica presente en la sociedad a los jóvenes *desde* la escuela. Es más, no dudaríamos en afirmar que, si estos jóvenes pudieran acceder al cine y a otros circuitos culturales por sí mismos o desde sus familias, este programa casi dejaría de tener sentido. Y el "casi" se introduce porque tanto las actividades

---

[375] Así lo hacen Daniel Filmus, entonces Secretario de Educación de la Ciudad de Buenos Aires y Eduardo Mignona, director de cine, en el Prólogo del libro de Morduchowicz, así como los artículos de prensa que la reseñan, como: Ranzani, O.: "Venir acá es otro mundo", *Página12*, 07-06-03; Alarcón, C.: "Emociones de pantalla grande", *La Nación*, 27, 03-01; "Los chicos que fueron al cine por primera vez y terminaron filmados" (s/a), *La Nación*, 09-04-01; Carbajal, M., Op. Cit; Ranzani, O., Op. cit., todos ellos reproducidos en la página web del programa "La escuela al cine".

previstas para después de la proyección de las películas (los diálogos con realizadores, guionistas, actores, etc.) como las publicaciones *El placer de pensar el cine* incluyen un trabajo reflexivo sobre la película, que excede el puro placer de verla. Y no sólo la excede en cuanto a la tarea de pensar, sino que ese pensar, es un "pensar-escolar", tal como se ve en las actividades con que las acompañan, inscriptas en el tipo de operatoria analítica que la pedagogía ya viene ofreciendo.

Difícil es pensar que la escuela sea quien promueva una actividad así y que se abstenga de intervenir desde su lógica educativa. Es más, cabe la pregunta de si sería justificable que no lo hiciera, dado que negaría su misma "naturaleza". Sin embargo, que sea la escuela la que va al cine deja lugar a muchas de las preguntas con las que venimos insistiendo: ¿cuáles son los efectos que, sobre la experiencia cinematográfica, opera el obligatorio procesamiento pedagógico?, ¿no la exponemos al riesgo de "neutralizar" su potencial al someterla a las operaciones del pensamiento escolar?, ¿es lo mismo ir al cine, entrar y salir de él (de la sala, de la película, de la experiencia, tal como lo plantea Barthes) que hacerlo desde la condición de alumnos?, ¿es posible sustraer este programa de la escolarización de la mirada?

Si estas preguntas tienen lugar aquí es justamente porque el programa insiste en la diferencia que hace la experiencia cinematográfica, su carácter irremplazable y único, y su fuerza emotiva, en relación al consumo de imágenes por otros medios. Sin embargo, esa experiencia está incluida y subsumida a la lógica del pensamiento escolar, en el trabajo posterior que se hace con el cine.

En cuanto a su posición alrededor de la concepción y distribución de la cultura, cabe abrir, también, otras interrogaciones. La primera tiene que ver con una especie de "jerarquía" que el cine poseería sobre otras experiencias culturales, jerarquía que justifica un esfuerzo de esta envergadura, y que emparenta este programa con iniciativas como la de las misiones culturales, relevadas en el Capítulo III. Jerarquía que mostraría cierto cambio de la posición del cine al interior del discurso pedagógico: si recordamos las apreciaciones relevadas en los dos primeros capítulos alrededor de este "arte para sirvientas", realizadas por pedagogos, y las comparamos con el lugar que se la da aquí a la experiencia cinematográfica, la posición prácticamente se invierte: la escuela pasa de ser la que "hace la diferencia" con un "afuera" cuestionado por su "valor cultural" –operación de la primera mitad del siglo XX–, a ser, en la posición que ocupa en este programa, la que abre la puerta a esa experiencia cultural, ya no denostada sino, por el contrario, puesta en el lugar de un bien simbólico a distribuir. Esta inversión parece contradecir la inclusión del cine en la "cultura popular" a la que el programa hace referencia, al situarlo en el horizonte de los bienes que la escuela "provee", y abre a la pregunta acerca de cómo se tejen los vínculos entre la distribución de bienes simbólicos por parte de la escuela y los mecanismos de inclusión y exclusión social[376].

El segundo grupo de interrogantes tiene que ver con el tipo de experiencia cinematográfica que el programa pretende producir. ¿Cuáles son los argumentos que sostienen a ese grupo de películas y no otros como los elegidos para proyectar? El hecho de que sean películas nacionales y de que quienes participaron en su realización sean accesibles, ¿es argumento suficiente para justificar su inclusión? ¿Cómo participan esos criterios selectivos en la discusión sobre lo que la escuela como institución, y las políticas educativas como mecanismos de distribución de bienes simbólicos, deben incluir?

---

[376] Al respecto, véase Dussel, 2000 y Ranciére, 2000.

2. Cine y Formación docente

Entre los años 2005 y 2007, el Ministerio de Educación de la Nación puso en marcha el ciclo "Cine y Formación docente", esta vez no dirigido a escuelas o alumnos sino que sus destinatarios son los docentes. Este ciclo se ordena alrededor de acciones de capacitación "que invitan a los docentes a analizar la especificidad del mundo contemporáneo y a pensar en común los desafíos que debemos afrontar en esta época los educadores, en tanto transmisores de conocimiento y de cultura"[377], en el marco de las actividades desarrolladas por el Área de Desarrollo Profesional Docente de la Dirección Nacional de Gestión Curricular y Formación Docente del Ministerio de Educación, Ciencia y Tecnología de la Nación, en articulación con otros programas nacionales y en colaboración con los ministerios provinciales. Estas acciones se llevan adelante en las provincias de Tierra del Fuego, Río Negro, Jujuy, Buenos Aires, La Rioja, Chubut, La Pampa, Córdoba, Santa Cruz y Mendoza.

Partiendo de considerar que los últimos decenios del siglo XX han sido escenario de importantes transformaciones económicas, sociales y políticas que introducen diferencias sustanciales respecto de aquél en el que la mayoría de los docentes se han formado, se propone abordar la infancia, el trabajo, la familia, la política, la tecnología como algunos de los fenómenos sociales que han dejado de ser lo que eran. Al mismo tiempo, se propone abordar las transformaciones que la escuela viene sufriendo, ligada a los cambios de la sociedad y la cultura.

Cada ciclo combina proyección de películas, conferencias de especialistas, talleres de lectura y trabajo de campo. Tiene una duración de un cuatrimestre y presupone la

---

[377] La información del programa se ha obtenido de los documentos y escritos incluidos en la página web del programa: http://www.me.gov.ar/curriform/cap_cine, consultado el 10-10-2007.

capacitación previa de los tutores que coordinan desde las regiones los talleres de lectura y los trabajos de campo. Por otro lado, cada ciclo está organizado alrededor de un eje temático y está dirigido a docentes de un nivel específico. Algunos de los ciclos, que se repiten en varias provincias, son "Historia argentina del siglo XX", "Culturas Juveniles", "Los jóvenes: arte y política de los '70 al 2000", "Formas de narración en el cine", "Infancias actuales", "La construcción de sentidos en contextos de encierro", "Cine y ciencia".

Los títulos a proyectar son propuestos por los distintos especialistas, convocados en función de abordar la problemática o eje que se trabaje. Las películas proyectadas a lo largo de los tres años en las distintas provincias son más de treinta, y entre ellas hay películas de cine argentino de factura reciente, como *Buena Vida (Delivery)* (Di Cesare, 2004) o *Mundo Grúa* (Trapero, 1999), y de décadas pasadas, como *Gatica, el mono* (Favio, 1993) y *Las aguas bajan turbias* (Del Carril, 1952). Hay también cine europeo, como *Los coristas* y *Corre, Lola corre* (Tom Tykwer, Alemania, 1998), y cine de Hollywood, como *Generación X* (Ben Stiller, EE.UU., 1994). Los géneros son variados (comedia, drama), así como los circuitos de comercialización de los títulos o los movimientos estéticos a los que pertenecen. Puede visualizarse que la elección de las películas responde, en general, a la temática a pensar.

Sin embargo, si bien el especialista ha seleccionado el título de la película, no dedica su disertación a un análisis de la obra, sino que en su conferencia procura realizar un aporte teórico para la comprensión y alcances de la problemática. Sin que se explicite en la fundamentación del programa, podría decirse que la película funciona como un texto más desde donde pensar el presente y la problemática puntual que allí se ha recortado. Una revisión de los textos de las conferencias que se dictaron en este ciclo[378], muestran un abordaje reflexivo de la problemática en tensión y un uso "transversal" del material fílmico, que en algunas conferencias posee más presencia que en otras, donde incluso ni se lo menciona.

Al interior de este ciclo se encuentra un programa específico, denominado *Cinemaestro*, que se desarrolla sólo en la provincia de Entre Ríos. De características similares al anterior, posee sin embargo algunos rasgos particulares. "Cinemaestro es una propuesta de capacitación que combina la proyección de películas, clases con profesores invitados, rondas de lectura, conferencias y actividades optativas y abiertas: teatro, literatura, talleres"[379]. Así se presenta este programa en la página web del Ministerio de Educación, dirigido especialmente a docentes y directivos de nivel inicial, EGB1 y EGB2. Partiendo de que tanto los maestros como las escuelas pueden transformarse en contacto con otras sensibilidades, historias y saberes, este ciclo de capacitación interpela a cada maestro en singular como lector, como trabajador cultural, ofreciéndole la posibilidad de transitar un itinerario de formación que le permita encontrarse con sus propias inquietudes y preguntas[380].

---

[378] El texto de cada una de las conferencias está disponible, organizado por año, en la mencionada página web del Ministerio donde se presenta al programa.
[379] http://www.me.gov.ar/curriform/publica, consultada el 06-11-07.
[380] Consultada alrededor de cómo entiende el programa la idea de capacitación, su responsable, Carina Rattero, contestó: "En general la capacitación –y especialmente en los '90– se ha pensado en la lógica del conocimiento como mercancía, como un bien a incorporar en el registro de actualización, o renovación técnica. Se demanda y se piensa con cierta ingenuidad, una capacitación "práctica" en linealidad con una mejora en el aula. Lo cierto es que en esta perspectiva el saber permanece como algo externo, extrañado de la posibilidad de afectarnos vitalmente, o de constituirse en experiencia. En el caso de 'Cinemaestro' pensamos en un docente capaz de atreverse a una experiencia estético pedagógica que lo reencuentre con sus propias preguntas, un trabajador de la cultura que puede mutar subjetivamente de mil maneras en contacto con

Desarrollado desde 2004 a 2007, cada año organiza su trabajo a partir de un eje diferente, esta vez directamente conectado con la tarea de enseñar. Los ejes resultantes son:

- *Cine y pedagogía: para pensar la tarea*, en 2004. Tuvo por objetivo brindar un espacio para reflexionar sobre los problemas cotidianos que hacen a la tarea de enseñar, a partir del uso de soportes cinematográficos, ofreciendo a los educadores distintas lecturas y materiales para enfrentar los desafíos que este tiempo plantea.

- *Paisajes de escuela: cine, pedagogía y literatura*, en 2005. Se buscaba ofrecer

> "un itinerario por imágenes y palabras. Con idas y venidas por aquellas preguntas que inquietan las aguas del paisaje escolar; las que traen las cambiantes relaciones en el mundo del trabajo, subjetividades que hacen trizas las nociones construidas, maestro, alumno, niño... Los modos del enseñar o el aprender en la cultura letrada, o el dolor social en los sinsabores que enfrentamos cada día. Para pensar-nos en esta, nuestra escuela, que pareciera despojada de cobijo, a la intemperie. Para reflexionar entretiempos acerca de la escuela en la cultura, en los territorios transitados y compartidos de la esfera social, desde nuestras narrativas de identidad, en la política o la poética posible que habilitan los paisajes ficcionales, cinematográficos, literarios, subjetivos... Porque educar nos fuerza a pensar: ¿qué podríamos en ésta, mi escuela hoy?"[381]

- *Jugadas maestras: enseñanza, arte y política*. En 2006 y 2007, se extiende a dos ciudades en el interior de la provincia: Diamante y Victoria. El ciclo propone pensar una ética de la enseñanza como política, arte, jugada e invención, diseñando un itinerario en torno de la pasión de educar;

---

otras sensibilidades, historias y saberes". "Cinemaestro, una propuesta de capacitación diferente" Entrevista a Carina Rattero, publicada en el diario *La Capital*, 25-06-05. Disponible en www.lacapital.com.

[381] Rattero, Carina (2007): "Instantáneas. Para un relato inconcluso de la capacitación" (Mimeo).

el lugar del maestro en la enseñanza; los maestros y la memoria; la enseñanza como apuesta ética y política; y cómo el arte puede estar inscripto en el mismo acto de educar.

Articulado con la lectura de textos de otro orden, tanto literarios como de reflexión pedagógica, el cine es introducido como "pretexto para pensarnos". La coordinadora general del programa, Carina Rattero, lo expresa de este modo:

> "La cita con el cine y la literatura ofrecen la posibilidad de cierto extrañamiento y desestabilización en la percepción de lo cotidiano. A diferencia del otros lenguajes con pretensión cientificista, que intentan explicarlo todo, una buena película, como un poema, cobijan un exceso, una oscuridad o silencio que a veces interpela lo que somos, y genera preguntas o fisuras en lo que creíamos saber"[382].

En ambos programas la función del cine es similar: la de abonar la reflexión acerca de un problema, aportando su particular textualidad. En ambos casos, el cine es reconocido en la originalidad de su lenguaje, en el sentido en que es convocado *como tal*, no sólo porque se proyecta para el grupo, cuidando el espacio y el tiempo de ver colectivamente, sino porque se asume que con él se introduce otra dimensión en la percepción de los problemas, diferente al texto escrito propio de la reflexión académica y de la percepción cotidiana y singular del estado de las cosas.

Este tipo de apelación al cine en ámbitos educativos ha contado con otras experiencias similares, como lo fueron el *Archivo Fílmico-Pedagógico*[383], y la Cátedra Abierta

---

[382] Ibíd.
[383] Propuesta de utilización del cine para pensar problemas de campo educativo como la autoridad, la violencia, los jóvenes y la construcción de la infancia, de la Escuela de Capacitación CePA de la Ciudad de Buenos Aires, desde 2001 a 2005. Consistió en abordaje de esos problemas echando mano a 10 películas de distintas épocas y procedencias para cada eje, en una "ficha" escrita que proponía un abordaje cinemato-

Imágenes de los noventa[384], ambos dirigidos a docentes. Esta última, llevada adelante por la Escuela de Capacitación CePA en el año 2001, se transformó en una publicación que recogió las conferencias sobre las películas que los intelectuales invitados realizaron con algunos trabajos que devinieron de la propuesta[385]. En su introducción, se explicitan los fundamentos de esta propuesta: por un lado, la interpelación a los docentes en tanto trabajadores intelectuales a dialogar con producciones intelectuales como la sociología, la crítica literaria, la arquitectura o la filosofía, acerca de la sociedad y la cultura en tanto horizontes de la actividad educativa. Por otro lado, el cine es convocado, "no como una simple ilustración de aquello que los profesores invitados venían a postular, sino como una aproximación no frontal al tema, que podía ser de utilidad en la tarea de desocultarlo" (Birgin y Trímboli, 2003: 15). He aquí la forma "oblicua" de abordar un tema tan próximo y complejo como fue la década del '90.

Acerca del papel del cine, Birgin y Trímboli agregan:

"No se trató de ver películas para hablar de cine, ni de leer una bibliografía que muchas veces fue de ficción para hacer crítica literaria –trabajos ambos de indudable valor–, sino de usar esas manifestaciones estéticas para echar luces y también sombras sobre una problemática singular, de características sociales y culturales. El cine, en tanto reservorio de deseos y fantasmas de una sociedad y de una época, fue entonces, a través de las conferencias, una vía de entrada

---

gráfico y uno pedagógico para leer cada film. Las fichas se pusieron a disposición a modo de archivo virtual en la página web de CePA (www.buenosaires.gov.ar/educación/cepa/archivofilmico).

[384] Consistió en un ciclo donde seis intelectuales –cada uno eligió una película para proyectar– propusieron una lectura de la década del '90 en la Argentina.

[385] Nos referimos a Birgin, A. y Trímboli, J. (2003): *Imágenes de los noventa*. Libros del Zorzal, Buenos Aires.

particularmente estimulante a la década de los noventa" (2003: 15-16).

Por su parte, Trímboli, en el artículo de su autoría que es parte del libro, vuelve sobre el por qué de recurrir al cine. Argumenta que en décadas pasadas (refiriéndose a los '70 e incluso a los '80) el camino para pensar la experiencia social y cultural de una década habría sido, sin dudas, el recurrir a cientistas sociales, y probablemente la entrada por vía del cine hubiera sido descartada de inmediato, "por considerar esos documentos como mistificadores o manifestaciones ideológicas que estarían encubriendo el piso firme de la realidad" (2003: 196-197). Pero, "cuando el mapa de la cultura está deshecho, ... la literatura y el cine pueden brindarnos destellos de orientación", desde una perspectiva bien distinta a la que apunta el pensamiento científico.

> "Los fantasmas y los ensueños que el cine nos acerca nada tienen de parecido, por supuesto, con la seguridad de un concepto o la suficiencia de una ley; se trata de un material mucho más frágil, oscilante pero indudablemente rico y sugerente. Son intuiciones e indicios. Probablemente con su ayuda no se pueda construir un plano completo, pero quizá de lo que se trata no es de añorar el mundo perdido de las seguridades, sino de aprender a mirarlos oblicuamente, sabiendo que su extrañeza e incluso su resistencia a toda clasificación nada tiene que ver con su falta de valor, sino justamente todo lo contrario" (Trímboli, 2003: 197).

La perspectiva del cine como material onírico o fantasmal ha sido largamente desarrollada por el psicoanálisis (Metz, 2001). En una línea similar al tipo de uso que se hace del cine en estos abordajes pedagógicos, es Slavov Zizek[386] quien ha retomado y desarrollado la posición de

---

[386] La diferencia del trabajo de Zizek de otros abordajes psicoanalíticos, que justifica su inclusión en este apartado, es que el objeto de reflexión de

"mirar al sesgo"[387] a través de la cultura popular, para abordar un corpus teórico, como el pensamiento de Lacan (Zizek, 2002), o una configuración de la cultura, como el ciberespacio (2006). Sostiene Zizek que "lo que está en juego en el esfuerzo de "mirar al sesgo" los temas teóricos no es sólo un intento destinado a "ilustrar" la gran teoría, o hacerla "fácilmente accesible", y de tal modo ahorrarnos el trabajo de pensar. Se trata más bien de que esa ejemplificación, esa escenificación de los temas teóricos saca a la luz ciertos aspectos que de otro modo seguirían inadvertidos" (2002: 17). Distinguiendo entre la realidad y lo real, en el registro lacaniano, Zizek señala el papel constitutivo del fantasma en el vínculo entre el sujeto y sus posibilidades de poder acceder a lo real. Cuando abordamos la "realidad del sentido común", si lo miramos de frente, accederemos a ella tal cual es, y mirarla al sesgo será lo que la distorsione. Pero cuando admitimos que lo real, por definición inalcanzable, se hace accesible a través del sujeto que mira, y en éste interviene el deseo, "el objeto sólo asume rasgos claros y distintos si lo miramos 'desde un costado', es decir, con una mirada interesada, sostenida, impregnada y distorsionada por el *deseo*" (2002: 29). Lo que llamamos "realidad", en términos lacanianos, implica el excedente de un espacio fantasmático que llena el "agujero negro" de lo real. Las formas simbólicas (el lenguaje, la cultura popular) son modalidades que traducen lo real, por ello, abordar el psicoanálisis de Lacan u otro tema desde el cine permite hacerlo desde el sesgo, asumiendo que son formas privi-

---

este autor no es el cine, como sí lo es para muchos otros autores, como se ve en el citado trabajo de Christian Metz o de Giusti y Barbagelata (2004).

[387] La expresión que utiliza Zizek es "*looking awry*". El término *awry* corresponde a los adjetivos *torcido* o *ladeado* (*Diccionario Español Inglés/ Inglés Español Larousse*), o definido como "*turned o twisted to one side*" (*Merrien Webster's Dictionary of Basic English*).

legiadas para dar cuenta de un tema, problema o "estado de las cosas", al admitir de entrada la imposibilidad de su naturaleza por fuera de las formas simbólicas.

De este modo, el cine se ofrece como un material que, casi de modo inverso a las hipótesis ideológicas acerca de las relaciones de dominación que encubre, y a la vez refuerza o produce, es tomado como un texto que es capaz de dar cuenta, en su particular forma simbólica, del modo en que las cosas son, justamente porque lo real no puede tener más que esas formas simbólicas.

Sería arriesgado afirmar que la utilización y justificación del cine que hace Zizek puede ser extendida a las operaciones presentadas en el ámbito de la formación docente. Sin embargo existen en ambas perspectivas un rasgo común: la explícita decisión de recurrir al cine como texto y, con o desde él, desplegar pensamiento sobre un tema o problema, asumiendo que el resultado de ese pensamiento no sería exactamente el mismo de no contar con el texto cinematográfico. En esta línea, se pueden ubicar muchos otros trabajos, tanto del campo de la pedagogía[388], de la filosofía[389], o trabajos que, desde más de una perspectiva, abordan un objeto de pensamiento[390], y que se distinguen por pensar *con* el cine y no *al* cine[391]. Lo que en este uso

---

[388] Nos referimos a la publicación temática *Cine y Educación*, Revista de la Universidad de Antioquia; o trabajos del tipo del de Antelo, E.: "Notas sobre la (incalculable) experiencia de educar" (2005), que incluyen determinados textos fílmicos.

[389] Como Fariña, Juan Jorge Michel y Gutiérrez, Carlos (comps.) (2001): *Ética y cine*. Eudeba, Buenos Aires.

[390] Como el trabajo de Larrosa, J., Assunçao de Castro. I. y de Souza, J. (1997): *Miradas cinematográficas sobre la infancia. Niños atravesando el paisaje*. Miño y Dávila, Buenos Aires.

[391] En esta línea cabe señalar que *El Monitor de la Educación*, en su 5ta. Época (iniciada en 2004), incluye en ocasiones en la Sección "Reseña" la de alguna película, con una propuesta de abordaje. Lo mismo realiza la Revista *Anales de la Educación Común*, publicación de la Dirección General de Cultura y Educación de la Provincia de Buenos Aires (fundada

se evidencia es una legitimación del texto fílmico como **recurso** o **insumo** del pensamiento, que indudablemente le aporta espesura y emotividad y lo descentra del canon reflexivo propio del pensamiento pedagógico, como lo muestran tanto la construcción de los problemas en estudio en las conferencias del ciclo de Cine y Formación docente o las impresiones que testimonian la participación en Cinemaestro.

Lo que vale señalar aquí es si es posible que el cine, además de ser visto, puede ser "atrapado" –o abordado en su especificidad– por las palabras o la escritura. Las preguntas acerca de si se puede hablar de cine o escribir sobre él recorren muchos estudios sobre el cine, y al mismo tiempo que se afirma que su transmisión (como perduración en el tiempo) se asegura sobre un título si se escribe, se cita o se recupera en instituciones como las Universidades y las cinematecas (Liandrat-Guigues y Leutrat, 2003: 110), siempre se enfrenta al riesgo de la "reducción".

A este respecto, Larrosa recupera la potencia del cine con estas palabras:

> "Es muy posible que allí cuando no se puede decir nada empiece justamente el cine. Es muy posible que el cine, o dicho de otro modo, la dimensión propiamente cinematográfica del cine, lo que hace que el cine sea cine y no otra cosa, esté, justamente, en aquello que sólo se puede decir con el cine, que no se puede decir de otra manera, o con otros medios, o con otros lenguajes. Es muy posible que lo importante, en una película, sea justamente lo que no

en 1858 y que desde 2005 vuelve a reeditarse). En la Sección "Guía de recursos" una de las entradas es "Películas", donde se presentan títulos de films con su correspondiente ficha técnica y una pequeña sinopsis de lo que trata la película. Las otras entradas son "Bibliografía comentada", "Reseñas", "Sitios de Internet" y "Selección temática de obras y documentos ingresados al Cendie", todas presentadas como un aporte para comprender mejor la problemática de la que se hace eco cada número de la revista.

se puede traducir en palabras y, por lo tanto, lo que no se puede formular en términos de ideas" (Larrosa, 2006: 113).

Otro rasgo importante a señalar en este tipo de abordaje es la particular forma que toma el gesto de *dar a ver* cine. En la elección de un título, en la proyección del film y en el posterior gesto de hacer de esa experiencia visual un insumo para el pensamiento, todo como parte de una modalidad pedagógica, se juega la propuesta de la experiencia estética como una experiencia de formación.

La definición de cine como experiencia ha sido poco explorada en su alcance e implicancias, al menos al interior de la pedagogía. Por un lado, nos encontramos con la definición del cine como experiencia filosófica (Badiou, 2004), definición que, si bien aporta al ejercicio de pensar el objeto cinematográfico, no es absolutamente homologable a la idea de educación. Por otro lado, la idea de experiencia de formación ha sido explorada por J. Larrosa (1996) en relación a la literatura. Entrando por este camino, quizá es posible afirmar que hay una experiencia del cine, análoga a la experiencia de la lectura, y que es una experiencia del orden de la formación. Si parafraseamos a Larrosa en este punto, el resultado es más que atractivo:

> "Pensar al cine como formación implica pensarlo como una actividad que tiene que ver con la subjetividad del espectador, no sólo con lo que el espectador sabe, sino con lo que es. Se trata de pensar al cine como algo que nos forma (o nos de-forma o nos trans-forma), como algo que nos constituye o nos pone en cuestión en aquello que somos. El cine, por lo tanto, no es sólo un pasatiempo, un mecanismo de evasión del mundo real y del yo real. (...) Nos afecta en lo propio puesto que transcurre en un espacio-tiempo separado: en el ocio, o en el instante que precede al sueño, o en el mundo de la imaginación. Pero ni el ocio ni el sueño ni lo imaginario se mezclan con la subjetividad que rige en la realidad puesto que la 'realidad moderna', lo que nosotros entendemos por 'real', se define justamente como el mun-

do sensato y diurno del trabajo y de la vida social. (...) La primera cara de mi tema, eso del ver cine como formación, sería intentar pensar esa misteriosa actividad que es el ver cine como algo que tiene que ver con aquello que nos hace ser lo que somos"[392].

La idea de que el cine que vemos tiene que ver con lo que somos, y que puede hablar de ello, tanto en términos singulares como en relación a lo que somos como colectivo esta presente más o menos explícitamente en las propuestas de Cine y Formación y de Cinemaestro.

Un abanico abierto de posibilidades

Como se puede ver tanto en las posiciones teóricas como en las experiencias relevadas a lo largo de este capítulo, conviven en el presente muchos de los abordajes históricos que se fueron perfilando a lo largo del siglo. Como sedimento, antecedentes o superficie sobre la cual innovar, en los saberes y experiencias propios de la institución escolar se mantiene la matriz de "control", tanto por parte del docente como del discurso pedagógico, de lo que la intervención del cine puede introducir, sea en sus dimensiones de acceso al conocimiento, de experiencia estética, de texto ideológico o de manejo de un lenguaje específico.

Las variaciones para la figura del docente o la mayor o menor importancia otorgada a la situación didáctica donde se introduce una película de cine representan tanto los debates contemporáneos de la pedagogía como las especificidades que el cine pudiera introducir en las

---

[392] Paráfrasis de *La experiencia de la lectura. Estudios sobre literatura y formación* de Jorge Larrosa (Laertes, Barcelona, 1996). Reemplacé con *cine* o *ver cine* donde decía *lectura*, y *espectador*, donde decía *lector*.

prácticas de la enseñanza, haciendo difícil vislumbrar, en ocasiones, cuándo es el cine el que interroga una práctica de la enseñanza y cuándo una escena educativa, de la que participa el cine, reajusta las tradicionales posiciones de docente, alumno y conocimiento por un imperativo de la renovación de la pedagogía.

Sin embargo, pareciera que la apertura de los saberes de la pedagogía a otras disciplinas o teorías, por un lado, y las nuevas configuraciones en los escenarios sociales, políticos, tecnológicos y subjetivos donde la educación tiene lugar, permiten avizorar un horizonte más amplio en las diferentes articulaciones donde cine y educación se encuentran. Es en esta multiplicidad donde se abren las alternativas, permitiendo la emergencia de que la escuela salga al cine, o que el cine entre como texto sin cuestionar su estatuto, o que el cine sea mirado como un producto de la cultura que condensa articulaciones políticas, ideológicas, simbólicas y artísticas.

Entre las "aperturas" propias del presente, cabe señalar:

1. Aquella donde la introducción del cine representa una vuelta sobre los saberes didácticos, y una revisión de ellos en clave de hacer lugar al cine, como producto propio de la cultura en la que tanto alumnos como docentes se encuentran inmersos. Esta posición es la que asume una continuidad con el tratamiento que se inicia a principios de siglo, con sus variantes.

2. Aquélla donde los saberes pedagógicos se encuentran con los de la comunicación, y la posibilidad de incluir al cine toma elementos de ambos corpus de saberes. Cabe señalar que en esta línea es donde más se pone en juego la importancia de la imagen en la cultura actual, fundamentalmente desde la importancia que tiene en los medios masivos de comunicación. Queda la pregunta de si esta entrada no produce un "reduccionismo" en el objeto cine, al centrarse en su pertenencia a la cultura de masas y

soslayarlo como arte, no distinguiendo su particular forma de narrar-representar. Por otra parte, se presta al riesgo de "pedagogizar" la experiencia cultural no sólo del cine, sino de otras manifestaciones de la cultura masiva.

3. Aquélla donde al cine se le da estatuto de texto, y por presentarse "oblicuamente" no se lo juzga moral o ideológicamente, sino que se recurre a él para ampliar la comprensión de otro tema o problema. El cine aporta su particular mirada y sensibilidad para la construcción de una problemática que lo excede, enriqueciéndola. De algún modo, esta perspectiva amplía las fuentes del pensamiento pedagógico, incorporando textualidades que discuten su estatuto de saber disciplinar. El riesgo que representa, quizá, es desatender los vínculos que el cine, como producto de la cultura, establece con su contexto histórico de creación y producción, por lo que la mirada al cine sea también "sesgada" o –en todo caso– supeditada a un objetivo mayor y externo.

Esta tercera entrada se diferencia de las anteriores por no perseguir el ejercicio crítico de la mirada o el pensamiento, y quizá allí también pueda señalarse un desplazamiento y una distancia del núcleo duro del pensamiento pedagógico moderno, al abrirse a la idea de educación como formación.

Es claro que estas posiciones no agotan el presente, ni consiguen ordenarlo. El mejor ejemplo lo constituyen los particulares debates que se producen alrededor de un área en particular, como se mostrará en el siguiente capítulo.

Capítulo VI
Cine, educación y políticas de la memoria

"Las pantallas se han acumulado de tal manera que han borrado el mundo. Nos han cegado pensando en poder hacernos ver todo, nos han hecho insensibles pensando en hacernos sentir todo."

Philippe Dubois, *Video, cine, Godard*.

Una particular área de cruce entre cine y educación que queremos revisar es aquella que tiene que ver con la transmisión del pasado reciente. La decisión de incluir este apartado no se basó en la presentación y análisis de un corpus empírico determinado sino en la intención de desplegar el conjunto particular de problemas que se ordenan alrededor de la serie cine-memoria-educación. Consideramos que en este vínculo la educación muestra su despliegue más allá de la escuela, al ser parte de políticas culturales de todo tipo, y al invocársela, en ocasiones, como la única garantía de que ciertos sucesos no vuelvan a repetirse.

Por su parte, en el territorio de la memoria, el cine ha ocupado y ocupa un importante lugar. Podemos dar cuenta de ello al estar atentos a lo que sucede en el ámbito cultural y académico cada vez que se estrena una película que ofrece una versión de un hecho o aspecto de un período conflictivo de la historia[393]. O atender a la cantidad de

---

[393] Hacemos referencia a la cantidad de discusiones que se han producido en medios masivos y académicos alrededor de películas como *La lista*

políticas de la memoria que cada año recurren a la proyección de una o varias películas frente a la conmemoración de un hecho de nuestro pasado, ya sea en museos, salas de cine de circuitos culturales o en los mismos canales de televisión. O chequear los usos del cine que se hacen en las instituciones educativas de nuestro país para presentar la dictadura militar o la guerra de Malvinas.

Frente a esta problemática, los vínculos entre cine y educación tienen un desarrollo particular, que condensa muchas de las discusiones que hemos presentado ligadas a la escuela y a la formación, pero también incluye desarrollos específicos ligados a la imagen, a la transmisión, a la representación del dolor y del horror, a las posibilidades del arte y a las decisiones políticas que se juegan en la puesta en acto de producción y proyección de un texto cinematográfico para traer al presente una lectura del pasado en conflicto. Para abordar esos vínculos, presentaremos la discusión ordenándola alrededor de tres entradas:
1. la imagen y los límites de la representación.
2. El cine y la narración con imágenes del pasado reciente como política de la memoria.
3. La escuela y el uso del cine para el trabajo sobre la historia reciente.

Imágenes frente a la transmisión del horror

"Para saber hay que imaginarse. Debemos tratar de imaginar lo que fue el infierno de Auschwitz en el verano de 1944. No nos protejamos diciendo que imaginar eso, de todos modos –puesto que es verdad–, no podemos hacerlo,

---

de *Schindler* o *La vida es bella*, en referencia al Holocausto, o *La noche de los lápices* o *Los Rubios*, en el caso de la dictadura argentina, entre otras.

no podremos hacerlo hasta el final. Pero ese imaginable tan duro, se lo debemos." Así comienza el libro de Georges Didi-Huberman (2004), *Imágenes pese a todo*[394]. El autor toma partido en un debate. Contesta a la pregunta de si es posible conocer el horror, la tortura, la desaparición, la masacre, aquello que por su barbaridad, por su inhumanidad, queda por fuera del pensamiento y de la imaginación. Sabemos de los esfuerzos por hacer desaparecer los cuerpos, los archivos, los rastros o indicios de lo que sucedió en los campos de concentración, en aquéllos, extranjeros, y en los nuestros. Por ello se plantea la pregunta por la posibilidad de imaginar, de representar y de reconstruir, para comprender aquello que sucedía en un espacio y tiempo que se pusieron a sí mismos por fuera del espacio y el tiempo. Imágenes para hacer presente lo que no tiene imágenes[395].

Este problema constituye toda una discusión al interior de los trabajos sobre la memoria, y tiene que ver con la distancia entre el acontecimiento terrible y el modo, *la representación*, en que ese acontecimiento se recuerda. Es una discusión que está presente cuando la memoria toma forma de museo, de muestra, de pintura, de película. ¿Se puede representar lo irrepresentable? ¿Se puede enseñar lo inenseñable? ¿Hasta dónde es posible? (Dussel, 1999c) ¿No se corre el riesgo de convertir el horror en arte, en espectáculo, en paseo de domingo, en instante emocionante que tranquiliza la conciencia del resto de la vida? ¿No hay

---

[394] El nombre completo del libro es *Imágenes pese a todo. Memoria Visual del Holocausto*, y fue editado por Paidós.
[395] El texto de Didi-Huberman aborda la memoria visual del Holocausto a partir de aparición de cuatro fotografías tomadas clandestinamente en el campo de exterminio de Auschwitz-Birkenau, en agosto de 1944. El autor presenta los debates que se originaron alrededor de la publicidad de estas fotografías, y los vínculos entre las imágenes y aquello que representan, incluyendo también al cine en la discusión.

acaso una pretensión de convertir en pensable lo irracional, o en banalizar el dolor y el horror extremos? ¿Cómo ponerle palabras a aquello que es sin palabras? ¿Cómo sostener una imagen de aquello que por su naturaleza es inimaginable?

Estas discusiones, que se dieron y se dan con mucha fuerza alrededor de la memoria del Holocausto, se reactualizan frente a los maltratos, las vejaciones, las sesiones de torturas, las violaciones, los asesinatos, los fusilamientos, los campos de concentración y todos los horrores que hicieron de la última dictadura argentina uno de los períodos más sanguinarios de nuestra historia. Quizá alcanzan su punto límite en la ausencia absoluta de imagen: la desaparición.

La voluntad de evocar con imágenes ese período nos enfrenta a la pregunta del límite de lo representable y de lo visible, a la vez que al problema de la transmisión para que eso no vuelva a ocurrir, aún a riesgo de otorgarle el estatuto de comprensible, al convertirlo en narración o en experiencia estética. En el caso de las fotografías que testimonian o documentan un hecho, los argumentos que cuestionan la utilidad de su exposición hacen hincapié en la imposibilidad que tienen de transmitir todo el horror de la situación. Sin embargo, frente a ellos, hay quienes, como Didi-Huberman, sostiene que *se trata de ver para saber mejor* (2004: 90). Aún asumiendo que *no lo dicen todo*, no sólo por representar un punto de vista singular, sino fundamentalmente por la imposibilidad constitutiva de lo real de ser abordado en su plenitud, son necesarias para *pagar la deuda con aquellos que los sufrieron*.

Pero el presente agrega otro problema: el poder que poseen para evocar se da en un contexto específico: una sociedad saturada de imágenes, de relatos visuales, de horrores filmados (Carli, 2006; Sontag, 2003), una sociedad donde la imagen es "mercancía", donde la multiplicación al infinito de escenas visuales atenta contra sus posibilidades de intervenir estéticamente e inquietar (Richard, 2007). Ese contexto, donde la imagen en cuestión corre el riesgo de ser *una más*, tiene directa relación con la pregunta por los efectos de esa imagen. Susan Sontag se pregunta, frente a la exposición pública de un conjunto de fotos que retratan una guerra:

> "¿Cuál es el objeto de exponerlas? ¿Concitar la indignación? ¿Hacernos sentir mal, es decir, repugnancia y tristeza? ¿Para consolarnos en la aflicción? ¿Ver semejantes fotos es realmente necesario, dado que estos horrores yacen en un pasado lo bastante remoto como para ser inalcanzables al castigo? ¿Somos mejores porque miramos estas imágenes? ¿En realidad nos instruyen en algo? ¿No se trata más bien que sólo confirman lo que ya sabemos (o queremos saber)?" (2003: 107).

Estas preguntas interrogan el principio de *ver para saber mejor*, y ubican ese ver históricamente. Para Sontag, hay un *después de ver*, donde la política de la memoria juega su última carta:

> "La compasión es una emoción inestable. Necesita traducirse en acciones o se marchita. La pregunta es qué hacer con las emociones que se han despertado, con el saber que se ha comunicado. Si sentimos que no hay nada que «nosotros» podamos hacer –pero ¿quién es ese «nosotros»?– y nada que «ellos» puedan hacer tampoco –pero ¿quiénes son «ellos»?– entonces comenzamos a sentirnos aburridos, cínicos y apáticos" (2003: 117-8).

En la decisión de *dar a ver* una imagen que representa el horror se juega, entonces, a) la relación con el horror: su (im)posibilidad de representación; b) su inclusión en la cultura mass-mediática propia del presente; y c) lo que las imágenes hacen con quien las ve. Estos primeros señalamientos hacen a los avatares de la transmisión a través de imágenes y se reactualizan en los debates sobre el arte en general y el cine en particular.

Cine y memoria

En el debate sobre la representación del horror en el arte que se abrió luego del Holocausto nazi, el papel del cine ocupó un lugar central. La posición que sostenía la imposibilidad de representar lo que allí había sucedido estuvo fuertemente asumida por el film *Shoah*, de Claude Lanzmann (1985), donde son los testimonios de las víctimas los que arman el hilo conductor del relato. Una serie de decisiones allí tomadas acerca del valor del testimonio, de lo que se muestra y no se muestra, de los modos en que se describe, desde el presente del film, la lógica administrativa y burocrática que sostuvo el genocidio, hace de este film un ejemplo paradigmático del poder y el deber del cine. Muy distintas son otro tipo de producciones, como *La lista de Schindler* (Spilberg, 1995). Los trabajos que se ocupan de este debate muestran cómo cada película construye una relación particular con el acontecimiento del Holocausto, por lo que tiene consecuencias estéticas y políticas diferentes[396]. En ese debate, se juegan tanto las construcciones de verdad acerca de lo ocurrido, donde puede leerse una dimensión ideológica, ligada a las versiones de la historia[397], como las formas a que apela el cine para narrar: el testimonio de los sobrevivientes, la documentación con imágenes de lo allí ocurrido o la ficción centrada en una historia singular,

---

[396] La discusión que aquí se menciona puede revisarse *in extenso* en Didi-Huberman, 2004 y Forster, R., 2003.

[397] Los debates acerca de los vínculos entre historia, pasado y memoria exceden largamente esta tesis. Pero cabe señalar que la fotografía y el cine como "registros" del pasado ocupan un lugar importante en esas discusiones. Sánchez Moreno, por ejemplo, señala que la función del cine como vestigio o prueba de la historia, como "memoria objetivada por el objetivo de una cámara" (2007: 23) responde a una mirada domesticada que soslaya el gesto de construir o conformar la memoria. Estas cuestiones, que alcanzan al registro documental, tienen para el autor claras implicancias ideológicas.

donde la representación da lugar a una reconstrucción de imágenes incluso de aquello que se sustrajo a la imagen (lo que lo vuelve todavía más conflictivo). Si por el hecho de ser imágenes, la transmisión con el cine debe atender a los señalamientos realizados en el apartado anterior, por el hecho de ser cine, se abren, entonces, otras variables a tener en cuenta, como la posición que cada texto fílmico construye para el espectador frente al pasado, o el particular régimen estético para el relato (Forster, 2003; Aprea, 2004; Didi-Huberman, 2004). Laso (2005), plantea los riesgos de la representación de la *Shoah* de esta manera:

- "Si un film se concentra en la historia personal de una víctima o un pequeño grupo de sujetos, el efecto que provoca es una caída en la compasión o el espanto. Esto sólo genera empatía respecto del padecer individual, dejando de lado el drama colectivo.
- Si por otro lado el film realiza una abstracción documental del genocidio, el efecto que provoca es de distanciamiento y anestesia al espectador respecto del sufrimiento individual.
- Si por último el film se concentra en los aspectos más atroces del campo, entonces puede generar una fascinación por lo horroroso, al convocar a una mirada que se regodee en el horror, o que se paralice ante el mismo" (2005: 74).

Pero sabemos que el cine no sólo debe ser tenido en cuenta en su dimensión artística, sino también desde su condición de ser parte de la cultura masiva, y por ello participante de unos particulares circuitos de producción. Cabe señalar también, entonces, la precariedad que une al cine con el tiempo que habita[398]. Hemos señalado ya la potencia tanto política como pedagógica del cine como producto cultural y como "arte de masas". Potencia que a lo largo del

---

[398] La relación del cine y su tiempo merece ser tenida en cuenta con lo que Dussel señala para todo ejercicio de la memoria: se hace desde el presente y para el presente. Véase Dussel, 2006.

siglo ha estado al servicio de diversos intereses, habiéndose desplegado su mayor desarrollo a lo que Jacques Rancière denomina "peste hollywoodense". Pero admitir la potencia del cine es a la vez admitir su imposibilidad. Rancière, poniendo en juego el trabajo del cineasta Jean Luc Godard y sus hipótesis sobre la tarea del cine en su siglo, señala que:

> "No se trata de decir que el arte –o en todo caso, el gran cine construccionista– no es posible después de Auschwitz. No se trata de incriminar lo que el cine quiso hacer aún después del horror de los campos. La tesis de Godard es la inversa: si el cine se ha vuelto 'imposible' después de Auschwitz, no se debe a que el horror es infilmable, sino a que todavía no ha sido filmado. Para ser más precisos, la falta del cine es, para Godard, doble. No ha sabido realizar la *tarea* que sus poderes le imponían: la de filmar el horror de los campos. Pero también ha omitido el conocimiento mismo de sus poderes: no ha sabido reconocer que *ya* había mostrado en sus ficciones este horror que se abatía sobre la realidad" (2003: 132).

¿No es posible leer aquí una responsabilidad del cine con su época, con el pasado y con el futuro? ¿Qué deberes tiene el cine con su tiempo? Rancière contestará que si el cine es capaz de hacer visible el tiempo, *debe* hacerlo visible, especialmente esos tiempos que pretenden situarse por fuera de la historia, hacerse "por fuera" de toda imagen, de todo relato.

Todos estos problemas pueden ser encontrados en la filmografía argentina sobre la última dictadura. Las películas que se han filmado sobre ella en las últimas décadas hacen ver que la memoria es territorio de disputa, que no es invariable sino que hay diferentes generaciones, versiones e interrogaciones en cada una de las producciones (Sarlo, 2005). Cuáles son los debates y las construcciones del pasado que hace el cine, cómo resuelve narrar ese período, cómo *hace visible ese tiempo*, es una tarea que de algún modo merece una reflexión pedagógica, si se pretende incluir al cine como vehículo de transmisión.

Cuando recordar y enseñar se hace con el cine en la escuela

Si las políticas de la memoria se presentan de por sí como territorios conflictivos, como superficie de debates (véase, entre otros, Todorov, 2000; Forster, 2003; González, 2002; Huyssen, 2000), su inclusión en la escuela, como territorio con una gramática específica, no puede sino resignificarlas, haciéndolas parte de sus propios debates.

La inclusión de la conmemoración de la dictadura en la escuela "reviste" a las políticas de la memoria, las "formatea" en una clave escolar, necesaria de ser tenida en cuenta. Si hay una institución que sabe de efemérides es la escuela, que suele ordenar muchas de sus relaciones con el pasado a través de actos y rituales, de crucial importancia para el reconocimiento de un pasado común, de símbolos y sentimientos de pertenencia.

Entre esas decisiones, una de presencia frecuente es la de utilizar el cine de ficción. Frente a esta temática, la escuela recurre al cine como recurso, como innovación para el tratamiento de tal o cual tema histórico. Además de las decisiones individuales de docentes que para suscitar un debate o introducir un período eligen al cine, hay programas ministeriales que promueven esta relación, hay desarrollos didácticos y hay orientaciones pedagógicas. Siendo televisor y videograbadora o reproductor de DVD, parte del paisaje escolar, en relación a esta temática existen también listados de películas como repertorios de recursos didácticos[399].

---

[399] En la página web del Programa "A 30 años...", desarrollado por el Ministerio de Educación de la Nación desde 2006, se ofrece un muy completo listado de películas realizadas durante y después de la dictadura del '76, que se ocupan de ella: www.me.gov.ar/a30delgolpe/recursos/películas/listado.htm, consultado el 30-03-07.

En el caso de la dictadura del '76, quizá el ejemplo más emblemático lo constituye *La noche de los lápices*, el film de Héctor Olivera (1986), utilizado en infinitas ocasiones para que los estudiantes adolescentes se enfrenten desde su condición de tales a los horrores sufridos por otros adolescentes como ellos. Los trabajos de F. Lorenz (2004, 2006), dan cuenta de cómo, alrededor de esta película, se desplegó una mirada sobre los acontecimiento que narra que puede ser leída como sesgada, o "adaptada" a lo que los adolescentes de las décadas del '80 y '90 y sus familias "podían escuchar" sin rechazarlo. Pero también muestra cómo desde el presente se puede interrogar esa construcción desde la misma escuela, para avanzar de la *denuncia* a la *comprensión* (Lorenz, 2006: 291).

Lejos de querer aislar un patrón común o una única posición en el uso del cine en las instituciones educativas para trabajar esta temática, lo cierto es que el cine frecuentemente aparece en los repertorios de recursos a los que los docentes apelan. Tampoco es posible generalizar acerca de qué títulos, qué tipo de debates y bajo qué circunstancias el cine se hace presente. En todo caso, lo que cabe señalar es que la escuela despliega sobre el vínculo entre cine y memoria una nueva capa de problemas, ligados en esta ocasión a la gramática que habitualmente la atraviesa. Se abren, entonces, preguntas tales como: ¿a qué recurso se enfrenta la escuela cuando decide recurrir al cine? ¿Qué involucra elegir una película para desarrollar tal o cual tema? ¿Por qué *La noche de los lápices* (Oliveira, 1986) y no *Garage Olimpo* (M. Bechis, 2001)? ¿Por qué *Nietos* (B. Avila, 2004) y no *Los rubios* (A. Carri, 2003)? ¿Cuáles son las voces que se habilitan y cuáles las que se silencian en estas decisiones? ¿De quién es la memoria que se pone en juego? ¿Cómo se tramitan los dolores y las impotencias que estos relatos generan? ¿Cómo lidia la escuela, con sus calificaciones, cuestionarios y objetivos cuantificables con las imágenes del dolor, con los nudos sin desatar, con las preguntas sin contestar que éstas y otras tantas películas abren?

Cuando la escuela incluye al cine, se abre a un producto cultural de importancia singular en la época, se abre a otros lenguajes, a otros órdenes estéticos y a otros discursos políticos. Se abre a voces que narran de un modo diferente al de la lecto-escritura, que hacen otras marcas, que emocionan, enojan o inquietan la subjetividad en clave no escolar. Se abre a las claves de la cultura de masas, a sus recursos tecnológicos, a sus formas de formatear identidades y de inscribir sentimientos. Cuando el cine es sobre la dictadura, la escuela se abre al uso de imágenes, de testimonios, de posiciones políticas y de memorias ajenas. Se abre a formas visuales y a voces que remiten al horror[400].

En la serie cine-memoria-escuela se condensan muchas de las discusiones que, a lo largo del siglo, emergieron alrededor del cine y su función de transmisión. Además del conjunto creciente de problemas que se han señalado, el cine sale al cruce de muchos de los mandatos que la escuela porta históricamente, como el vínculo entre *ver* y *saber*, y se enfrenta con sus límites y posibilidades a los mandatos específicos ligados a la transmisión de la memoria: *recordar, entender, comprender, pensar, sentir, debatir* (Dussel, 2006; Sarlo, 2005), *transformar la historia en memoria apropiable* (Guelerman, 2001). El vínculo cine-memoria-escuela constituye un ámbito de encuentro de amplia fertilidad para hacer visible cómo el gesto de *dar a ver* alberga también la inscripción de quien da en una genealogía, un pasado y una historia, donde la presencia

---

[400] "La designación de un infierno nada nos dice, desde luego, sobre cómo sacar a la gente de ese infierno, cómo mitigar las llamas. Con todo, parece un bien en sí mismo reconocer, haber ampliado nuestra noción de cuánto sufrimiento a causa de la perversidad humana hay en un mundo compartido por los demás." (Sontag, 2003: 134)

de imágenes, lejos de simplificar la transmisión, abre el abanico de la complejidad de la operación.

Si este particular modo de abordar la articulación entre cine y educación es mirado a la luz de las posiciones que ordenaron el abanico del presente, en el capítulo anterior, es difícil encontrarle un lugar.

Probablemente encontremos que hay experiencias de introducción del cine en la educación para el trabajo de esta problemática desde cualquiera de los tres enfoques: desde una perspectiva más didáctica, desde una que la justifique por su pertenencia a la cultura del presente, o desde la posición de recurrir al cine como un texto que propone un abordaje temático. Sin embargo, en la conjunción de cine y memoria se hacen presentes otro estatuto de preguntas, que no se han hecho presentes en los otros abordajes: las preguntas por la posibilidad de representar el horror, por la relación entre representante y representado, o entre ficción y documento. Si las preguntas sobre los vínculos entre imagen y verdad, o entre representación e historia, o entre transmisión y memoria a través del cine son posibles, al menos en territorios específicos, en la medida en que el discurso pedagógico pueda expandir estas preguntas a otros territorios y se anime a dejarse interrogar por la especificidad del lenguaje cinematográfico expandirá también su capacidad de responderlas.

Capítulo VII
A modo de conclusiones

¿Y si habláramos un poco más, en pedagogía, de esa vida que quema o no en los planos de cine, en lugar de hablar siempre de esa "gramática de las imágenes" que nunca ha existido y de los "grandes temas" que asfixian al cine?

Alain Bergala, *La hipótesis del cine.*

El recorrido presentado a través del siglo ha mostrado que las posiciones que los términos educación y cine juegan a lo largo del tiempo no son fácilmente reducibles a un esquema de alternativas, ni presentan una lógica temporal que pueda ser resumida en una periodización histórica. Por el contrario, las diversas articulaciones reconocidas entre cine y educación sostienen, cada una de ellas, particularidades que las hacen ya sea recorrer el siglo, ya sea aparecer como experiencias únicas y contingentes.

A veces muy precisos, erráticos otras, los variables encuentros entre cine y educación no pueden ser ajustados por entero ni a los movimientos que el cine tuvo a través del siglo, ni a la historia de las prácticas o las ideas pedagógicas. Como si ellos mismos trazaran un camino que les es sólo propio, sin dejar de presentar, por momentos, bifurcaciones, cruces con otros saberes o salidas imprevistas, este "mapa" a través del siglo se vuelve por momentos familiar y abordable, por momentos extraño. Presentamos, a continuación, un intento por sistematizarlo, o por lo menos, hacerlo más "pensable".

1. En primer lugar, en los inicios, nos encontramos con el ingreso del cine a la escuela como **documento**. Bajo esta caracterización nombramos un tipo de encuentro que se hace presente prácticamente a lo largo de todo el siglo, bajo diferentes formas, y que implica el ingreso del cine a la escuela para introducir en ella aquello que ésta prescribe conocer, pero que por algún tipo de distancia no le es posible directamente:

1.1. Es el cine que trae geografías lejanas, actividades humanas, o "vistas" inalcanzables para el ojo, como las microscópicas o las telescópicas. Es un cine que **ilustra**, que **amplifica la visión**, que impacta los sentidos, que **describe**. Es el tipo de cine que suele denominarse **cine educativo**, que se produce generalmente *ad hoc* y que encuentra en las instituciones educativas y en los medios educativos su circuito de distribución y uso.

1.2. Es el cine que acorta distancias en el tiempo, por lo que, a través de la **re-creación**, acerca sucesos históricos, sea a través del documental o de la ficción.

1.3. Es el cine que se apoya en las voces e imágenes de realidad, de otros. Es el cine que **testimonia** un acontecimiento, un desastre natural, una situación de explotación o de tortura.

Como podrá inferirse rápidamente, este tipo de articulación fue la que primó en los primeros 50 años del siglo al interior de la escuela, pero siguió existiendo después. También se hace presente en el abordaje político del cine, en la construcción de la historia, en el cine-liberación y está presente en los usos del cine propios de algunas políticas de la memoria.

Este primer grupo se ordena alrededor de dos ejes centrales: a) un principio de **verdad** vinculando representación y realidad, que o bien desconoce la mirada de quien toma las imágenes o construye el relato, a la vez que ignora los límites de la representación como tal, o bien otorga estatuto de verdad a una lógica de representación e impugna el resto por manipuladoras, engañosas u ofensivas; b) una regulación de la presencia del cine desde el discurso pedagógico, que supedita su uso a un objetivo educativo y construye una autoridad por fuera de él.

Si la distancia entre imagen y objeto representado permanece invisible, también el ejercicio de mirar propio de la pedagogía escolarizada permanece naturalizado, por lo tanto, invisible. Tampoco el cine como resultado de una mirada cuenta mayormente aquí.

2. En otro conjunto de prácticas nos encontramos al cine como **texto**. Sin establecer mayores distinciones entre la ficción y la no ficción, son las prácticas educativas que invitan a pensar un tema o problema y el cine es insumo para ese pensamiento. Entre ellas, hay que reconocer matices:

2.1. Las experiencias o prácticas donde el **texto** es de tipo "cultural", en el sentido de que propone una mirada del problema como podría hacerlo la literatura u otras formas del arte o la cultura. Dado que el objetivo final es el pensamiento o la reflexión de alguna cuestión previamente establecida, el cine opera **desde el sesgo**, por lo que el dispositivo pedagógico del cual forma parte lo incluye tangencialmente, como un modo de amplificar o enriquecer la mirada que se pretende construir.

2.2. Las experiencias donde el **texto** es de tipo **ideológico**. Mirado frontalmente, se busca indagar en el cine sus sentidos, sus enclaves ideológicos, los intereses a los que sirve el relato y las lógicas de representación que pone en juego para ello. Es un trabajo que puede preguntarse por el enclave material de su contenido, como por su adscripción a un sistema de valores. Pero, aún cuando la mirada se dirija directamente al cine, no hay preguntas acerca de sus especificidades como lenguaje, sino que las preguntas suelen dirigirse al modo en que el cine construye una problemática social, reproduce un sistema de relaciones de clase o de valores culturales, o muestra la configuración de una determinada problemática.

Este tipo de articulación, que se inaugura con los cine-debate, cuanto más cerca se ubica del espacio aúlico, más riesgo corre de recibir el tratamiento con que la didáctica somete a otros textos (cuestionarios de preguntas, evaluaciones, etc.), y de introducir el mirar el cine dentro del mirar de la escuela. Por otro lado, cuando es parte de estrategias de formación que tienen la posibilidad de situarse por fuera del currículo escolar, recuperan la diferenciación entre una mirada y otra. Sin embargo, por arrimarse al cine desde una preocupación que lo excede, no admite mayores interrogaciones sobre su estatuto representacional como lenguaje.

3. Las experiencias del abordaje del cine como **sistema de representación o lenguaje, más allá de su contenido**, donde lo que importa es el acercamiento a un procedimiento de construcción de narraciones, que incluye la circulación de saberes ligados a las técnicas, guionado, encuadres, montaje, etc., y que incluso hace uso de la semiótica. Más allá de lo que el cine supone como producto cultural, se opera sobre él una racionalidad para comprender su modo de funcionamiento.

En estas experiencias, el cine es el objeto de conocimiento, pero lo que se busca conocer es su gramática interna. Como en el punto anterior, el hecho de que estas experiencias se realicen dentro de la escuela suma una gramática escolar al conocimiento del cine.

4. El encuentro de la educación con el **cine como discurso específico**, donde se suma **experiencia estética, lenguaje y técnica**, que si bien es sugerido en algunas de las experiencias relevadas, se presenta como de difícil concreción, al mediar la intencionalidad educativa o formativa. Apenas esbozado en lo que el Programa "La

escuela al cine" propone en sus fundamentos y sostiene al recrear un ejercicio de la mirada y acompañarla con el diálogo con quienes participaron en su proceso creativo, rápidamente la educación escolar interviene al supeditar esta experiencia al objetivo mayor de de "reparación en la distribución de bienes simbólicos", a la vez que al incluirla en el formato escolar con sus cuestionarios y adaptaciones al currículum. Quedan de lado también las discusiones sobre la experiencia estética, el arte y la educación del gusto.

Como se podrá inferir, ninguna de estas cuatro caracterizaciones aparece "pura" en los discursos revisados. Por el contrario, hay cruces, complementariedades, superposiciones, negaciones, objeciones y críticas. A lo largo del siglo hay continuidades y puntos de inflexión que responden a la construcción particular de este camino de encuentros.

En relación a las **recurrencias**, señalaremos:

- La persistencia, a lo largo del siglo, de la matriz didáctica que ordena los elementos de la situación de enseñanza. Con fuerte grado de prescripción en la primera mitad del siglo, y con algunas variaciones que responden más a los debates pedagógicos que a la incorporación de un lenguaje de distinto estatuto, las indicaciones que se ofrecen en la revista *El Monitor de la Educación* en la década del '30 mantienen una línea de continuidad que llega a los '90, aun cuando ésta se postule en clave de innovación o de necesaria respuesta a las dinámicas de la cultura.

- La persistencia, a lo largo del siglo, de los recaudos morales de las voces educativas con lo que el cine como producto cultural trae. La condena moral que los medios de comunicación han sufrido a lo largo del siglo parece hacer posible que los argumentos que en el '30 articulaban infancia vulnerable, delincuencia y cinematografía sean los mismos que hoy circulan alrededor de la infancia y el consumo audiovisual.

- La dificultad, sostenida a lo largo del siglo, de cuestionar los vínculos entre imagen y verdad, entre reproductibilidad técnica y realidad, entre ver y conocer. Más allá de la especificidad del lenguaje cinematográfico, el discurso pedagógico se ha montado todo sobre la invisibilidad de la representación, adscribiendo a un régimen de verdad del cual, si bien desde hace tiempo ya se le vienen formulando cuestionamientos, como el pensamiento de Benjamín lo muestra, la misma forma de lo escolar es parte. Queda entonces por plantear qué posibilidades tiene la pedagogía escolarizada de revisar los modos de trabajar sobre los regímenes de verdad de las imágenes sin sucumbir en la tarea.

- La insistencia, desde los '60 en adelante, de acompañar el ejercicio de la mirada con el de la crítica, sea ésta ideológica, moral o conceptual. Si hasta ese momento la crítica del cine era condena que lo dejaba fuera del escenario escolar, el ingreso a la escuela se sostiene a condición de ejercer sobre él una racionalidad valorativa, sea ésta en nombre de la formación del espíritu o del develamiento de mecanismos de dominación social. Es una tendencia que excede al trabajo con el cine e incorpora, en general, a todos los medios de comunicación. Pareciera que la formulación de un sujeto autorreflexivo y capaz de desplegar pensamiento crítico sobre el mundo que lo rodea se ha convertido en la única alternativa posible a la pedagogía disciplinaria[401] (Fattore, 2007; Dussel, 2005). Hay aquí, quizá, un camino a recorrer donde las preguntas por el modo en que las imágenes trabajan, y "nos trabajan", puede ofrecer otras bifurcaciones que sean capaces de incluir al cine en su complejidad, sin soslayar el trabajo del pensamiento, pero contemplando el goce estético y la experiencia visual en toda su potencia.

---

[401] Volveremos detenidamente sobre esto en breve.

- La presencia sostenida del Estado, aunque variable en sus iniciativas, de regular la entrada del cine a la escuela, señal de la configuración particular que el vínculo entre estado, cultura y sistema educativo tuvo en nuestro país, donde la escuela pública se ordenó con el claro mandato de procesar el acceso a los bienes culturales.

Acerca de los **puntos de inflexión** que el siglo ofrece, de las variaciones o dispersiones dentro de esas líneas de continuidad, cabe señalar:
- La presencia de interrogantes, en la primera mitad del siglo, que vislumbran el poder del cinematógrafo como máquina de la visión, y se permiten imaginar otro papel para él en la escena educativa. Aunque conjuradas rápidamente o respondidas desde su asimilación a la gramática propia de las pedagogías "triunfantes", muestran el tipo de disputas que éstas enfrentaron, al mismo tiempo que describen la presencia de voces silenciadas, obviadas o rechazadas.
- La importancia que tuvo la apertura, tímida en los '60 pero afirmándose de allí en más, de incluir al cine de ficción, de atender al cine de circulación en los circuitos de entretenimiento, al cine "parte de la cultura popular". Más allá de las respuestas pedagógicas que sobre él se hayan desplegado, la posibilidad de trabajar con ficciones históricas y literarias a través del cine constituye en sí una ampliación de la mirada acerca de los cánones culturales que la escuela legitima y pone en circulación. La inclusión del cine de ficción es una interrogación a la jerarquía presente entre cine/documento o cine/verdad y cine/construcción ficcional, hasta el momento dominante. Mucho queda todavía por interrogar a las viejas y sedimentadas formas de lo escolar, y quizá sea el cine una puerta de entrada.
- La diversidad de articulaciones que la segunda mitad del siglo ofrece, y que se enfatiza en las últimas tres décadas, donde abordajes más didácticos conviven con aperturas

a los discursos de la comunicación o con la inclusión del cine como texto de otro orden. Esta diversidad –aunque mantiene algunos elementos comunes– hace imposible reducir las respuestas del presente a una o dos alternativas, y permite vislumbrar cierta apertura a seguir buscando otras articulaciones posibles.

- El cambiante vínculo entre cine, escuela y generaciones a lo largo del siglo. Cine y escuela fueron y son bienes simbólicos de distinta visibilidad en el tiempo, no sólo por el propio devenir de cada uno, sino también en sus articulaciones con el desarrollo tecnológico y cultural de la sociedad toda. En relación con la escuela, es posible reconocer cómo, en las primeras décadas del siglo, constituía uno de los espacios donde modernidad tecnológica y progreso cultural se anudaban, rasgo que se ve en las tempranas interrogaciones que el discurso pedagógico realiza sobre el vínculo cine-educación. Esta relación cambia sustancialmente a lo largo del siglo, y nos encontramos con que hace tiempo ya que la educación escolar pareciera tener dificultades para asumir la dinámica entre desarrollo tecnológico y configuraciones culturales. Este cambiante vínculo puede observarse en el juego que las distintas generaciones a lo largo del siglo establecieron tanto con la escolaridad como con las posibilidades de acceso a otros bienes simbólicos, tanto en el imaginario social como en las posibilidades concretas. El vínculo que los chicos y jóvenes de hoy mantienen con el mundo en que viven ofrece particularidades a tener en cuenta, y hace irreductible que una respuesta única pueda mantenerse a lo largo de los tiempos.

- En esta misma línea, las diferencias con las que, en las distintas épocas, se ha configurado el espectador, diferencias que bien pueden ordenarse alrededor de los modos de convivencia entre el "mirar escolar" y el ejercicio de la mirada que se escapa al control de la escuela. La creciente importancia que las imágenes han cobrado a lo largo del siglo en la vida cotidiana modifica sustancialmente las relaciones que la figura del espectador mantiene con las prácticas culturales, de entretenimiento, de pertenencia a un colectivo y hasta de ejercicio de la ciudadanía.

***

Es posible reconocer, también, mirando a lo largo del siglo, cómo la **invención y el despliegue del cine como lenguaje, como tecnología y como práctica de consumo cultural** masivo produce sistemáticamente **disputas** alrededor de sus consecuencias para **el trabajo escolar**.

Revisar los modos en que articulan cine y educación implica reconocer más de un debate, dependiendo en qué esfera se sitúe:

a) por un lado hay una discusión en el estatuto del cine como perteneciente a un canon cultural frente al cual la escuela históricamente realizó una serie de operaciones selectivas. En esa selección se juega un régimen de verdad (unas coordenadas donde se da el vínculo entre ver y saber), unas prescripciones morales acerca de lo bueno y lo malo, lo que "eleva el alma" o "conduce al gobierno de los más bajos instintos". Esta discusión recorre todo el siglo, y las variaciones en las respuestas tienen que ver, por un lado, con la cambiante visibilidad del cine en la cultura más amplia (instrumento, lenguaje, arte, técnica, etc.), y por el otro, con las discusiones acerca de la función que la escuela cumple socialmente (sea el rechazo a la cultura popular, la reproducción de la cultura dominante, o los vínculos entre escuela y equidad social, en síntesis: el lugar y la capacidad que se le asigna a la escuela en el reparto de bienes simbólicos). Quisiéramos, alrededor de esto, señalar que: I- en la medida en que, a lo largo del siglo, se amplían las prácticas sociales que se asientan sobre lenguajes de imágenes y adquieren masividad, las preguntas por el cine se hacen más y más insistentes, e interrogan a la educación escolar en cada vez más esferas: van desde las preguntas por su lugar en la educación escolar (en los inicios del siglo) hasta la discusión sobre la utilidad de la escuela misma; II- la pedagogía se muestra, en el siglo XX, como un campo que se ocupa no sólo de trazar la línea sobre lo que puede entrar a aula o no (línea también cambiante, por cierto), sino que pretende también sopesar, valorar y regular el papel del cine en la vida, más allá de la escuela. Quizá en las variaciones de estos rasgos del campo del saber pedagógico se puede vislumbrar las posibilidades de interrogarlo en sus alcances y sentidos.

b) Una vez circunscriptos los límites de lo que pueda ingresar o no al espacio escolar, se despliegan una serie de debates que tienen lugar en la esfera didáctica. Estos debates también se ven a lo largo del siglo, encontrando que algunas respuestas insisten a pesar de los años, y otras recogen los debates de la pedagogía y la didáctica que cada época introduce. Es ésta una de las esferas centrales donde se instrumentaliza el privilegio que el término educación tendrá sobre el de cine.

c) Una tercera línea de discusión que se diferencia de las anteriores es la que ve en el cine, y posteriormente en la televisión, un lenguaje que discute la centralidad de la alfabetización clásica y el canon cultural que representa. La escuela, en todo caso, es la institución que, atravesada por esa cultura, se ha desplegado alrededor de los imperativos de su transmisión. Si bien esta discusión se ha instalado en las últimas décadas excediendo al cine e incluyendo fundamentalmente a las prácticas de acceso al conocimiento que traen consigo los desarrollos informáticos, cabe señalar que fue la aparición del cinematógrafo la que la introdujo, en 1985, y en que 1911 ya había tomado estado público en el ámbito pedagógico, de la mano de Thomas

Edison, produciendo un impacto no menor. Darle lugar a esta discusión implica revisar los supuestos formales sobre los que se sostiene la escuela, además de su participación en la distribución de los bienes simbólicos.

d) Una cuarta esfera, emparentada con la anterior, avanza todavía más y se da en el debate sobre el humanismo, tanto alrededor de las instituciones que los sostienen como en su estructura de pensamiento, a partir del papel central que juega la transmisión por imágenes en la consolidación de figuras como las "sociedades de redes" o "sociedades educativas"[402]. El debate trae consigo la renovación de las formas de *humanización,* frente a la decadencia o ineficiencia de las que respondían a la cultura moderna, o su directa impugnación, donde se cuestiona toda operación (dentro o fuera de la escuela) que pretenda sostenerse sobre un canon objetivo de verdad o de emancipación.

***

En las experiencias relevadas en esta tesis hemos reconocido cierta posición de "privilegio" del término educación en su relación con el cine. Si bien el ingreso al problema ha sido hecho desde su ingreso al territorio escolar, por lo cual esa "jerarquía" puede obedecer a nuestro punto de partida, nos interesa detenernos en la preeminencia de una racionalidad de tipo reflexiva, sin la cual pareciera que la educación no tiene lugar.

---

[402] La discusión que Martín-Barbero sostiene en el prólogo de *La Educación desde la comunicación,* ubicando, por un lado, a Savater y Sartori, y por el otro a Sloterdijk frente a los procesos de humanización de la cultura moderna puede resultar sumamente gráfica. La pregunta que Barbero introduce reza: "¿Qué es lo que, en definitiva, la educación pone hoy en juego?: ¿la defensa del modelo humanista que se conserva en el gabinete del bibliófilo contra el estruendo y la furia del espectáculo audiovisual, o la *reinvención de lo humano,* de su *socialidad*? (Martín-Barbero, 2003: 15).

Nos referimos centralmente al papel de la crítica, como ejercicio particular del pensamiento pedagógico, que se hace visible en los primeros dispositivos de cine-debate en la década del '50, y se vuelve recurrente en las últimas décadas como "salida" para enfrentar al cine –no al cinematógrafo, sino al cine como producto de la industria cultural del espectáculo, con su *glamour* y su participación en el consumo cultural– desde las prácticas educativas. En el Capítulo V, hemos planteado cómo la crítica, sea ideológica o moral, se vuelve una actividad central del pensamiento pedagógico, haciéndose presente tanto en las prescripciones como en las experiencias concretas. Y alargando un poco la mirada, la postulación de un ejercicio crítico de la mirada como condición para la inclusión del cine en la escuela insiste. Enric Pla Vall, por ejemplo, en el citado trabajo sobre las relaciones entre enseñanza y cinematografía, plantea:

> "Creemos que el mejor uso didáctico del cine consiste en intentar que sean cada vez más los jóvenes que se acerquen y disfruten de las otras formas de expresión cinematográficas, las que se alejan del cine comercial al que ya tienen acceso, sin renunciar a promover algunos valores morales, políticos y humanistas (la aceptación del diferente, el rechazo de la violencia, los valores democráticos, la visualización de los conflictos) ni, desde luego, a educar la mirada crítica" (2007: 51).

O el teórico e historiador del cine Román Gubern, quien en una entrevista realizada recientemente, enfatiza la importancia de la enseñanza de crítica de la imagen en el sistema escolar, una "educación de la mirada", que incluya no sólo la lectura crítica de las imágenes sino también la escritura (Gubern, 2007: 88).

Aunque en una dirección distinta, quienes ofrecen una salida por vía del encuentro entre la pedagogía y la comunicación apelan a la misma matriz. Jesús Martín-Barbero, por ejemplo, plantea que en la medida en que la escuela es ineficaz para transmitir los conocimientos que el hombre de hoy necesita, por la cultura en que vive, la comunicación puede instrumentar este "reparto". Y es en su esfera donde éste puede resignificarse con fines emancipatorios, al ser la dimensión de la cultura que hoy es eficaz para dejar marcas o configurar identidades. Martín-Barbero reconoce mutaciones en la vida cotidiana del presente, efecto de cómo trabajan los medios y la tecnología, en el orden global, y reconoce también nuevas gramáticas narrativas, que discuten las históricas. La salida que propone pretende compatibilizar tres funciones de la educación: la transmisión de la herencia cultural, la educación como capacitación, y "la formación de ciudadanos, personas capaces de pensar con su cabeza y de participar activamente en la construcción de una sociedad más justa y democrática" (2003: 13). Para ello sostiene el espacio escolar, pero en diálogo con las tecnologías, incluyendo a éstas como parte de modelo pedagógico y comunicativo.

Difícil sería que fuera de otro modo, dado que allí se pone en juego "lo más propio y esencial de la modernidad: la crítica como herramienta indispensable y como brújula orientadora en el peregrinaje por un mundo desolado de sentido" (Forster, 2003: 15). Los vínculos entre sujeto reflexivo y escuela moderna son constitutivos, y exceden a las particularidades planteadas en esta tesis en relación con el cine (da Silva, 1995). Sin embargo, cabe señalar que si bien el sujeto racional y autónomo está presente a lo largo de la educación moderna, y especialmente en la educación escolar, la apertura de la escuela al cine de ficción producida en la segunda mitad del siglo se hace de tal modo que el cine es objeto de sospecha, de un modo más amenazante todavía de lo que había sido la literatura, por ejemplo, o la alfabetización misma[403]. ¿Cómo es que

---

[403] Insistimos, no se trata de soslayar la importancia de la puesta en juego de una racionalidad crítica, sino de atender a sus efectos, animarnos,

el cine, luego de "rondar" la escuela por más de '50 años, logra ingresar a la escena educativa pero sólo desde la posibilidad de ser objeto sobre el que desplegar reflexión crítica? ¿Qué lo distingue de otros artefactos culturales, como la literatura o la música? Probablemente sea la difícil relación que mantiene con lo que en la modernidad se ha denominado arte, o su relativa y discutida pertenencia al colectivo "medios de comunicación". Pareciera que hay algo del cine que a la escuela se le vuelve "inmanejable". O, en otras palabras, pareciera que el cine es capaz de mostrar los límites de la forma moderna de lo escolar.

Quizá a la luz de estos vínculos no sea posible imaginar otro destino para el cine dentro de la escuela que no ponga en duda su mismo estatuto. Algo de esto se vislumbra en las experiencias de cine y formación docente, cuando el cine se incorpora "sesgadamente": se le da al cine como texto un estatuto poco frecuente en los circuitos de formación, al equipararlo con el lugar que tiene un texto de tipo académico. Allí puede observarse un desplazamiento en los modos de entender la formación docente, al hacerle lugar a voces, imágenes y narrativas propias de la cultura popular, producidas y dirigidas a espectadores comunes, que discuten la gramática clásica.

***

La posición que queda por fuera de todas las señaladas a lo largo de este trabajo es aquella en la que educación y cine se conjugan a partir de la inclusión, en los escenarios escolares, del cine como objeto de la educación. Tal

---

como plantea Dussel, "a ver qué hay de nuevo, qué de ese arte de la impugnación nos sirve hoy para analizar este presente, qué nos dice para pensar otras políticas y otras éticas, (...) qué nos inquieta lo suficiente para ponerlo a rodar y a producir nuevas pedagogías" (Dussel, 2005: 191).

como puede observarse en las posiciones aquí relevadas, en ella el cine, sea punto de partida, documento, instrumento, texto, objeto de análisis estético o ideológico, se supedita a un problema, objetivo o contenido temático que lo trasciende. Aún en la experiencia de "La escuela al cine", donde se persigue el explícito objetivo de propiciar la experiencia estética del cine y se reproducen las condiciones de la "mirada" que le son propias, el trabajo de los alumnos (el despliegue del pensamiento crítico, las guías de observación, etc.) se circunscribe a la gramática de la institución desde donde se realiza.

Cabe aquí la pregunta de si esto puede ser de otro modo. ¿Podemos combinar cine y educación desde alguna perspectiva que no implique los riesgos propios de todo encuentro? ¿Acaso la misma idea de un encuentro no trae consigo la alteración de las partes que se encuentran? ¿No es incluso ingenuo pensar que si el cine es abordado por el discurso pedagógico éste puede no "contaminarlo"? ¿Es posible que aquello que ingresa al escenario pedagógico se sustraiga a las reglas de su funcionamiento?

La formulación de estas preguntas no corresponde sólo al encuentro con el cine. Los verbos "escolarizar", "pedagogizar" y "didactizar" suelen designar los procesos que sufre cualquier saber, práctica o experiencia cuando se introduce en la escuela. Existe, en relación a las disciplinas que la escuela enseña (matemáticas, historia, biología, etc.), un término específico acuñado para dar cuenta de ese proceso: el de transposición didáctica. Más allá de las discusiones que se puedan dar alrededor de este término, lo cierto es que la gramática escolar "trabaja" sobre los objetos que incluye, por lo que es posible pensar estos efectos en relación al cuerpo, al arte, a la mirada. Si bien algunos de ellos pudieron ser en algún momento *extranjeros*, una vez ingresados e incluidos en el territorio de la educación escolar se hacen parte de él, con todo lo que eso significa.

¿Puede ser de otro modo? ¿Puede propiciarse un encuentro con un elemento extranjero que lo conserve en su calidad de tal?[404] Si bien con facilidad podemos señalar que de ser así no habría *encuentro*, es importante llamar la atención sobre dos cuestiones centrales:
1) las modalidades del encuentro aquí relevadas no son las únicas posibles;
2) un encuentro no significa necesariamente la supeditación o preeminencia de un término sobre otro.

En relación al encuentro que nos ocupa, el de cine y educación, dentro de las posibilidades aquí no contempladas está la que ofrece Alain Bergala (2007), que puede ser útil para hacer visibles los límites y alternativas que poseen las ya presentadas.

Bergala plantea la introducción del cine en la escuela desde la hipótesis de la alteridad[405], diferenciándose de la apelación al cine como lenguaje o como vector de ideología al servicio de la enseñanza escolar, con todo lo que esto significa.

En este sentido, como arte, el cine "no se enseña, se encuentra, se experimenta y se transmite por vías diferentes al discurso del saber único" (2007: 34). Por el contrario, el arte es germen de desorden y de anarquía, por lo que constituye una experiencia de otra naturaleza de la de los saberes que se enseñan en la escuela. En todo caso, la escuela es el lugar de la transmisión de la cultura, y arte es aquello que viene a inscribirse en ella subvirtiéndola. Aún

---

[404] Es más, ¿acaso no es inherente a la naturaleza de la educación la modificación, transformación, afectación –o el término que queramos usar– de aquello con quien se encuentra? La pregunta que le sigue es, entonces, ¿podemos abogar por un encuentro que no modifique los términos, en el interior del territorio de la pedagogía y que ésta no deje de ser tal?

[405] La hipótesis del cine como alteridad participa de la hipótesis del arte como alteridad presente en el programa, desarrollado por Jack Lang en el Ministerio de Educación de Francia durante el período 2000-2002, del cual el autor fue parte.

asumiendo esta dificultad radical, Bergala sostiene que la escuela, tal como funciona, hoy en día es, para la mayoría de los niños, el único lugar donde un encuentro con el arte puede producirse (2007: 36), donde la pedagogía de las artes puede cumplir sus principios de reducir las desigualdades y de revelar a los niños las cualidades de intuición y sensibilidad (2007: 30). Señalando que la introducción del cine como lenguaje o como vector de ideología restan atención a la especificidad del cine, este autor platea abordarlo desde la escuela no como un objeto, sino como arte, la traza final de un proceso creativo. Esta propuesta no sólo implica bucear en los caminos de la producción cinematográfica y crear cine, sino también, desde la posición de espectador, proponiendo, desde la mirada, la experimentación de las emociones de la creación misma. Es en este sentido que el cine como arte o creación funcionará como alteridad en la escuela.

Para ello desarrolla un espacio de encuentro entre los alumnos y quien desplegará una pedagogía del cine: un cineasta, un docente de cine, o quien esté familiarizado con los procesos de creación y que pueda transmitirlos. El cine será abordado como producto de un artista, y en este sentido se abordarán películas emblemáticas de la historia del cine, como punto final de un proceso que se recorrerá en sus etapas previas tanto desde la producción como la reflexión, y desde su inclusión en la cultura del siglo y de la época[406].

El desplazamiento que introduce Bergala en esta experiencia tiene que ver con el punto de partida desde el cual

---

[406] Los relatos del trabajo realizado presentan desde técnicas de trabajo con escenas, la existencia de una "dvdteca" con los títulos más emblemáticos de la historia del cine en el aula, el visionado conjunto de películas hasta la producción de cortos. Pero todo este trabajo se realiza "por fuera" de la gramática escolar: no hay clásicas evaluaciones y ni articulaciones didácticas con temas de la currícula.

se mira al cine: al partir del cine como arte, el cine en sí es un objeto de visión, reflexión, exploración e interrogación. Lo que Bergala propone *dar a ver* es cine, *puro cine*: éste no se pone al servicio de un problema, tema, desarrollo de competencia o de un tipo de reflexión; por el contrario, el cine se aborda a la vez como parte de la cultura de una época y como superficie creativa. La escuela, en esta experiencia, funciona como el puente que hace que cine e infancia se encuentren. Las posibilidades que brinda el desarrollo de la tecnología digital para hacer de la fotografía y de la filmación y edición procesos cada vez más cotidianos convierten a la escuela en un espacio privilegiado para no sólo mirar cine, sino experimentar con la imagen.

La experiencia desarrollada por Bergala no ha estado exenta de críticas. Pla Vall plantea que en la consideración del cine prioritariamente como arte se menosprecia su potencial como lenguaje, medio de comunicación o documento social, obteniendo un enfoque limitado que prioriza lo estético y presta poca atención al contexto histórico y cultural de los filmes. Por otra parte, critica la propuesta de realización de cortometrajes de los alumnos, por no ver claro cómo contribuye a una mejor recepción y comprensión de las películas, "ya que un film es mucho más que un virtuosismo técnico y responde a objetivos complejos y variados, a la vez individuales y colectivos, ligados a sus autores pero también a apuestas ideológicas, artísticas y sociales que distan mucho de ser las que se plantean un grupo de escolares en su *opera prima*" (Pla Vall, 2007: 51, cursivas en el original).

Otro elemento que se ofrece a la interrogación es la idea de canon cinematográfico: la selección del conjunto de películas que permiten acceder al "mejor" cine[407]. Como

---

[407] "La escuela tiene el deber de proponer otra cultura, que nunca ha querido ser 'alternativa', pero que acabará por serlo, a pesar suyo, ante un

en otras áreas del arte y del conocimiento, todo proceso de selección y establecimiento de un canon insoslayable para la educación escolar admite las preguntas acerca de quién selecciona, con qué criterios, bajo qué intereses, etc. Y específicamente en el territorio del arte, las disputas acerca de lo que es arte y lo que no lo es suelen ligarse a tradiciones, o a principios de autoridad que se apoyan en el pasado (Pardo, 2001). Sabemos que la arbitrariedad de la selección es propia de toda transmisión, aún más allá del currículum. Pero esto no le quita importancia al carácter histórico y contingente de toda selección, por lo que los mecanismos que en ella se ponen en juego necesitan ser atendidos en profundidad[408].

Pero, más allá de las críticas, Bergala introduce un aporte sustancial para pensar el vínculo que nos ocupa, aunque lo haga desde una realidad educativa diferente. Elige el camino de otorgarle al cine el carácter de **arte**, y ello implica unas preguntas y no otras, acerca de las posibilidades que este camino ofrece. Basta recordar las palabras de Deleuze, cuando en el texto *Tener una idea en cine*, se pregunta "¿Cuál es la relación de la obra de arte con la comunicación?", y se contesta:

---

cine impuesto de manera cada vez más masiva como 'el todo' del cine. Quizá es *la* cultura en su totalidad, simplemente, lo que está a punto de convertirse en 'excepción' ante los grandes cánones del bombardeo de los productos industriales" (Bergala, 2007: 96, cursivas en el original).

[408] A esto le sumaría, como comentario adicional al pie (literalmente lo que es), cierta sensación (personal) de nostalgia que se hace presente frente a enunciados como "Las 100 películas que hay que ver" o "La literatura que no puede dejar de leer", como enfatizando que "ya está todo dicho –o filmado–". Esto se reafirma cuando uno se encuentra con afirmaciones que plantan que, a diferencia de otras artes, las búsquedas estéticas y las vanguardias estuvieron en los primeros años del desarrollo del cine (Grüner, 2001). Prefiero pensar que la mejor película todavía no ha sido filmada....

"Ninguna. La obra de arte no es un instrumento de comunicación. La obra de arte no tiene nada que hacer con la comunicación. La obra de arte no contiene estrictamente la menor información. En cambio, hay una afinidad fundamental entre la obra de arte y el acto de resistencia. Ahí, sí. En calidad de acto de resistencia, la obra de arte tiene algo que hacer con la información y la comunicación" (1995: 56-57).

Si abordamos al cine como arte, los caminos de la comunicación quedan a un lado. Los límites y las posibilidades se despliegan alrededor de la imposibilidad de que escuela y arte se encuentren felizmente, por los objetivos distintos que persiguen. Pero es una imposibilidad que no obtura que convivan, que se interroguen, que compartan tiempo y espacio. Es una imposibilidad que deja al descubierto la imposibilidad de la educación de someter al cine bajo su control. Es una imposibilidad que se sostiene en esa inasibilidad, intangibilidad o irreductibilidad del cine como experiencia estética, al mismo tiempo que pone en evidencia su intraducibilidad como lenguaje. La apelación a la resistencia de Deleuze invita a pensar en cómo el cine mantiene para sí un núcleo que se escapa a la voluntad escolar.

El camino del arte interroga directamente el estatuto del sujeto pedagógico reflexivo, el de la pedagogía moderna y el del vínculo saber-ver que en ella se aloja. La distancia entre la realidad del común de las escuelas francesas y las argentinas puede no ser menor para que proyectos como el presentado por Bergala se hagan posibles, tanto en recursos económicos como en relación a la voluntad política de convocar actores de la cultura a la escuela. Sin embargo, cabe señalar que lo que experiencias de este tipo ofrecen como dificultad central son los movimientos que implican dentro del campo de la pedagogía, sus dificultades para dejarse permear por otras lógicas, para abrir el trabajo del pensamiento a emociones, educar la sensibilidad y permitir subvertir las sedimentadas lógicas sobre las que se ha edificado. La dificultad radica, en última instancia, en la imposibilidad de abandonar muchos de los supuestos o certezas que funcionan como verdades en la educación escolar.

***

Quizá sea el momento de recuperar una de nuestras preguntas iniciales, aquella que planteaba despejar qué buscó históricamente la escuela en el cine y de qué carácter fueron los distintos encuentros que se dieron a lo largo del siglo, como modo de ampliar la comprensión del presente. Pensando en las alternativas que se abren, luego de esta indagación, podemos aventurar que el encuentro entre cine y educación escolar podría ser pensado como un encuentro de dos lenguajes diferentes, de modo de evitar las jerarquías y las posiciones privilegiadas. Sabemos que entre dos diferentes, los vínculos que pueden resultar son múltiples, y de distinto orden: de dominación, de opresión, de adaptación, de supeditación, de antagonismo, de colonialismo, de jerarquía, y hasta de igualdad. Cuando las diferencias se dan en el plano de las lenguas, la metáfora de Babel sirve para situar la imposibilidad de reducir una a la otra (naufragaría el encuentro), pero al mismo tiempo la imposibilidad del entendimiento pleno o la armonía comunicativa.

> "La 'Torre de Babel' no representa solamente la multiplicidad irreductible de las lenguas, muestra a todas luces un inacabamiento, la imposibilidad de completar, de totalizar, de saturar, de terminar algo que pertenecía al dominio de la edificación, de la construcción arquitectural, del sistema y de la arquitetónica. La multiplicidad de idiomas viene a limitar no sólo una 'traducción' verdadera, una inter-expresión

transparente y adecuada, sino también un orden estructural, una coherencia del *constructum*" (Derrida, 2001b: 434).

Quizá las dificultades de encontrar un lugar para el cine en la escuela tengan que ver con las dificultades de asumir al proyecto escolar como una "obra" inconclusa, contingente e incluso precaria, en su capacidad de dar respuestas a los objetivos que se prefijó.

Un camino para lidiar con estas dificultades, con esta lengua diferente, puede ser el de ubicar al cine en el registro de la alteridad, y especialmente en la extranjeridad (Constanzo y Wacker-Vignac, 2003). La imposibilidad constitutiva de la traducción (Cadava, 2006), a la vez que la afectación que puede devenir del encuentro abre posibilidades a que la escuela, indagando en las especificidades del cine, vuelva a pensar en sus formas y modulaciones, y hasta, quién sabe, encuentre nuevos caminos. Para ello, es indispensable que el *dar a ver* presente en toda educación se sostenga, insista y se recree, no sólo en lo que se pone a la vista, sino fundamentalmente en el gesto de dar, hacer disponible, ofrecer. Aún en un mundo plagado de imágenes, la diferencia bien puede hacerse desde la concreción de un encuentro.

Por último, e invitando a recuperar el gesto de *dar a ver* que la pedagogía hace suyo cada vez que elige al cine como camino, vale recordar que ese *dar* es tan imposible como la traducción de una realidad en imagen, y sin embargo tan necesario como la educación misma.

Bibliografía citada

AAVV (2006). *Las Misiones Pedagógicas 1931-1936*. Madrid: Sociedad estatal de conmemoraciones culturales/ Publicaciones de la Residencia de estudiantes.
Abbagnano, N. y Visalberghi, A. (1982). *Historia de la Pedagogía*. México: Fondo de Cultura Económica.
Abramowski, Ana (2007). "¿Es posible enseñar y aprender a mirar?". *El Monitor de la Educación* N° 13, 5ta época, 33-35.
Agel, Henri (1962). *Estética del cine*. Buenos Aires: Eudeba.
Allison, Mary; Jones, Emily y Schofiled, Edward (1956). *Manual para la evaluación de películas y películas fijas*. París: UNESCO.
Altamirano, Carlos (2001). *Bajo el signo de las masas (1943-1973)*. Buenos Aires: Ariel.
Altamirano, Carlos (dir.) (2002). *Términos críticos de sociología de la cultura*. Buenos Aires: Paidós.
Álvarez Gallego, Alejandro (2003). *Los medios de comunicación y la sociedad educadora, ¿ya no es necesaria la escuela?* Bogotá: Cooperativa editorial Magisterio/ Universidad Pedagógica Nacional.
Alves García (2001). "O sujeito emancipado das pedagogías críticas". *Educaçao y Realidade*, V. 26 N° 2, 31-50.
Ander- Egg Ezequiel (1992). *Los medios de comunicación al servicio de la educación*. Buenos Aires: Magisterio del Río de la Plata.

Antelo, Estanislao (1999). *Instrucciones para ser profesor. Pedagogía para aspirantes*. Buenos Aires: Santillana.
—— (2005) "Notas sobre la (incalculable) experiencia de educar". En Frigerio G. y Diker, G. (comp.). *Educar: ese acto político*. Buenos Aires: Del estante, 173-182.
Antelo, Marcela (2005). *El apetito del ojo*. Bogotá: CID. Cuadernos del Cid.
Apple, Michael y King, N. (1989). "¿Qué enseñan las escuelas?" En Gimeno Sacristán, J. y Pérez Gómez, A. (comps.). *La enseñanza su teoría y su práctica*. Madrid: Akal/Universitaria, 37-53.
Aprea, Gustavo (2004). "La memoria visual del genocidio". En Yoel, Gerardo (comp.). *Pensar el cine I. Imagen, ética y filosofía*. Buenos Aires: Manantial, 185-208.
Araya, José L. (1945). *Asistencia social al menor*. Rosario: Editorial Rosario.
Arfuch, Leonor (2006). "Las subjetividades en la era de la imagen: de la responsabilidad de la mirada". En Dussel, Inés y Gutiérrez, Daniela (comps.). *Educar la mirada. Políticas y pedagogías de la imagen*. Buenos Aires: Flacso/Manantial/Fundación OSDE, 75-84.
Arguimbau, Ana Sola y Masoliver, Marta Selva (1996). "El cine, imagen y conocimiento". En de la Torre, S. y otros. *Cine formativo: una estrategia innovadora en la enseñanza*. Barcelona: Octaedro, 47-54.
Badiou, Alan (2004). "El cine como experimentación filosófica". En Yoel, Gerardo (comp.). *Pensar el cine I. Imagen, ética y filosofía*. Buenos Aires: Manantial, 23-82.
Badiou, Alan (2005a). *Imágenes y palabras. Escritos sobre cine y teatro*. Buenos Aires: Bordes/Manantial.
Badiou, Alan (2005b). *El siglo*. Buenos Aires: Manantial.
Barbagelata, Norma (2004). "Introducción". En Giusti, Carlos y Barbagelata, Norma (comp.). *Psicoanálisis y cine. Un dispositivo en extensión*. Santa Fe: Universidad Nacional del Litoral, 13-21.

Barrán, José Pedro (1992a). *Historia de la sensibilidad en el Uruguay. Tomo 1: La cultura "bárbara" (1800-1860)*. Montevideo: Ediciones de la Banda Oriental.

Barrán, José Pedro (1992b). *Historia de la sensibilidad en el Uruguay. Tomo 2: El disciplinamiento (1860-1920)*. Montevideo: Ediciones de la Banda Oriental.

Barroso, Cristina (2002). *O Zé Analfabeto no Cinema. O Cinema na Campanha Nacional de Educaçao de Adultos de 1952 a 1956*. Lisboa: Educa.

Barthes, Roland (2002a). *Lo obvio y lo obtuso. Imágenes, gestos, voces*. Barcelona: Paidós.

Barthes, Roland (2002b). *La Torre Eiffel. Textos sobre la imagen*. Buenos Aires: Paidós.

Barthes, Roland (2005a). *El grano de la voz. Entrevistas 1962-1980*. Buenos Aires: Siglo XXI.

Barthes, Roland (2005b). *La cámara lúcida. Notas sobre fotografía*. Buenos Aires: Paidós.

Belinaso Guimaraes, Leandro (2005). "¿Es posible un territorio familiar que se al mismo tiempo extranjero?". En Skliar, C. y Frigerio, G. (comps.). *Huellas de Derrida. Ensayos pedagógicos no solicitados*. Buenos Aires: Del estante, 65-70.

Benjamin, Walter (2004). *Sobre la fotografía*. Valencia: Pre-textos.

Beceyro, Raúl y otros (2005). "Cine documental: la objetividad en cuestión". *Punto de Vista* N° 81, 14-23.

Bergala, Alain (2007). *La hipótesis del cine. Pequeño tratado sobre la transmisión del cine en la escuela y fuera de ella*. Barcelona: Laertes.

Berger, John (2002). *Algunos pasos hacia una pequeña teoría de lo visible*. Madrid: Ediciones Árdora.

Berger, John (2006a). *Modos de ver*. Barcelona: Gustavo Gili.

Berger, John (2006b): *Sobre las propiedades del retrato cinematográfico*. Gustavo Gili, Barcelona.

Bernal, Mariana (2003). "La educación fuera de foco. Una mirada sobre la educación pública desde el cine de ficción argentino entre 1960 y 1990". En Carli, S. (dir/comp.). *Estudios sobre educación, comunicación y cultura. Una mirada a las transformaciones reciente de la Argentina*. Buenos Aires: Stella/La Crujía, 121-152.

Bernstein, Basil (1994). *La estructura del discurso pedagógico*. Buenos Aires: Morata.

Bhabha, Homi (2002). *El lugar de la cultura*. Buenos Aires: Manantial.

Birgin, Alejandra (1999). *El trabajo de enseñar. Entre la vocación y el mercado: las nuevas reglas del juego*. Buenos Aires: Troquel.

Birgin, Alejandra y Trímboli, Javier (2003). *Imágenes de los noventa*. Buenos Aires: Libros del Zorzal/CEPA.

Birri, Fernando (1964). *La escuela documental de cine de Santa Fe*. Santa Fe: Editorial Documentos de la Escuela de Cinematografía de Santa Fe.

Bourdieu, Pierre y Wacquant, Loïc (1995). *Respuestas por una antropología reflexiva*. México: Grijalbo.

Brea, José Luis (2005). "Los estudios visuales: por una epistemología política de la visualidad". En Brea, J. L. (ed.): *Estudios Visuales. La epistemología de la visualidad en la era de la globalización*. Barcelona: Akal, 5-15.

Brea, José Luis (2007). "Cambio de régimen escópico: del *inconsciente óptico* a la *e-image*". *Estudios Visuales* Nº 4. Disponible el 10-06-08 en: http://www.estudiosvisuales.net/revista/pdf/num4/JlBrea-4-completo.pdf.

Briggs, Leslie; Campeau, Peggie; Gagné, Robert y May, Mark (1973). *Los medios de instrucción. Un método para el planeamiento de los medios múltiples de instrucción, un análisis crítico de la investigación y sugerencias para investigaciones futuras*. Buenos Aires: Guadalupe.

Buenfil Burgos, Rosa Nidia y Ruiz Muñoz, María Mercedes (1997). *Antagonismo y articulación en el Discurso Educativo: Iglesia y Gobierno (1930-40 y 1970-93).* México: Editorial Torres Asociados.
Bullaude, José (1962). *El nuevo mundo de la imagen: introducción a los medios audiovisuales.* Buenos Aires: Eudeba.
Bullaude, José (1970). *Enseñanza audiovisual: teoría y práctica.* Santiago: Universitaria.
Cabrera Infante, Guillermo (1998). *Cine o sardina.* Madrid: Alfaguara.
Cadava, Eduardo (2006). *Trazos de luz. Tesis sobre la fotografía de la historia.* Santiago de Chile: Palinodia.
Carli, Sandra (1999). "Niños y televisión. El dilema cultural de la escolaridad contemporánea". *Ensayos y Experiencias* N° 31, Novedades Educativas, 25-36.
Carli, Sandra (2002). *Niñez, pedagogía y política. Transformaciones de los discursos acerca de la infancia en la historia de la educación argentina entre 1880 y 1955.* Buenos Aires: Miño y Dávila.
Carli, Sandra (2003). "La educación pública en la Argentina. Sentidos fundantes y transformaciones recientes". En Carli, S. (dir/comp.). *Estudios sobre educación, comunicación y cultura. Una mirada a las transformaciones reciente de la Argentina.* Buenos Aires: Stella/La Crujía, 17-48.
Carli, Sandra (2006). "Ver este tiempo. Las formas de lo real". En Dussel, Inés y Gutiérrez, Daniela (comp.). *Educar la mirada. Políticas y pedagogías de la imagen.* Buenos Aires: Flacso/Manantial/Fundación OSDE, 85-96.
Caruso, Marcelo; Dussel, Inés (1996). *De Sarmiento a los Simpsons. Cinco conceptos para pensar la educación contemporánea.* Buenos Aires: Kapelusz.
Caruso, Marcelo (2001). "¿Una nave sin puerto definitivo? Antecedentes, tendencias e interpretaciones alrededor

del movimiento de la Escuela Nueva". En Pineau, P., Dussel, I. y Caruso, M. *La escuela como máquina de educar. Tres escritos sobre un proyecto de la modernidad.* Buenos Aires: Paidós, 93-143.

Cassou, Jean (1961). *Panorama de las artes plásticas contemporáneas.* Madrid: Guadarrama.

Cellérier, L. (1925). "El cinematógrafo en la enseñanza". En Sluys, A. *La cinematografía escolar y post-escolar.* Madrid: Ediciones de la Lectura.

Cohen-Seat, Gilbert y Fougeyrrollas, Pierre (1967). *Influencias del cine y la televisión.* México: Fondo de Cultura Económica.

Constanzo, Silvia T. de y Wacker-Vignac, Linda (2003). *Galaxias interculturales. Modelo para armar.* Buenos Aires: Santillana.

Cromberg, Jorge Eneas (1971). *Qué es la enseñanza audiovisual.* Buenos Aires: Columba.

Cruder, Gabriela (1999). "Cine, TV y video: qué piensan, qué consumen los maestros". *Ensayos y Experiencias* Nº 31, Novedades Educativas, 37-50.

Cucuzza, Héctor y Pineau, Pablo (dir./coord.) (2002). *Para una historia de la enseñanza de la lectura y la escritura en la Argentina. Del catecismo colonial a La Razón de Mi Vida.* Buenos Aires: Miño y Dávila.

Da Silva, Tomás Tadeu (1995). *Alienígenas na sala de aula. Una introduçao aos estudos culturais em educaçao.* Petrópolis: Vozes.

Da Silva, Tomaz Tadeu (2000a). *Indetidade e diferença. A perspectiva dos Estudos Culturais.* Petrópolis: Vozes.

Da Silva, Tomaz Tadeu (2000b). *Teoría cultural e educaçao. Um vocabulário crítico.* Belo Horizonte: Aunténtica.

Da Silva, Tomás Tadeu (2001). *Espacios de identidad. Nuevas visiones sobre el curriculum.* Barcelona: Octaedro.

Dallera, Osvaldo A. (1989). *El cine: entretenimiento y aprendizaje.* Buenos Aires: Don Bosco Argentina.

Dalton, Mary (1996). "O curriculo de Hollywood: quem é o bom profesor, quem é a boa professora?". En *Educaçao y Realidade*, V. 21, N° 1, 97-122.
De Azúa, Félix (1995). "La oscuridad del cine". *Archipiélago* N° 22, 99-100.
De Azúa, Félix (2002). *Diccionario de las Artes*. Barcelona: Anagrama.
De la Torre, S. (1996a). "El cine, un espacio formativo". En de la Torre, S. y otros. *Cine formativo: una estrategia innovadora en la enseñanza*. Barcelona: Octaedro, 15-27.
De la Torre, S. (1996b). "Películas formativas. Un apunte para su utilización". En de la Torre, S. y otros. *Cine formativo: una estrategia innovadora en la enseñanza*. Barcelona: Octaedro, 55-86.
De la Torre, Saturnino (2005). "Aprendizaje integrado y cine formativo". En de la Torre, S. (coord.). *El cine en entorno educativo: 10 años de experiencias a través del cine*. Madrid: Narcea.
De la Torre, Saturnino y Rajadell, Nuria (2005). "Impacto y cine formativo". En de la Torre, Saturnino (coord.). *El cine en entorno educativo: 10 años de experiencias a través del cine*. Madrid: Narcea, 121-136.
De Miguel, Adriana (2000). "Tiempo de clausura. Consideraciones conceptuales sobre el discurso educativo normalista argentino". *Cuaderno de Pedagogía Rosario*, Año IV, N° 7, 79-114.
De Miguel, Adriana (2002). "Escenas de lectura escolar: la intervención normalista en la formación de la cultura letrada moderna". En Cucuzza, H. y Pineau, P. (dir./coord.). *Para una historia de la enseñanza de la lectura y la escritura en la Argentina. Del catecismo colonial a La Razón de Mi Vida*. Buenos Aires: Miño y Dávila, 107-148.
Debray, Regis (1994). *Vida y muerte de la imagen. Historia de la mirada en Occidente*. Barcelona: Paidós.

Debray, Regis (1997). *Transmitir*. Buenos Aires: Manantial.
Deleuze, Giles (1993). *La imagen-tiempo. Estudio sobre cine 1*. Barcelona: Paidós.
Deleuze, Giles (1994). *La imagen-movimiento. Estudio sobre cine 2*. Barcelona: Paidós.
Deleuze, Gilles (1995). "Tener una idea en cine". *Archipiélago* Nº 22, 52-59.
Derrida, Jacques (2001a). "El cine y sus fantasmas". Entrevista realizada por Antoine de Baecque y Thierry Jousse, publicada en *Cahiers du cinéma* Nº 556, abril de 2001. Traducción de Fernando La Valle (Mimeo).
Derrida, Jaques (2001b). "Torres de Babel". En Larrosa, Jorge y Skliar, Carlos (eds.). *Habitantes de Babel. Políticas y poéticas de la diferencia*. Barcelona: Laertes, 433-480.
Diderot, Denis (2005). *Carta sobre los ciegos para uso de los que ven*. Buenos Aires: El cuenco de plata.
Didi-Huberman, Georges (2004). *Imágenes pese a todo. Memoria visual del holocausto*. Barcelona: Paidós.
Didi-Huberman, Georges (2006). *Lo que vemos, lo que nos mira*. Buenos Aires: Manantial.
Diker, Gabriela (2004). "Y el debate continúa. ¿Por qué hablar de transmisión?" En Frigerio, Graciela y Diker, Gabriela (comps.). *La transmisión en las sociedades, las instituciones y los sujetos. Un concepto de la educación en acción*. Buenos Aires: Noveduc/cem, 223-230.
Diker, Gabriela (2006). *El maestro como autor en la prensa pedagógica argentina (1858-1930)*. Tesis doctoral Inédita. Programa de Doctorado en Educación, énfasis Historia de la Educación y la Pedagogía, Universidad del Valle, Cali, Colombia.
Donald, James (1992). *Sentimental Education*. London: Verso.
Donald, James (2000). "Liberdade bem-regulada" en da Silva, T. T. (org.). *Pedagogia dos monstros. Os prazeres*

e os peligros da confusao de fronteiras. Belo Horizonte: Auténtica, 61-88.
Donald, James (ed.) (1989). *Fantasy and the cinema*. London: British Film Institute Publishing.
Dossier "Cine y Pedagogía". Revista *Educación y pedagogía* N° 22, Segunda época, Vol. X, set./diciembre de 1998.
Dossier "El cine: de la barraca de feria al audiovisual". Revista *Archipiélago* N° 22, 1995.
Dotro, María Valeria (2003). "Televisión infantil y construcción del niño televidente entre 1960 y 1990". En Carli, S. (dir/comp.). *Estudios sobre educación, comunicación y cultura. Una mirada a las transformaciones reciente de la Argentina*. Buenos Aires: Stella/La Crujía, 215-252.
Duarte, Rosalía (1997). "A violencia em imagens fílmicas". En *Educaçao y Realidade*, V. 22 N° 2, 133-146.
Duarte, Rosália (2002). *Cinema & Educaçao*. Belo Horizonte: Auténtica.
Dubois, Philippe (2001). *Video, cine, Godard*. Buenos Aires: Libros del Rojas.
Dubois, Philippe; Mélon, Marc-Emannuel y Dubois, Colette (2001). "Video y cine: interferencias, transformaciones e incorporaciones". En Dubois, Philippe. *Video, cine, Godard*. Buenos Aires: Libros del Rojas, 61-107.
Dussel, Inés (2000). "La producción de la exclusión en el aula: una revisión de la escuela moderna en América Latina". Trabajo presentado en las X Jornadas LOGSE *La escuela y sus agentes ante la exclusión social*, España, marzo de 2000.
Dussel, Inés (1993). "Víctor Mercante (1870-1934)". En *Perspectivas*, revista trimestral de educación comparada, vol. XXIII, n° 3-4. París: UNESCO: Oficina Internacional de Educación, 808-821.
Dussel, Inés (1997). *Curriculum, humanismo y democracia en la enseñanza media (1863-1920)*. Buenos

Aires: FLACSO/Publicaciones del CBC-Universidad de Buenos Aires.
Dussel, Inés (1999b). "Enseñar lo inenseñable. Reflexiones a propósito del Museo de Holocausto de Estados Unidos". En *Cuaderno de Pedagogía Rosario*, Año III N° 5, 23-48.
Dussel, Inés (1999a). "Huellas de la pedagogía crítica: de otras orillas". *Cauces*, Año 1, N° 1, 54-58.
Dussel, Inés (2001). "¿Existió una pedagogía positivista? La formación de discursos pedagógicos en la segunda mitad del siglo XIX". En Pineau, P., Dussel, I. y Caruso. *La escuela como máquina de educar. Tres escritos sobre un proyecto de la modernidad*. Buenos Aires: Paidós, 53-92.
Dussel, Inés (2003). "La gramática escolar de la escuela argentina: un análisis desde la historia de los guardapolvos". *Anuario de Historia de la Educación* N° 4, 11-36.
Dussel, Inés (2005). "Pensar la escuela y el poder después de Foucault". En Frigerio G. y Diker, G. (comp.). *Educar: ese acto político*. Buenos Aires: Del estante, 183-191.
Dussel, Inés (2006). "A 30 años del golpe: Repensar las políticas de transmisión en la escuela". En Ríos, Guillermo (comp.). *La cita secreta. Encuentros y desencuentros entre memoria y educación*. Santa Fe: Ediciones Amsafe, 157-178.
Dussel, Inés (2007). "Argentina en las exposiciones universales (1867-1911). Huellas de la cultura material de la escuela en la constitución de un orden escolar *digno de ser mirado*." Ponencia presentada en el *VIII Congreso Iberoamericano de Historia de la Educación Latinoamericana*. Buenos Aires, 30 y 31 de octubre y 1 y 2 de noviembre de 2007 (editada en CD).
Dussel, Inés y Caruso, Marcelo (1999). *La invención del aula. Una genealogía de las formas de enseñar*. Buenos Aires: Santillana.

Dussel, Inés y Gutiérrez, Daniela (2006). *Educar la mirada. Políticas y pedagogías de la imagen.* Buenos Aires: Flacso/Manantial/Fundación OSDE.
Elías, Norbert (1997). *Conocimiento y poder.* Madrid: Ediciones de la Piqueta.
Eliezer, Marisa (2005). *La Nación de la escuela. Un análisis de los actos escolares en contextos de crisis.* Tesis de Maestría inédita, Universidad de San Andrés.
Espelt, Ramón (2001). *Jonás cumplió los 25. La educación formal en el cine de ficción 1975-2000.* Barcelona: Laertes.
Fariña, Juan Jorge y Gutiérrez, Carlos (comps.) (2001). *Ética y cine.* Buenos Aires: Eudeba.
Fattore, Natalia (2005). "Vicios y bondades de la pedagogía tradicional. Revisando la pedagogía en tiempos post-tradicionales." En Serra, Silvia (coord.). *Autoridad, violencia, tradición y alteridad. La pedagogía y lo imperativos de la época.* Buenos Aires: Novedades educativas, 55-68.
Fattore, Natalia (2007) "Apuntes sobre la forma escolar tradicional y sus desplazamientos". En Baquero, R.; Diker, G. y Frigerio, G. (comps.). *Las formas de lo escolar.* Buenos Aires: Del estante, 13-32.
Feinmann, José Pablo (2005). *Pasiones de celuoide. Ensayos y variedades sobre cine.* Buenos Aires: Norma.
Ferrer, Christian (1996). *Mal de ojo. El drama de la mirada.* Buenos Aires: Colihue.
Ferro, Hellén (1960). *Qué es el cine.* Buenos Aires: Columba.
Finocchio, Silvia (1991): *Historia y cine en la Argentina (1910-1950).* Versión inédita en castellano del trabajo "Geschichte und Kino in Argentinien (1910-1950)", publicado en *Politik un Geschchte in Argentinien und Guatemala, (19/20 JAHRHUNDERT),* Frankfurt/Main, 1994.

Flores Jaramillo, Renán (1982). *Los medios de comunicación y la educación permanente*. Madrid: Oriens.

Forster, Ricardo (2003). *Crítica y sospecha. Los claroscuros de la cultura moderna*. Buenos Aires: Paidós.

Foucault, Michel (1997). *La arqueología del saber*. México: Siglo XXI.

Foucault, Michel (1998). *Las palabras y las cosas*. México: Siglo XXI.

Freire, P. y Macedo, D. (1989). *Alfabetización. Lectura de la palabra y lectura de la realidad*. Barcelona: Paidós.

Freire, Paulo (1991). *La importancia de leer y el proceso de liberación*. México: Siglo XXI.

Frelat-Khan, Brigitte (2004). "Las figuras de la transmisión". En Frigerio y Diker (comps.). *La transmisión en las sociedades, las instituciones y los sujetos. Un concepto de educación en acción*. Buenos Aires: Noveduc/cem, 83-96.

Frigerio, Graciela (2004). "Los avatares de la transmisión". En Frigerio, G. y Diker, G. (comps.). *La transmisión en las sociedades, las instituciones y los sujetos. Un concepto de la educación en acción*.Buenos Aires: Noveduc/cem, 11-26.

Frigerio, Graciela (2007). "Grülp". En Frigerio, G. y Diker, G. (comps.). *Educar: (sobre) impresiones estéticas*. Buenos Aires: Del estante, 25-43.

Frigerio, Graciela (2008). *La división de las infancias. Ensayo sobre la enigmática pulsión antiarcóntica*. Buenos Aires: Del estante.

Frigerio, Graciela y Diker, Gabriela (comps.) (2004). *La transmisión en las sociedades, las instituciones y los sujetos. Un concepto de la educación en acción*. Buenos Aires: Noveduc/cem.

Frigerio, Graciela y Diker, Gabriela (comps.) (2007). *Educar: (sobre) impresiones estéticas*. Buenos Aires: Del estante.

Frigerio, Graciela y Diker, Gabriela (2008) (comps.). *Educar: posiciones acerca de lo común*. Buenos Aires: Del estante.
Gagliano, R. y Car, C. (1995). "Educación y política: apogeo y decadencia en la Historia reciente". En Puiggrós, A. y Lozano, C. (comps.). *Historia de la Educación Iberoamericana*. Tomo I. Buenos Aires: Miño y Dávila.
García Alonso, María (2003). *'Necesitamos un pueblo'. Genealogía de las Misiones Pedagógicas. Catalogo de la exposición* Val del Omar y las Misiones Pedagógicas. Murcia-Madrid. Disponible el 22-02-08 en: www.medialab-prado.es/mmedia/108
García Alonso, María (2006). "Reflexiones sobre los fines y los medios. Las Misiones Pedagógicas en el marco internacional". En AA.VV. *Las Misiones Pedagógicas 1931-1936*. Madrid: Sociedad estatal de conmemoraciones culturales/Publicaciones de la Residencia de estudiantes.
García Calvo, Agustín (1995). "Técnica y política del cinematógrafo: razón pública frente a consumo privado" (Entrevista). *Archipiélago* Nº 22, 103-108.
García Molina, José (2005). "Tiempo, don y relación educativa". En Skliar, C. y Frigerio, G. (comps.). *Huellas de Derrida. Ensayos pedagógicos no solicitados*. Buenos Aires: Del estante, 105-124.
Gemma Pujals, Romea María Celia (coord.) (2001). *Cine y literatura. Relación y posibilidades didácticas*. Barcelona: Horsori.
Gentilini, Bernardo (1924). *El cine ante la Pedagogía y la Medicina, ante la Moral y la Religión*. Madrid: s/e.
Giacomantonia Marcelo (1979). *La enseñanza audiovisual. Metodologías Didácticas*. México: Gilli S.A.
Giovannini, Giovanni (2005). *Del pedernal al silicio. Historia de los medios de comunicación de masas*. Buenos Aires: Eudeba.

Giroux, Henry (1996). *Placeres inquietantes. Aprendiendo la cultura popular.* Barcelona: Paidós.
Giroux, Henry (1997). *Cruzando límites. Trabajadores culturales y políticas educativas.* Barcelona: Paidós.
Giroux, Henry (2003). *Cine y entretenimiento. Elementos para una crítica política del filme.* Barcelona: Paidós.
Godoy, Cristina. "El poder de la memoria de la lectura: virtudes privadas y valores públicos en los manuales de buenas maneras". Ponencia presentada en las *XII Jornadas Argentinas de Historia de la Educación.* Rosario, 14 al 16 de noviembre de 2001.
González Placer, F. (1997). "Identidad, diferencia e indiferencia. El sí mismo como obstáculo". En Larrosa, J. y Pérez Lara, N. (comps.). *Imágenes del otro.* Barcelona: Virus, 119-134.
González, Horacio (2002): "Paradojas de la memoria". En *Cuaderno de Pedagogía Rosario,* Año V, Nº 10, 11-32.
Grüner, Eduardo (2001). *El sitio de la mirada. Secretos de la imagen y silencios del arte.* Buenos Aires: Norma.
Gubern, Román (2006). *Historia del cine.* Barcelona: Lumen.
Gubern, Román (2007). "La imagen y sus laberintos". Entrevista realizada por Javier Gurpegui Vidal y Jesús Sánchez Moreno. *Con-ciencia social* Nº 11, 70-97.
Guelerman, Sergio (2001). "Escuela, juventud y genocidio. Una interpretación posible". En Guelerman, S. (comp.). *Memorias en presente. Identidad y transmisión en la Argentina posgenocidio.* Buenos Aires: Norma, 35-64.
Guerín, José Luis y Escudero, Isabel (1995). "De la catedral a la salita de estar". *Archipiélago* Nº 22, 79-90.
Guichot Reina, Virginia (2007). "Historia de la educación: pasado, presente y perspectivas futuras". *Anuario de la Sociedad Argentina de la Historia de la Educación* Nº 8, 39-77.
Gurpegui Vidal, Javier (2007). "La imagen práctica. Contra los enfoques técnicos en la educación visual". En *Cine*

y habilidades para la vida. Reflexiones y nuevas experiencias de educación para la salud, cine y mass media. Dirección General de Salud Pública del Gobierno de Aragón, Zaragoza.

Hall, Stuart (1997). "A centralidade da cultura: notas sobre as revoluçoes de nosso tempo". En *Educaçao y Realidade* V. 22 Nº 2, 15-46.

Hall, Stuart (1998). *A identidade cultural na pós-modernidade*. Río de Janeiro: DP&A Editora.

Huergo, Jorge (2001) (ed.). *Comunicación/Educación. Ámbitos, prácticas y perspectivas.* La Plata: Ediciones de Periodismo y Comunicación, Universidad Nacional de La Plata.

Huyssen, Andreas (2000). "En busca del tiempo perdido". En *Puentes* Año I Nº 2, 12-19.

Ibarra Ibarra, Sonia (1998). "El maestro en el cine mexicano". *La vasija* Año 1 Nº 1. 129-134.

Iturralde Rúa, Víctor (1965). *Qué ven, qué leen nuestros hijos*. Buenos Aires: Eudeba.

Iturralde Rúa, Víctor (1984). *Cine para los niños: proposiciones para fundar cineclubes*. Buenos Aires: Corregidor.

Jameson, Fredric (1995). *La estética geopolítica. Cine y espacio en el sistema mundial*. Barcelona: Paidós.

Jay, Martin (2003). *Campos de fuerza. Entre la historia intelectual y la crítica cultural*. Buenos Aires: Paidós.

Jost, François (2002). *El ojo-cámara. Entre film y novela*. Buenos Aires: Catálogos.

Keilhacker, Martin (1972). *Pedagogía de la época técnica*. Buenos Aires: Kapelusz.

Kemp, Jerold (1973). *Planificación y producción de materiales audiovisuales*. México DF: Representaciones y Servicios de Ingeniería.

Kent Jones, Richard (1980). *Métodos didácticos audiovisuales*. México: Pax.

Kracauer, Siegfried (2002). *De Caligari a Hitler. Una historia psicológica del cine alemán*. Barcelona: Paidós.
Krasny Brown, Laurene (1991). *Cómo utilizar bien los medios de comunicación para padres y maestros*. Madrid: Visor.
Laclau, Ernesto (1993). *Nuevas reflexiones sobre la revolución de nuestro tiempo*. Buenos Aires: Nueva Visión.
Kuri, Carlos (2004). "Psicoanálisis y cine: el inconsciente y lo óptico". En Giusti, Carlos y Barbagelata, Norma (comp.). *Psicoanálisis y cine. Un dispositivo en extensión*. Santa Fe: Universidad Nacional del Litoral, 5-12.
Larrosa, J.; Assunçao de Castro., I. y de Souza, J. (1997). *Miradas cinematográficas sobre la infancia. Niños atravesando el paisaje*. Miño y Dávila, Buenos Aires.
Larrosa, Jorge (1996). *La experiencia de la lectura. Estudios sobre literatura y formación*. Barcelona: Laertes.
Larrosa, Jorge (2001). "Dar la palabra. Notas para una dialógica de la transmisión". En Larrosa, J. y Skliar, C. (eds.). *Habitantes de Babel. Políticas y poéticas de la diferencia*. Barcelona: Laertes, 411-432.
Larrosa, Jorge (2003). *Entre lenguas. Lenguaje y educación después de Babel*. Barcelona: Laertes.
Larrosa, Jorge (2006). "Niños atravesando el paisaje. Notas sobre cine e infancia". En Dussel, Inés y Gutiérrez, Daniela (comps.). *Educar la mirada. Políticas y pedagogías de la imagen*. Buenos Aires: Flacso/Manantial/Fundación OSDE, 113-134.
Larrosa, Jorge y Pérez Lara, Nuria (comps.) (1997). *Imágenes del otro*. Barcelona: Virus.
Larrosa, Jorge y Skliar, Carlos (eds.) (2001). *Habitantes de Babel. Políticas y poéticas de la diferencia*. Barcelona: Laertes.
Laso, Eduardo (2005). "El problema de la representación del horror: La vida es bella". En Parente, D. (ed.). *La*

verdad a 24 cuadros por segundo. Estudios sobre cine. Mar del Plata: Ediciones Suárez, 69-78.
Lemâitre, Henri (1959). *El cine en las bellas artes*. Buenos Aires: Losange.
Lennon de Errandónea, María Emilia (1968). *Los medios audiovisuales en la enseñanza*. Buenos Aires: Crespillo.
Liandrat-Guigues, Suzanne y Leutrat, Jean-Louis (2003). *Cómo pensar el cine*. Madrid: Cátedra.
Litwin, Edith (2000). "Cuestiones y tendencias de la investigación en el campo de la tecnología educativa". En Litwin, E. (comp.). *Tecnología educativa. Política, historias, propuestas*. Paidós, Buenos Aires, 171-183.
Lorenz, Federico (2004). "'Tomala a vos, dámela a mí'. *La noche de los lápices*: el deber de memoria y las escuelas". En Jelin, E. y Lorenz, F. (comps.). *Educación y memoria. La escuela elabora el pasado*. Madrid: Siglo XXI.
Lorenz, Federico (2006). "El pasado reciente en Argentina: las difíciles raciones entre transmisión, educación y memoria". En Carretero, M., Rosa, A. y González, M.F. (comps.). *Enseñanza de la historia y memoria colectiva*. Buenos Aires: Paidós.
Maggio, Mariana (2000)." El campo de la tecnología educativa: algunas aperturas para su reconceptualización". En Litwin, E. (comp.). *Tecnología educativa. Política, historias, propuestas*. Buenos Aires: Paidós, 25-40.
Mantovani, Juan (1939). *La cultura, el arte y el Estado*. Santa Fe: Publicación del Ministerio de Instrucción Pública y Fomento de Santa Fe.
Mantovani, Juan (1940). *Protección y difusión de la cultura*. Santa Fe: Publicación del Ministerio de Instrucción Pública y Fomento de Santa Fe.
Marks Greeenfield, Patricia (1985). *El niño y los medios de comunicación: los efectos de la televisión, videojuegos y ordenadores*. Madrid: Morata.

Martín-Barbero, Jesús (2002). *Oficio del cartógrafo. Travesías latinoamericanas de la comunicación en la cultura*. Santiago: Fondo de Cultura Económica.
Martín-Barbero, Jesús (2003). *La educación desde la comunicación*. Buenos Aires: Norma.
Martínez, Enrique (1961). *Cine, juego y sociedad*. Madrid: Rialp.
Masiello, Francine (1997). *Entre civilización y barbarie. Mujeres, Nación y Cultura literaria en la Argentina moderna*. Rosario: Beatriz Viterbo.
McLaren, Peter (1992). "La educación en los bordes del pensamiento moderno" (entrevista realizada por Adriana Puiggrós). *Propuesta Educativa* Año 4 N° 7, 78-81.
McLaren, Peter y Leonardo, Zeus (1998). "*La sociedad de los poetas muertos*: deconstrucción de la pedagogía de la vigilancia". En McLaren, P. *Pedagogía, identidad y poder. Los educadores frente al multiculturalismo*. Rosario: Homo Sapiens.
Mercante, Víctor (1925). *Charlas pedagógicas 1890-1920*. Buenos Aires: M. Gleizer editor.
Merlo Flores de Ezcurra, Tatiana y Rey, Ana María (1983). *La televisión ¿forma o deforma? Investigación con 2.000 niños argentinos*. Buenos Aires: Ediciones Culturales Argentinas, Secretaría de Cultura de la presidencia de la Nación.
Metz, Christian (2001). *El significante imaginario. Psicoanálisis y cine*. Barcelona: Paidós.
Mitchell, W.J.T. (2005). "No existen medios visuales". En Brea, José Luis (ed.). *Estudios Visuales. La epistemología de la visualidad en la era de la globalización*. Barcelona: Akal, 17-26.
Molina, Lurdes (1990). *El vídeo: uso pedagógico y profesional en la escuela*. Barcelona: Fundación Serveis de Cultura Popular/Editorial Alta Fulla.

Monsiváis, Carlos (2000). *Aires de familia. Cultura y sociedad en América Latina*. Barcelona: Anagrama.
Monsiváis, Carlos (2006). "Se sufre porque se aprende. (De las variedades del melodrama en América Latina)". En Dussel, I. y Gutiérrez, D. (comps.). *Educar la mirada. Políticas y pedagogías de la imagen*. Buenos Aires: Manantial/FLACSO/Fundación Osde, 25-38.
Morduchowicz, Roxana (1997). *La escuela y los medios. Un binomio necesario*. Buenos Aires: Aiqué.
Morduchowicz, Roxana (2002). *Yo nunca fui al cine. Lo que dicen, piensan y sienten los adolescentes que descubren la pantalla grande*. Buenos Aires: Hoyts General Cinema/Secretaría de Educación de la Ciudad de Buenos Aires/INCAA.
Morin, Edgar (2001). *El cine o el hombre imaginario*. Barcelona: Paidós Comunicación.
Myers, Jorge (2002). "Historia cultural". En Altamirano, Carlos (dir.). *Términos críticos de sociología de la cultura*. Buenos Aires: Paidós, 126-128.
Nakache, Débora y Mundo, Daniel (2003). "Las transformaciones tecnológicas de la TV a Internet. La continuidad en el discurso educativo". En Carli, S. (dir/comp.). *Estudios sobre educación, comunicación y cultura. Una mirada a las transformaciones reciente de la Argentina*. Buenos Aires: Stella/La Crujía, 96-120.
Narodowski, Mariano (1999). *Infancia y poder. La conformación de la pedagogía moderna*. Buenos Aires: Aique.
Nuin, Susana (1995). *El impacto de la imagen, TV y video. Su universo vincular*. Buenos Aires: Hvmanitas.
Nuñez, Violeta (1998). "De la fragmentación a los nodos o una apuesta a favor de la ética de la transmisión". *Cuaderno de Pedagogía Rosario* Año II N° 3, 97-116.
Oelsner, Verónica (2007). "La búsqueda de modelos educativos en el extranjero: condicionantes de las distintas preferencias. El debate entre Pizarro y Sarmiento en

Argentina de 1881". *Historia de la Educación. Anuario* Nº 8 - 2007, Sociedad Argentina de Historia de la Educación/Prometeo libros, 79-104.
Ortigosa López, Santiago (2002). "La educación en valores a través del cine y las artes". *Revista Iberoamericana de Educación* Nº 29, Ediciones OEI.
Ortiz, Renato (2000). *Modernidad y espacio. Benjamin en París*. Buenos Aires: Norma.
Ortiz, Renato (2004). *Taquigrafiando lo social*. Buenos Aires: Siglo XXI.
Ortiz, Renato (2005). *Mundialización: saberes y creencias*. Barcelona: Gedisa.
Oubiña, David (2000). *Filmografía. Ensayos con el cine*. Buenos Aires: Bordes Manantial.
Paladino, Diana (2006). "Qué hacemos con el cine en el aula". En Dussel, Inés y Gutiérrez, Daniela (comps.). *Educar la mirada. Políticas y pedagogías de la imagen*. Buenos Aires: Flacso/Manantial/Fundación OSDE, 135-144.
Palamidessi, Mariano (2000). "*Currículum* y problematizaciones: moldes sobre lo cotidiano". En Gvirtz, S. (comp.). *Textos para repensar el día a día escolar*. Buenos Aires: Santillana, 213-242.
Palamidessi, Mariano (2001). "Un nuevo régimen de verdad y normalización: el (largo) reordenamiento del currículo en la escuela elemental". *Cuaderno de Pedagogía Rosario* Año IV Nº 9, 29-44.
Pardo, José Luis (2001). "A cualquier cosa llaman arte. Ensayo sobre la falta de lugares". En Larrosa, Jorge y Skliar, Carlos (eds.). *Habitantes de Babel. Políticas y poéticas de la diferencia*. Barcelona: Laertes, 317-142.
Parente, Diego (ed.) (2005). *La verdad a 24 cuadros por segundo. Estudios sobre cine*. Mar del Plata: Ediciones Suárez.

Pérez Tornero, José Manuel (1994). *El desafío educativo de la televisión. Para comprender y usar el medio*. Buenos Aires: Paidós.

Peters, J.L.M. (1961). *La educación cinematográfica*. París: UNESCO.

Pezzella, Mario (2004). *Estética del cine*. Madrid: La balsa de la medusa.

Pierella, María Paula (2005). "La autoridad docente fuera de foco. Los límites de una 'verdad moral'". En Serra, Silvia (coord.). *Autoridad, violencia, tradición y alteridad. La pedagogía y lo imperativos de la época*. Buenos Aires: Novedades educativas, 35-44.

Pineau, P.; Dussel, I. y Caruso, M. (2001). *La escuela como máquina de educar. Tres escritos sobre un proyecto de la modernidad*. Buenos Aires: Paidós.

Pineau, Pablo (2001). "¿Por qué triunfó la escuela? o la modernidad dijo: 'Esto es educación' y la escuela respondió: 'Yo me ocupo'". En Pineau, P.; Dussel, I. y Caruso, M. (2001). *La escuela como máquina de educar. Tres escritos sobre un proyecto de la modernidad*. Buenos Aires: Paidós, 27-51.

Pla Vall, Enric (2007). "Las relaciones peligrosas: cine y enseñanza, algo más que buenos propósitos". *Conciencia social*, N° 11 Año 2007, 35-53.

Porcher, Louis (1976). *La escuela paralela*. Buenos Aires: Kapelusz.

Popkewitz, Thomas (1994). "Historia do curriculo, regulaçao e poder". En da Silvia, Tomaz (org.). *O sujeito da educaçao. Estudos foucaultianos*. Petrópolis: Vozes.

Prieto Adolfo (1998). *El discurso criollista en la formación de la Argentina moderna*. Buenos Aires: Sudamericana.

Puiggrós, Adriana (1990). "Sistema educativo. Estado y sociedad civil en la reestructuración del capitalismo dependiente. El caso Argentino". *Propuesta Educativa* Año 2, N° 2, 40-48.

Puiggrós, Adriana (1994). *Sujetos, disciplina y currículo en los orígenes del sistema educativo argentino.* Buenos Aires: Galerna.
Puiggrós, Adriana (1995). *Volver a educar.* Buenos Aires: Ariel.
Puiggrós, Adriana (2003). *El lugar del saber. Conflictos y alternativas entre educación, conocimiento y política.* Buenos Aires: Galerna.
Pujals, Gemma y Romea, María Celia (coord.) (2001). *Cine y literatura: relación y posibilidades didácticas.* Barcelona: ICE.
Quintana, Angel (2003). *Fábulas de lo visible.* Barcelona: Acantilados.
Quiróz, María Teresa (1993). *Todas las voces: educación y comunicación en el Perú.* Lima: Universidad de Lima.
Rancière, Jacques (2000). *El maestro ignorante.* Barcelona: Laertes.
Rancière, Jaques (2002). *La división de lo sensible. Estética y política.* Salamanca: Centro de Arte de Salamanca.
Rancière, Jacques (2003). "La santa y la heredera. A propósito de Histoire(s) du cinema". En *Kilómetro 111. Ensayos sobre cine* Nº 4, 130-135.
Rancière, Jacques (2005). *La fábula cinematográfica. Reflexiones sobre la ficción en el cine.* Barcelona: Paidós.
Ranciére, Jaques (2005). *Sobre políticas estéticas.* Barcelona: Universitat Autónoma de Barcelona.
Rattero, Carina (2007). "Instantáneas. Para un relato inconcluso de la capacitación" (Mimeo).
Richard, Nelly (2006). "Estudios Visuales y políticas de la mirada". En Dussel, Inés y Gutiérrez, Daniela (comps.). *Educar la mirada. Políticas y pedagogías de la imagen.* Buenos Aires: Flacso/Manantial/Fundación OSDE, 97-109.
Richard, Nelly (2007). *Fracturas de la memoria. Arte y pensamiento crítico.* Buenos Aires: Siglo XXI.

Romanguera i Ramió, Joaquim (1991). *El lenguaje cinematográfico. Gramática, Géneros, estilos y materiales.* Madrid: Ediciones de la Torre.
Romea, Celia (2005). "El cine como elemento educativo y formativo". En de la Torre, S. (coord.). *El cine en entorno educativo: 10 años de experiencias a través del cine.* Madrid: Narcea, 37-54.
San Martín Alonso, Angel (1997). "La tecnopedagogía en la sociedad de la información". En San Martín Alonso, Angel (edit.). *Del texto a la imagen. Paradojas de la educación de la mirada.* Valencia: Nau llibres, 18-35.
Sanchez Moreno, Jesús Angel (2007). "Cautivos en la sociedad del espectáculo. Una aproximación a la didáctica crítica de la mirada". *Con-ciencia social*, Nº 11 Año 2007, 15-34.
Santamaría, Enrique (1997). "Del conocimiento de propios y extraños (disquisiciones sociológicas)". En Larrosa, Jorge y Pérez Lara, Nuria (comps.). *Imágenes del otro.* Barcelona: Virus, 41-58.
Sarlo, Beatriz (1998). *La máquina cultural. Maestros, traductores, vanguardistas.* Buenos Aires: Ariel.
Sarlo, Beatriz (2000). *El imperio de los sentimientos.* Buenos Aires: Norma.
Sarlo, Beatriz (2001). *La batalla de las ideas (1943-1973).* Buenos Aires: Emecé.
Sarlo, Beatriz (2003). *Una modernidad periférica: Buenos Aires 1920 y 1930.* Buenos Aires: Nueva Visión.
Sarlo, Beatriz (2004). *La imaginación técnica. Sueños modernos de la cultura argentina.* Buenos Aires: Nueva Visión.
Sarlo, Beatriz (2006). *Tiempo pasado. Cultura de la memoria y giro subjetivo. Una discusión.* Buenos Aires: Siglo XXI.
Schikel, Richard (1970). *Cine y cultura de masas.* Buenos Aires: Paidós.
Schorske, Carl (2001). *Pensar con la historia.* Madrid: Taurus.

Scuorzo, Herbert E. (1970). *Manual práctico de medios audiovisuales*. Buenos Aires: Kapelusz.
Sel, Susana (2007). "La dimensión política en los estudios sobre cine". En Sel, S. (comp.). *Cine y fotografía como intervención política*. Buenos Aires: Prometeo, 13-30.
Serra, María Silvia (2001). *Lo que queda de lo público. La transformación de la relación público-estatal en el discurso de funcionarios políticos de la cartera educativa de nivel ministerial en Argentina. El caso del Ministerio Nacional y de la provincia de Santa Fe, 1989-1999*. Tesis de Maestría. Maestría en Ciencias Sociales de la Universidad Nacional del Litoral.
Sicker, Albert (1960). *El cine en la vida psíquica del niño*. Buenos Aires: Kapelusz.
Skliar, Carlos (2005). "Pensar al otro sin condiciones (desde la herencia, la hospitalidad y la educación)". En Skliar, C. y Frigerio, G. (comps.). *Huellas de Derrida. Ensayos pedagógicos no solicitados*. Buenos Aires: Del estante, 11-32.
Sluys, A. (1925). *La cinematografía escolar y post-escolar*. Madrid: Ediciones de la Lectura.
Smith, Ken (1999). *Mental Hygiene. Classroom Films 1945-1970*. New York: Blast Books.
Snyders, Georges (1972). *Pedagogía progresista*. Madrid: Marova.
Sontag, Susan (2003). *Ante el dolor de los demás*. Buenos Aires: Alfaguara.
Sontag, Susan (2006). *Sobre la fotografía*. Buenos Aires: Alfaguara.
Southwell, Myriam (2000). "Nuevas herramientas para viejos debates. Un análisis de procesos educacionales desde el análisis político del discurso". *Propuesta Educativa* Año 10 N° 22, 70-77.
Sprengunbud, Roberta Paula. "Los 'buenos' y los 'malos' textos. Los criterios de aprobación de textos escolares

entre 1881 y 1916". Ponencia presentada en las *XII Jornadas Argentinas de Historia de la Educación*. Rosario, 14 al 16 de noviembre de 2001.

Storck, Henri (1951). *El cine recreativo para espectadores juveniles*. París: UNESCO.

Szir, Sandra (2007). *Infancia y Cultura Visual. Los periódicos ilustrados para niños (1880-1910)*. Buenos Aires: Miño y Dávila.

Téllez, Magaldi (2000). "Entre el panoptismo y la visiónica: notas sobre la educación en la vídeocultura". En Téllez, M. (comp.). *Repensando la educación en nuestros tiempos. Otras miradas, otras voces*. Buenos Aires: Novedades Educativas, 187-220.

Tickton, Sydney (comp.) (1974). *La educación en la era tecnológica*. México: s/e.

Todorov, Tzvetan (2001). "Un pueblo debe poder hacer frente a su pasado". Entrevista realizada por Gonzalo Garcés en *Puentes* año I N° 4, 20-23.

Tort i Raventós, Lluís (1996). "El cine, de informar a formar". En de la Torre, S. y otros. *Cine formativo: una estrategia innovadora en la enseñanza*. Barcelona: Octaedro, 29-34.

Tranchini, Elina, (2000). "El Cine Argentino y la construcción de un imaginario criollista 1915-1945". En *Entrepasados*, N° 18-19, 113-141.

Trímboli, Javier (2003). "Una lectura de *Imágenes de los noventa*". En Birgin, Alejandra y Trímboli, Javier. *Imágenes de los noventa*. Buenos Aires: Libros del Zorzal/CEPA, 187-208.

Varela, Julia; Alvarez Uria, Fernando (s/f). *Arqueología de la escuela*. Madrid: La Piqueta.

Vauday, Patrick (2008). "Un arte de lo común". En Frigerio, G. y Diker, G. (comps.). *Educar: posiciones acerca de lo común*. Buenos Aires: Del estante, 309-318.

Vázquez Rumil, Raquel (s/f). *La Institución Libre de Enseñanza y su aportación a la educación de la mujer española*. Disponible el 18-06-08 en http://www.ciudaddemujeres.com/articulos.

Verón, Eliseo (2001). *El cuerpo de las imágenes*. Buenos Aires: Norma.

Vilches, Lorenzo (1997). *La cultura de la imagen: prensa, cine, televisión*. Barcelona: Paidós.

Viñao, Antonio (2002). *Sistemas educativos, culturas escolares y reformas. Continuidades y cambios*. Madrid: Morata.

Virilio, Paul (1989). *La máquina de la visión*. Madrid: Cátedra.

Walkerdine, Valerie (1995). "Psicología del desarrollo y pedagogía centrada en el niño. La inserción de Piaget en la educación temprana". En Larrosa, J. (ed.). *Escuela, poder y subjetivación*. Madrid: Ediciones de la Piqueta, 79-143.

Walkerdine, Valerie (1998). "Sujeto a cambio sin previo aviso: la psicología, la posmodernidad y lo popular". En Curran, J.; Morley, D. y Walkerdine, V. (comps.). *Estudios culturales y comunicación. Análisis, producción y consumo cultural de las políticas de identidad y el posmodernismo*. Barcelona: Paidós, 153-183.

Warner, Robert (1974). "La generación de imágenes". En Tickton, Sydney (comp.). *La educación en la era tecnológica*. México: s/e, 311-338.

Wenders, Wim (2005). *El acto de ver. Textos y conversaciones*. Barcelona: Paidós.

Wiman, Raymond V. (1973). *Material didáctico: ideas prácticas para su desarrollo*. México: Trilla.

Winslow, Ken (1974). "Adopción y distribución de materiales en videocintas para fines educativos". En Tickton, Sydney (comp.). *La educación en la era tecnológica*. México: s/e, 339-376.

Yoel, Gerardo (comp.) (2004a). *Pensar el cine I. Imagen, ética y filosofía*. Buenos Aires: Bordes/Manantial.
Yoel, Gerardo (comp.) (2004b). *Pensar el cine II. Cuerpo(s), temporalidad, nuevas tecnologías*. Buenos Aires: Bordes/Manantial.
Zanotti, Luis, Jorge (1974). "La ciudad educativa: domingo de cine". En *Revista del Instituto de Investigaciones Educativas*. Año 5, N° 24, 85-88.
Zizek, Slavoj (2002). *Mirando al sesgo. Una introducción a Jaques Lacan a través de la cultura popular*. Buenos Aires: Paidós.
Zizek, Slavoj (2006). *Lacrimae rerum. Ensayos sobre cine moderno y ciberespacio*. Barcelona: Debate.

Publicaciones periodicas consultadas

El Monitor de la Educación, de 1900 a 2007.
La Obra, de 1921 a 2007.
Crónica y Vida, de 1956 a 1970.

Números escogidos de las siguientes revistas y periódicos:

Cinedrama
Antena
Análisis
Crítica
El Mundo
La Nación
Clarín
Tiempo Argentino
Página12
La Capital

www.ingramcontent.com/pod-product-compliance
Lightning Source LLC
Chambersburg PA
CBHW021800220426
43662CB00006B/129